U0993658

人才经济，智汇城市

"人才经济"——城市发展转型升级的"发动机"

何中国　著

中国经济出版社
CHINA ECONOMIC PUBLISHING HOUSE
·北 京·

图书在版编目（CIP）数据

人才经济，智汇城市 / 何中国著．

北京：中国经济出版社，2018. 2

ISBN 978 - 7 - 5136 - 4820 - 2

Ⅰ. ①人… Ⅱ. ①何… Ⅲ. ①人才—发展战略—研究—中国 Ⅳ. ①C964. 2

中国版本图书馆 CIP 数据核字（2017）第 202452 号

责任编辑　邓媛媛

责任印制　巢新强

封面设计　任燕飞工作室

出版发行　中国经济出版社

印 刷 者　北京九州迅驰传媒文化有限公司

经 销 者　各地新华书店

开　　本　710mm × 1000mm　1/16

印　　张　25. 5

字　　数　360 千字

版　　次　2018 年 2 月第 1 版

印　　次　2018 年 2 月第 1 次

定　　价　58. 00 元

广告经营许可证　京西工商广字第 8179 号

中国经济出版社　网址 www. economyph. com　社址 北京市西城区百万庄北街 3 号　邮编 100037

本版图书如存在印装质量问题，请与本社发行中心联系调换（联系电话：010 - 68330607）

序
preface

致天下之治者在“人才”：功以“人”成，业由“才”广

当今世界，国与国、市与市、企与企之间的竞争，说到底是人才的竞争。习近平总书记一贯高度重视人才工作，发表并强调“要树立强烈的人才意识，寻觅人才求贤若渴，发现人才如获至宝，举荐人才不拘一格，使用人才各尽其能”，“在创新实践中发现人才、在创新活动中培育人才、在创新事业中凝聚人才，聚天下英才而用之，让更多千里马竞相奔腾”“有了源源不断的人才优势，中华民族伟大复兴指日可待”等重要论述。

人才是“中国道路”的先锋，是“中国精神”的主体，是“中国力量”的代表，必须“聚天下英才而用之”，以“用一贤才而群英荟萃，相一良驹而万马齐奔”的态势，形成“人人渴望成才、人人努力成才、人人皆可成才、人人尽展其才”的良好局面，缔造人才辈出的“人才链”，进而推动实现“中国梦”的伟大复兴。

“中国梦”是由一个个“城市梦”组合而成，未来城市发展要“精明增长”，要提高创新“浓度”，其核心是提升人才创新能力。人才，作为承担知识和信息的活动载体，作为知识、信息和技术向经济转移的承担者和执行者，作为知识生产、分配和使用的能动因子，对经济发展发挥主导作用，日益成为决定经济效益的首要因素。

通过“识才的慧眼、爱才的诚意、用才的胆识、容才的雅量、聚才的良方”，广开进贤之路，打造“人才丰盈、人才多元、人才自由、人才活跃、人才价值实现”为一体的“人才经济”新型城市。

不忘“初心”:沉淀过去之精华,立足现在之光华,展望未来之繁华

时光飞逝,岁月如梭,弹指一挥间,胸怀千万事。回首成长轨迹,20多年人力资源管理与人力资本开发管理实务经验,10多年“晋江模式”品牌转型升级过程参与和耕耘者,2年多在线学习、领导力教育工作经历。前瞻“人才+”时代的锦绣大道,那是一幅“人才创新驱动效率,撬动产业转型发展”,“引进一个人才,带来一个团队,办起一个企业,兴起一个产业,推动一个城市”的生动画卷。立足当下,始终心怀,以过往丰富阅历之精华,点缀未来“人才+”盛世之繁华。始终心怀,以企业人才实战的真知灼见,勾勒城市人才创新和发展的轮廓。始终心怀,以一片家乡情怀赤子之心,谋划故乡招才引智的蓝图。始终心怀,以高度职业品格工匠精神,协助城市“一把手”“CEO”破局与布局。始终心怀,以专业猎头技能和资源整合能力,解决职业经理人的中年危机问题,有效转化行业成熟经验。始终心怀,让“人才经济”之光,照耀大千世界。本书旨在沉淀过去之精华,立足现在之光华,展望未来之繁华,不忘初心,和盘托出,清空归零,继续前行。

本书特点:从0到1的突破,从1到N的发展

抓住“人才经济”大时代“风口”,实现“智汇城市”从0到1的突破,从1到N的发展!

促进“高端人才”与“高端产业”的双轮驱动,“招才引智”和“招商选资”的互动融合!

一本在“人才经济”新型时代,“先人一步”打造区域“人才品牌”核心竞争力的策略工具书!

一本在“招才引智”创新时代,确保区域引才工作“引得进、发展好、留得住”的策略工具书!

一本构筑集“产业链、投资链、创新链、人才链、信息链、服务链”于一体的产业创新高地的策略工具书!

一本通过“归雁经济”的筹谋与操盘来突破欠发达区域产业劣势的策略工具书！

本书框架：不止“人才争夺战”，还兼具“人才经营与人才生态系统开发战”

本书第一部分、第二部分，以城市发展转型升级或二次创业唯一要素——“人才经济”开发为切入点，深入解析“人才经济”形成，明确“人才经济”是以创新创业高端人才为核心，是人才与经济同向互驱、相融互动、共享成长的发展生态，是信息经济和知识经济发展的结果，是经济发展的高级形式，是新兴财富的增长点，是后金融危机时代的朝阳经济，是解决经济发展悖论的方法，更是科学发展、转型升级的必然选择。

本书第三部分，确立“人才经济”开发逻辑关系中的两大核心要素：“高端人才引领、支撑产业转型”与“高端产业吸引高端人才互动发展生态模型”，明确高端人才是驱动技术创新发展的关键因素，是提升城市核心竞争力的主导力量，是激发经济增长的内生动力，是实现新一轮经济繁荣的根本途径。

基于两大核心要素，构建人才强市发展循环“总构图”：未来城市发展的根基：人才强市→人才强市的重点：人才优先发展→人才优先发展的目的/目标核心：人才经济→人才经济的引擎重心：创新创业型高端人才→高端人才的效益：引领人才生态集聚，促进产业转型升级，增强城市竞争实力→人才强市。

一方面，高端人才引领人才集聚，具有培植科研精神作用、把握方向作用、师承效应作用、晶核凝聚作用。其主要实施路径为招才引智＋归雁经济＋本地领军人才，实施策略为精准选好领军人物，从“引”到“留”到“聚”。

另一方面，高端/支柱产业引领产业集聚，可实现点（项目）、线（产业链）、面（产业集群）带动效应，纵向发展，发挥科技企业的“龙头”作用，带动产业链上下游中小企业创新发展；扩大产业面，辐射效应，横向扩展，形成全面的周边配套。其主要实施路径为招商选资+项目孵化+本地龙头企业,实施策略为有方向、有策略、有目标、有重点。

本书第四部分、第五部分,重点介绍人才经济开发载体的前世今生未来和相关模式案例,并创造提出“十一位一体”的“人才经济”开发实施路径图,系统解决城市发展转型升级中特别是欠发达地区城市中“三大核心难题”:如何构建产业载体吸引、培养高端人才与集聚?如何确保高端人才“引得进、发展好、留得住”?如何培养城市人才队伍建设来支持城市的经济发展?

其中,“十一位一体”的“人才经济”开发实施路径,包含“解规划”—人才经济开发依据、“理产业”—人才经济开发基础、“营环境”—人才经济开发保障力、“建模式”—人才经济开发系统力、“定机制”—人才经济开发保障力(通用机制+个性机制)、“引进人”—人才经济开发原动力、“链资源”—人才经济开发助推力、“创服务”—人才经济开发竞争力、“推名片”—人才经济开发品牌力、“提能力”—人才经济开发创新力、“强风控”—人才经济开发稳健力。

本书第六部分、第七部分、第八部分,以重点打造“人才经济”开发的三大抓手工程为落脚点,促进“人才经济”开发工作有效落地,形成“人才聚、资源聚,人才兴、产业兴”的生态局面。“人才经济”开发的三大抓手工程分别为:“招才引智”智慧工程:引领产业转型升级的“旗手”;人才回归“归雁经济”工程:支撑产业转型升级的“新引擎”;“创新人才培养”工程:助推产业转型升级的“基石”。

其中,“招才引智”智慧工程,重点阐述“十一定精准措施”,定需求、定标准、定策略、定渠道、定模式、定政策、定媒介、定评委、定评题、定方式、定风控。“五大跟进措施”,营环境:避免“水土不服”(协调员)、补短板:重视“模式调入”(顾问)、促服务:“一站式+个性化”(保姆)、链资源:“全产业链模式”(红娘)、提能力:“延伸发展”体系(老师)。“六大服务措施”,定计划、做配置、定激励、早生产、定考核、送温馨。“六大协助措施”，排除困惑、打开局面、组“心团队”、沟通无限、创新激励、留人风控。

人才回归“归雁经济”工程，重点阐述“归雁经济”的主力军——“英雄迟暮”的“45岁+”职业经理人的危机与机遇、守望与远方，如何解决中年危机问题，如何高效转化行业成熟经验，如何做好创业过程中的“两洞悉”（洞悉创业的真相、洞悉行业的逻辑）、“三找”（找对人、找融资、找项目）、“两定”（定模式，定股权）、“一推”（谋推广）。

“创新人才培养”工程，重点阐述城市经济社会发展重点领域“急需紧缺”专门人才的培养，包含培养“招才引智”团队创新能力的“大使班”、培养产业转型高端创新型领军人才（企业家）的“总裁班”、培养产业链高端创新人才和产业链为导向的集群式高技能人才的“工匠班”、培养政府“一把手”人才经济知识、技能的“CEO班”（基础班、提升班）、培养懂业务、懂专业的城市人才管理工作队伍的“双创班”、培养地方特色“名师”“名管”“名医”“名家”“名星”“名匠”的“名家班”。

本书第九部分、第十部分，重点阐述人才经济开发过程中，城市“一把手”“CEO”及政府角色的定位，以及如何以新理念、新机制、新载体推进产业集聚、产业创新和产业升级，进而保障人才经济开发的精准落地和执行到位。

本书适合人群：人才生态圈和产业生态圈从业人员

城市主管人才与经济的相关领导；城市高校相关领导；从事传统“招商引资”亟需创新突破的从业者；从事城市人才开发与管理工作的从业者；人力资源产业园与各种创客中心建设者及运营商；双创高端人才；企业家；“45岁+”亟待转型的职业经理人等。

本书“梦想赞助商”：启迪者、指导者、协助者、参考者、出版者、阅读者

本书的成书得益于众多“梦想赞助商”多方位、多层次的鼎力扶持与启迪。

一是在自身成长升级和知识积累迭代方面，特别感谢以七匹狼、特步为首的晋江系著名品牌等，对我在人才管理和战略咨询领域的启迪！特别感谢长松集团，对我在创新教育和在线学习领域的启迪！特别感谢强力巨彩、和君集团，对我在产融互动和资本撬动领域的启迪！同时，特别感谢七匹狼周少雄董事长，特步集团丁水波总裁，长松集团贾长松董事长，强力巨彩朱志强董事长、周国华副董事长、徐慧能总经理，在共事过程中的扶持与提携。

二是特别感谢池州市人社局王副局长、市委项秘书长、福建安徽商会秘书长、品牌策划专家徐帆等家乡领导，在内陆城市启动“招才引智”工程实操层面的启迪。

三是特别感谢博锐利恩产业生态发展有限公司总经理、人力资源产业园建设最早探索者和实践者费松岩，第一资源集团福建公司总经理苑义发等同行优秀从业者，在产业生态建设和人力资源服务产业园方面的启迪！

四是特别感谢中国改革开放30年策划标志性人物韩世友，在城市经营方面的启迪。

五是特别感谢神州易桥并购基金顾问、庐熙产业资本合伙人，产业逆向天使投资人洪杰，在产融互动和人才投行方面的启迪。

六是特别感谢安徽云微文化传播有限公司总经理、特色小镇（美好乡村）策划师、电子商务专家王时文，在产业生态相关项目落地、归雁经济以及人才经济开发小镇实施方面的启迪。

七是特别感谢我的事业合作伙伴“产业、人才、地产”三位联动模式发明者余福光和“甲方乙方跨界书记、无名策划创意写手”黄志敏 Yoes 全程参与撰写工作和思想火花碰撞。

八是在写作过程中吸收和借鉴了国内外人才经济方面最新研究成果与成功案例，参考和引用了国内外有关教材、案例和文献，在此向各位作者深表谢意。

九是特别感谢中国经济出版社及相关工作人员的鼎力支持及发行推广。

十是特别感谢每一位选择《人才经济，智汇城市》的阅读者，您的满意是我最大的满足，您的成长是我最大的收获！

这是一个“人才+”引领的时代，一个精英创富的时代！“成就你”致力于打造中国人才经济开发“主引擎”——城市高端双创人才队伍引进与培养（人才生态圈建设）的项目管理咨询工作。我愿倾一生为人才经济开发服务，为人才强市服务，甘做一粒沙、甘当一滴水，愿做人才经济开发的探索者、实践者、铺路者。

本书难免存在不足之处，愿与读者共同探讨，敬请批评指正！

何中国（笔名：马伯）
2017年10月19日于厦门
泉州成就你信息科技有限公司

目录
contents

第一部分

人才经济的背景

——绘就“人才强市”乐谱，奏响“人才强国”乐章

第一章　来自时代的呼唤，源于城市的需求

一、来自时代的呼唤

常言道：得人才者得天下，得人才者得市场。因为，人才是知识和信息的活动载体，是知识、信息和技术向经济转移的承担者和执行者，是知识生产、分配和使用的能动因子。

新加坡留美博士叶傅在《人才战争》一书中曾写道："人才战争是一场与美伊战争不同的战争，因为没有流血、也没有牺牲，而这场战争争夺的对象不是配备手榴弹与枪支的军人，而是配备计算机、个人数字助理器及手机的科学家和工程师。"毋庸置疑，区域经济要发展，必然需要大量的创新创业高端人才，这样才能在全球化竞争中处于领先地位。

人才经济时代已来临，人才已成为科技、经济和社会等健康持续发展的核心动力。简言之，人才是一个国家、一个城市、一个行业、一家企业获取竞争优势的关键因素。人才是中国经济发展最大的"本钱"，人才优先发展已上升为国家战略，各地都把人才优先发展摆在更加重要的位置来抓，谁拥有了人才优势，谁就掌握了竞争的主动权，谁就拥有前途和未来。

二、源于城市的需求

人才是最活跃的生产力，是科学发展的第一资源。作为城市产业价值体系的构成因素，城市人才的数量、质量及变动在城市竞争力提高和经济发展中的地位举足轻重。

人才既是经济发展的源泉和核心保障，也是科技、经济和社会等健康

持续发展的核心动力，更是经济发展的战略目标。区域经济的竞争，本质上是人才的竞争。人才是加快经济发展方式转变的根本和关键，要以人才优先发展引领经济发展方式的转变。

人才是强市之基、转型之要、竞争之本、活力之源。通过引进一名高端人才，带来一个高端人才团队，创办一家高科技企业，催生一个新兴产业，带动一方群众增收，促进一座城市的经济发展。正如在IT财界巨子陈天桥、网易创始人丁磊、阿里巴巴董事长马云等新生代浙商巨子之后，是浙江及杭州湾IT产业带迅速崛起，成为继北京、上海、深圳后我国重要的通信及IT产业基地，杭州乃至浙江的IT产业迅猛发展无疑为浙江经济发展模式转型提供了新的契机。

第二章　城市发展现状的“盘点与升级”

一、城市发展的驱动问题、驱动升级和发展方式的转变

（一）城市发展的驱动问题

目前，城市的发展离不开“四大红利”——释放经济体制潜能的“改革红利”、享受全球化进程的“开放红利”、放大成本优势的“资源红利”，以及持续了几十年的“人口红利”。正因“人口红利”形成了劳动力丰富、抚养负担轻的“黄金时期”，才使“高储蓄、高投资、高增长”的环境孵化了其他红利。然而，近年来，低生育率加上老龄化趋势，将使“人口红利”蜕变为“人口负债”，人口红利趋于消失，导致未来城市经济要过一个“减速关”。

（二）城市发展的驱动升级与经济发展方式的转变

未来城市发展的内在驱动力是真正从低劳动力成本优势与粗放式资源投入驱动转向真正的创新与人才驱动新的增长方式。即从“人口数量红利”转向“人力资本红利”，再转向“人才经济”，从推动经济增长“量”的扩张到推动经济增长“质”的改善和效益提高。坚持经济增长由主要依靠投资、出口拉动向依靠消费、投资、出口协调拉动转变；坚持经济增长由主要依靠第二产业带动向依靠第一产业、第二产业、第三产业协同带动转变；坚持经济增长由主要依靠增加物质资源消耗向主要依靠科技进步、劳动者素质提高、管理创新转变。在升级转变过程中，高端人才“补短板”正是城市探索供给侧结构性改革的重要实践。

二、城市发展的建设问题及升级

（一）城市发展的建设问题

目前，城市规划建设管理中存在一些突出问题：城市规划前瞻性、严肃性、强制性和公开性不够，城市建筑贪大、媚洋、求怪等乱象丛生，特色缺失，文化传承堪忧；城市建设盲目追求规模扩张，节约集约程度不高；依法治理城市力度不够，违法建设、大拆大建问题突出，公共产品和服务供给不足，环境污染、交通拥堵等“城市病”蔓延加重。

（二）城市发展的建设升级

未来的城市发展需要从“土地、资本”转到“改革、科技、文化三轮驱动”，而增强城市的持续发展能力，最核心的就是要有强有力的人才队伍支撑，用“人才高地”推动城市升级发展。

1. 改革推动：在资源约束下，提高城市集约式发展、绿色发展的主要途径，就是要通过改革推动的制度创新，挖掘城市管理、城市资源配置、城市规划等领域的潜力。

2. 技术创新：技术创新可以提升城市资源利用率，特别是现代互联网、数字化技术，更是城市发展不可缺少的神经系统。

3. 文化发展：城市发展一定要保护弘扬优秀传统文化，延续城市历史文脉，保护好前人留下的文化遗产。要结合自己的历史传承、区域文化、时代要求，打造自己的城市精神，对外树立形象，对内凝聚人心。

三、城市发展的招商问题及升级

（一）城市发展的招商问题

目前，一些城市招商存在短视现象：重数量、轻质量；重产值、轻效益；重指标、轻民生；重表象、轻实绩。还停留在单靠拼资源、卖土地、提供优惠政策的粗放式“初级招商引资”水平，招商引资过程中缺少对潜在投资项目税收贡献度、城市品牌形象、产业匹配度、社会综合效益性等相关考察，过于夸大招商引资对城市经济发展的带动作用，往往采取减免税、低价转让土地、降低企业环保标准等优惠政策来吸引企业与资金，导致一批脱离实际、劳民伤财、破坏环境、浪费资源、低水平重复的“形象工程”和“政绩工程”匆匆上马又纷纷下马，进而影响城市的长期可持续发展。此外，招商引资政策不连贯、不稳定、不能兑现招商承诺等问题比较突出，在政府换届等现实制度下，最突出的问题就是后届政府不对前届政府的承诺负责。

（二）城市发展的招商升级

未来的城市发展需要从单纯引进人才、单纯招商引资，向人才、技术、资金、项目一起“打包”引进，推进招商引资与招才引智互动融合，构建“政府·企业·人才”“项目·资金·知本”“政务·商务·产业”互联互通、共享对接的智慧平台，实现政府精准招商引资、企业科学投资融资、人才高效创新创业，为经济转型发展提供新的动力源泉。此外，工业园已经走向产业园的时代，主题鲜明、专业突出的产业园已成为趋势，一个个适合全产业链集聚成长的生态圈，才是产业园产业蓬勃生长的秘诀，才是产业招商生态发展的保障。

四、城市发展的产业结构问题及升级

（一）城市发展的产业结构问题

目前，城市产业结构升级迟缓、优化滞后，全国只有个别城市达到了“三二一”的水平，而多数城市仍停留在“二三一”的低级状态，经济的增长主要依靠第二产业，特别是工业，在某些城市主要依靠劳动密集型的传统工业的发展。城市粗放型外延式发展明显，不仅需要大量的劳动力，而且占用越来越多的土地，消耗大量的资源，形成“三高一低”的局面（能源、资源和环境的高消耗，效率低下），同时，还会造成一定的污染和环境的恶化。

（二）城市发展的产业结构升级

产业结构的优化升级是城市经济发展的关键，关系国民经济的全局，具有突出的战略意义。要从“单纯的经济扩张型增长”向“结构优化型发展”转变，更加重视城市发展的质量和效率，更充分满足居民日益增长的物质和文化需要。城市在调整和优化产业结构时还必须因地制宜，因人制宜，根据城市的历史发展、经济环境、人文资源、教育水平等因素进行科学的筹划，加强产业的相互渗透和支持。城市产业发展要从过去以“资源为核心”的产业布局转变为“以人才为核心”的产业布局。

五、城市发展的房地产经济问题及升级

（一）城市发展的房地产经济问题

当前房地产行业从市场紧缺到产能过剩、从政府扶持到政策限购、从市场宠儿到遭遇打压，这正是“产业时代”的一个例证。房地产产业出现的产能过剩、库存过大等问题恰恰是产业与市场需求、社会发展“脱节”的具体体现。房地产产业不再是自我发展阶段，而应该融入整个经济发展、市场潮流与社会趋势中，全面进入“服务时代”。

（二）城市发展的房地产经济升级

未来房地产一定是产业配套概念，将朝产业融合方向发展，房地产要从“住”“炒”转向更广范围的“用”。要围绕支柱产业及新产业的布局，推动房地产市场快速发展，构建产产融合、产才融合、产融融合、产城融合、产社融合的创新发展模式。要筑好“巢”，吸引和留住人才，以“房”引人，避免高房价驱逐人才。

总而言之，新常态下，城市经济发展要从粗放转向集约，从低端转向高端，从规模转向效益，从结构不合理转向结构优化，由要素驱动转向创新驱动，根本在创新，关键在人才。人才是创新的主体，人才是创新的能动因素，是创新价值的创造者、实现者。

第三章　构建“人才战略”，托起“中国梦”

2012 年 11 月 29 日在参观《复兴之路》大型展览时，习近平总书记发表重要讲话指出：“何为中国梦？我认为实现中华民族伟大复兴，就是中华民族近代最伟大的中国梦。”

“中国梦”的本质是“国家富强、民族振兴、人民幸福”，实现中国梦必须“践行中国道路，弘扬中国精神，凝聚中国力量，坚持和平发展”。而国家的强盛，国力的竞争，归根结底是人才的竞争。人才正是“中国道路”的先锋，“中国精神”的主体，“中国力量”的代表，“和平发展”的旗帜，必须“聚天下英才而用之”，构建“人才战略”，编织“人才链”，托起“中国梦”。

“环境好，则人才聚、事业兴；环境不好，则人才散、事业衰。”实现“中国梦”的关键是为人才成长创造“生态环境”，要建构“推进人才优先发展，加快人才制度创新，实施重大人才工程，推进人才载体建设”等一系列相互配套、衔接有序的“生态环境”体系。

“创新是一个民族进步的灵魂，是一个国家兴旺发达的不竭动力，也是中华民族最深沉的民族禀赋。”在激烈的国际竞争中，唯创新者进，唯创新者强，唯创新者胜。为“中国梦”用才，要使用的是“创新创造之才”，要营造的是“勇于创新、鼓励成功、宽容失败”的社会氛围，要秉持的是“泰山不让土壤，故能成其大；河海不择细流，故能就其深”的人才思路。

通过不断完善“聚才、用才、育才”的体制机制，以“用一贤才而群英荟萃，相一良驹而万马齐奔”的态势，形成“人人渴望成才、人人努力成才、人人皆可成才、人人尽展其才”的良好局面，缔造人才辈出的“人才链”，实现伟大复兴的“中国梦”。

正如习近平总书记所说，“有了源源不断的人才优势，中华民族伟大复兴指日可待”。

一、人才战略优先构建“四个坚持”

（一）坚持以人才规划引领产业规划，以人才发展引领产业发展的理念

坚持人才开发的大局定位，把高端人才工作的培养和引进切实纳入经济社会发展整体规划。根据城市条件，因地制宜，分步骤地制订人才经济发展的专项规划，既包括高新技术产业、信息产业、生产性服务业等的专项规划，也包括传统工业结构转型、升级换代的专项规划，以促进人才、经济、政治、文化、社会全面发展。

（二）坚持建立“第一把手”抓“第一资源”的考核制度

把人才工作纳入各级党政领导班子的年度工作目标责任制，制定符合科学发展观、正确政绩观和科学人才观要求的考核办法，在考核年度各方面工作的同时一并考核人才工作。要做到系统规划，要有具体目标、行动计划、具体责任人、考核措施、管控措施、费用预算、对标学习、表彰奖励等。

（三）坚持实施“人才强市”和“人才优先发展”战略

扎实推进“人才计划”，加强人才体制机制创新，将政策引才、品牌纳才、载体聚才、资本助才、环境留才有机结合，全面提升创业创新人才集聚高端化。

（四）坚持提升党政人才队伍素质，确保人才政策落实到位

要引进一批政治素质高、业务能力强的博士、硕士充实到党政群机关，以此提升党政人才队伍素质。加强党政人才队伍的培训和轮训，力求及时了解掌握最新管理理论，科学进行管理工作。制定相关政策，鼓励在职攻读 MBA 等学位，优化党政人才结构和知识结构，提高服务质量和办事效率。推进党政人才素质提升工程，树立“新型”人才观念，坚持人才

的价值导向，强化竞争观念。坚持适时起用人才，强化时效观念。重视人才工作的系统性，强化系统观念。重视培养选拔创新型人才，强化创新观念。

二、人才战略优先构建“七个战略”

（一）实施区域人才与经济、科技、教育“一体化”战略，增强区域人才竞争力，建设区域人才高地。

（二）实施集约化发展战略，人才发展优先经济发展，人才素质提高优先数量增长，人才集聚程度提高优先人才总量增长，人才使用效益提高优先人才投入规模增长。

（三）实施产业人才非均衡聚集战略，把优秀人才集聚到城市的部分区域、部分产业和部分单位，形成局部人才高地。

（四）实施内外向型相结合战略，充分利用好内部人才资源和外部人才资源两种优势。

（五）实施协调发展战略，扬长补短，全面提高人才竞争力。

（六）实施需求拉动战略，增强对人才的容纳力和吸引力。

（七）实施人才转移战略，优化人才地域分布。

三、人才战略优先构建“四化路径”

牢固树立“抓人才就是抓发展”“抓人才工作就是抓科学发展的落实”的理念，把人才资源作为最宝贵的资源，把人才工作作为最具战略性的工作，在经济社会发展中大幅增加人才发展投入，逐步改善经济社会发展的要素投入结构，不断提高人力资本投资占 GDP 比重，提高人才资源投资效率。通过“人才国际化、人才市场化、人才服务的社会化和人才管理的人性化”的路径，为城市经济转型升级提供强大智力支撑。

（一）加快推进人才国际化：发展高新技术产业、新兴产业或传统产业升级迭代，形成新的比较优势，都离不开具有国际意识、世界胸怀和国际一流的知识结构，在全球化竞争中善于把握机遇和争取主动的高层次国际化人才。人才国际化需坚持市场导向（资金投入与创业平台）、制度导向（政策引导与法律保障）、价值导向（文化氛围与文化认同）。

（二）加快推进人才市场化：建立市场化的人才配置体系，涵括人才市场体系、调控机制、人才市场中介组织独立、规范发展。

（三）加快推进人才服务的社会化：建立统一高效的人才公共服务体系，发展人才中介机构和行业协会，健全专业化、信息化、产业化和国际化的人才市场服务体系。

（四）加快推进人才管理的人性化：按照“以人为本”的思想，建立人性化的人才资源创新创业体系。

第四章 谱写“人才强市”的“金字塔”颂歌

“士者，国之重器”，功以人成，业由才广。事业兴衰，唯在人才。为实现“中国梦”的宏伟目标，中央提出了一系列强国战略，如人才强国战略、文化强国战略、创新驱动发展战略、“中国制造 2025”、海洋强国战略、质量强国战略、网络强国战略等。在这一系列强国战略中，人才强国战略是实现“中国梦”的第一战略。

顶层设计要落到实处，需要基层实践来呼应。没有“人才强市”支撑，就不可能真正实现“人才强省”“人才强国”。人才是城市发展的第一资源，是最根本的竞争力，实施“人才强市”战略，需要做好人才工作“顶层设计”，加快“人才优先发展、创新人才机制、高端人才引领、人才产业集聚、人才以用为本、人才国际化、人才回归、招才引智、抢人速度”的体制、机制、制度建设。

一、“人才优先发展”是“人才强市”的前提

“各项事业发展需要的各种知识、科技、资金、资源、信息、体制、环境、政策等要素和条件，只有为人所掌握、所运用，才能充分发挥作用。”确立人才优先发展战略布局，最根本的是树立“人才优先发展”第一理念，最关键的是坚持“五个优先”第一原理：人才资源优先开发、人才结构优先调整、人才投资优先保证、人才制度优先创新、人才环境优先营造。

一是坚持人才资源优先开发，为经济转型升级提供强大的智力支撑。人才资源优先开发，即确立人才资源相对于其他资源的优先开发地位，加

大人才培养力度、创新人才培养模式、提高人才培养质量，大幅度提升各类人才的整体素质和能力。

二是坚持人才结构优先调整，引领产业结构优化升级。人才结构优先调整，即发挥市场在人才资源配置中的基础性作用，及早谋划和率先调整人才专业素质结构、层级结构、分布结构。

三是坚持人才投资优先保证，加速人才积累和集聚。人才投资优先保证，即树立“人才投入是效益最好的投入”的观念，推动政府、社会、用人单位和个人共同投资人才资源开发，加大对人才发展的投入力度。

四是坚持人才制度优先创新，充分激发各类人才的创新活力。人才制度优先创新，即高度重视并优先进行人才制度设计，改革和完善人才管理体制机制。

五是坚持人才环境优先营造，培育人才成长发展、干事创业的肥沃“土壤”。人才环境优先营造，即人才赖以生存、成长、发展的外部因素的总和，主要涉及事业环境、安居环境、社会文化环境、政策制度法治环境等。

二、“创新人才机制”是“人才强市”的突破口

只有坚决破除束缚人才发展的体制机制障碍，加快构建“创新、协调、绿色、开放、共享”的人才工作体制机制，才能深度激发人才创新创造新活力，促使全社会创造的智慧竞相迸发。创新人才机制必须要遵循人才发展的客观规律。创新“手术”不能仅局限在“微创”，必要时还得“全身检查”“伤筋动骨”。

一是创新引进机制，让人才“引得进”。本着“不求所有、但求所用，不求常住、但求常来”的原则，构建“政府引导、市场运作”的人才引进模式。

二是创新使用机制，让人才“留得住”。坚持用产业集聚人才，用项目广纳人才，用载体吸引人、赢得人才，留住人心。

三是创新服务机制，让人才“干得好”。建立“一条龙”服务、“保

姆式”服务、“定制化”服务，营造爱才、重才、惜才的浓厚氛围。

建立健全人才权益保护和人才培养、吸引、使用等各个环节的法律法规，推进人才管理个性化、科学化、制度化、规范化，形成有利于人才发展的法制环境和更加科学、更具活力的一整套体制机制。

三、“人才—产业集聚”是“人才强市”的根本

“以产业集聚人才、以人才助推产业”，打通“人才强市”“最后一公里”，全力缔造“人才增长极”。

产业是人才集聚的“载体”，产业集聚是人才集聚的“磁场”，产业集聚与人才集聚是一种双向互动关系，产业集聚的形成可以促进人才集群的形成，人才对产业集聚具有服务、支撑和引领作用，人才的集聚优势又使产业集聚地保持领先优势，进一步吸引相关的产业和人才产生集聚。

一是聚焦特色产业，精准定位城市重点行业领域，构建“科学家＋企业家＋创投家”的人才集聚模式，搭建“企业＋人才＋项目”创新平台载体，以产学研战略联盟的形式，组建高技术研发中心、高技术转移中心、孵化基地，形成完整的技术链、人才链、资金链、政策链和服务链。

二是突出“需求、效用和服务”三大导向，以人才集聚推进项目、资本、产业集聚，打造产业人才集聚基地。精准施策，创新实践，突出“以项聚才、以才兴业”，培育新兴产业集群；突出“以人引项、以项带群”，加速科技成果转化；突出“以企为主、才尽企用”，激发自主创新活力。

四、“高端人才引领”是“人才强市”的引擎

所谓“高端引领”，是指充分发挥各类高端人才在经济社会发展和人才队伍建设中的引领作用。

高端人才是人才团队的“晶核”“舵手”“核心”“灵魂”和“指挥”，决定人才团队的整体素质和能力，决定人才团队的结构，决定人才队伍的功效、发展与兴衰，高端人才可以将团队直接带到其研究领域的国际前沿水平。

一是处理好“塔尖”和“整体”的关系。既要认识高端人才对事业发

展具有关键支撑作用，又要注重提升人才队伍的整体实力和团队结构。

二是处理好“刚性”和“柔性”的关系，“刚柔并济”的引才方式，通过实质性项目合作，使柔性人才刚性化，让“天下英雄尽入吾彀中”。

对于城市圈高端人才引领的布局定位问题（见表 1－1），一是基于城市功能定位科学，经济结构错位，产业布局合理，形成互相支撑、互为补充的格局；二是政府部门要对人才需求进行引导、调控，优化配置。

表 1－1　城市圈高端人才引领的布局定位

人才竞争力的不同城市	主体产业在产业链中的位置	主体产业人才需求类型定位	主体产业人才需求层次定位
人才竞争力水平较高的发达城市	上游	创造、创新、开发、设计	高端人才
人才竞争力水平居中的城市	中游	品牌、营销、服务、物流	高、中层次人才
人才竞争力水平较低的欠发达城市	下游	制造、生产、成型、加工	高、中、低层次人才

资料来源：桂昭明．人才经济学［M］．北京：中国人事出版社，2016.

五、“人才以用为本”是“人才强市”的核心

“聚天下英才而用之”，“聚”是“起式”，“用”是“重音”。坚持以用为本，既是人才发展的内在要求，也是人才工作的出发点和落脚点。“懂人才是大学问，聚人才是大本事，用人才是大智慧。”育才、引才、爱才，核心在用才。

以“用”为导向，把国家发展需要、社会需求、城市需求和个人特长禀赋有机融合，建立人才“引、用、育、留”与产业需求相适应的动态调控机制，实现“才与用”的匹配，才能最大限度地实现人才自身价值和社会价值的“共赢”。

一是坚持“以用为本”，创新“识才”机制，既要用“望远镜”全面、科学、准确地把握人才的内涵和标准，又要用“显微镜”在实践动态工作中验证人才的才能。

二是坚持“以用为本”，创新“育才”机制，“马不伏枥不可以趋道，士不素养不可以重国”，以发展需要为依据培养人才，可以有效避免人才资源浪费，激活人才才能的发挥。

三是坚持“以用为本”，创新“聚才”机制，营造“鱼无定止，渊深则归；鸟无定栖，林茂则赴”氛围，搭建“智者取其谋，愚者取其力，勇者取其威，怯者取其慎”的“帅”才与“将”才合理搭配班子。

六、“人才国际化”是“人才强市”的源泉

人才国际化，是指作为人力资源中的精英，其活动范围超过本国边界，实现国际流动的现象。

国际化人才不完全在于是不是外国人或是留学人员，关键在他是否具备广阔的国际视野，是否具备全球经营意识和能力，是否具备能够跨越国界和地理空间的国际思维，是否具备跨文化的沟通能力。

一是建立国际通用人才制度环境。制定一整套完备的配套制度，在人才引进、使用、评价与激励等方面形成符合国际通行的人力资源规则和惯例的制度环境。

二是建立“双轨性”人才发展环境。使国际化人才既能享受资讯和文化，又能利用企业的研发设施设备，做到产、学、研的无缝对接。

七、“人才回归”是“人才强市”的主力

广栽梧桐树，喜迎“凤凰”归。要想人才回归，就应最大限度地激发人才活力，用“满园春色”唤回“凤凰筑巢”。用产业带动人才回归，用人才凝聚人才，用创业带动创业，使回归呈现出“集合效应”。

一是借得政策风，引得凤凰来。从创新人才政策、强化智力支撑入手，推动人才、企业由“心动”到“行动”，搭建人才“展示舞台”，开辟服务“绿色通道”。

二是带着乡情意，唤得凤凰归。发挥乡情的纽带作用，加强与漂泊异乡人才的联系，宣传家乡的优惠政策，“动之以情，晓之以理，引之以利”，唤回“少小离家”的“游子”。

八、“招才引智”是“人才强市”的智库

招才引智贵在“互相吸引”，方可造就人才汇聚的“强磁场”。世上没有免费的午餐，要想形成人才集聚的效应，就得拿出“真金白银”，发挥高端人才的“智囊”作用。以见到“人才”就“眼红”的姿态“引领”招才引智，以“有花堪折直须折，莫待无花空折枝”的行动推动招才引智。

一是战略选才，科学制定机制。依据投资环境、产业结构、发展定位，精准纳贤，辨识好核心人才、通用人才、独特人才、辅助人才，完善人才结构。

二是长期育才，放宽眼光视野。舍得投入、跟踪管理、全面培养、提升后劲，建立“需、学、研、用”的融合对接。

三是真心留才，构建周到细节。打造“引导式”服务提供咨询、“一站式”服务代办事项、“保姆式”服务关爱人才的模式。

九、“‘抢人’速度”是“人才强市”的保障

（一）国际/国内上人才争夺激烈

实施“人才强国/市”战略已成为世界各国和城市的共识，人才也越来越成为国际和区域竞争的核心要素。随着“知识经济”“新经济”的来临，全球和国内人才供需矛盾日益突出，普遍紧缺，特别是高级人才争夺异常激烈。进入21世纪，一场没有硝烟的大战拉开了序幕——人才争夺大战，被称为“第三次世界大战”。

1. 在人才争夺的对象上：转向高科技、复合型等高层次人才的争夺。

2. 在人才争夺的范围上：打破国界和地域，转向全球范围的争夺。

3. 在人才争夺的领域上：各类领导人才和企业经营人才等日益成为争夺的重点。

4. 在人才争夺的素质上：从注重文凭（学位）和职称转向能力导向，更加注重人的实际能力。

5. 在人才争夺的对手上：原企业与企业、组织与组织上升为国家与国

家、城市与城市。

6. 在人才争夺的手段上：五花八门，各式各样。

7. 在人才争夺的实效上：由原来的招、吸引变为“抢”。

（二）“抢人”的速度决定城市的发展速度

飞速发展的信息革命加剧了全球性的人才短缺危机，全球人才争夺战愈演愈烈。区域人才战已打响，目前人才回归工程、归雁经济、校友智力回归等各种政策满天飞，全面开启“抢人大战”，标志着城市步入高维竞争，从拼产业、拼招商、拼优惠政策跨入到拼人才的阶段，为此，城市只有早一步、快半拍，做到人无我有、人有我优，构建高端的“智囊团”、广泛的“朋友圈”、得力的“同盟军”，才能在人才竞争中抢得主动权、制胜权。在这场没有硝烟的战争中要想打赢人才争夺战，需要策略性思维，需要协同作业。

1. 政府部门——人才争夺战的急先锋

政府应该在政策上多做文章，如技术人才移民。对于企业引进的国外具有博士学位的人才，政府财政给予补贴。

2. 企业单位——人才争夺战的主导者

应把“抢人”的触角伸向每一个角落。为了吸引、激励和留住人才，企业应该“感情”“事业”“工资”“福利”“股权”多管齐下。仅靠人力资源部门聘用人才力度已远远不够，对于顶尖人才的引进，企业老板要亲自操作，亲自打电话商谈。同时，加强对人才竞争的趋势、特点和先进的理念等相关科学人才观念的培训、学习与运用。

3. 人力部门——人才争夺战的实操者

如何满足员工的需求，如何进行持续的激励，如何提高人力资源的效能，要运用策略性思维，才能打赢人才争夺战。

第二部分

人才经济的内涵

——激活“人才经济”新动能，迎接“人才经济”大时代

第一章 “人才经济”的“认知对话”

一、人才经济的定义

人才经济是以创新创业高端人才为核心，是人才与经济同向互驱、相融互动、共享成长的发展生态，是信息经济和知识经济发展的结果，是经济发展的高级形式，是新兴财富的增长点，是后金融危机时代的朝阳经济，是解决经济发展悖论的方法，更是科学发展、转型升级的必然选择。

二、人才经济的内涵

（一）人才经济的根本是人才，是经济和人才的有机结合、相融互驱的重要模式，其前提基础是一大批既具备一流素质，又拥有一流能力的优秀人才，其核心是具有国际视野、对经济社会发展具有深远影响的国际化高端人才和领军人才。

（二）人才经济的内涵是以高新技术和服务业为支柱产业的，以人力资本和科学技术创新为动力的，以可持续发展为客观特征的新型经济，是信息经济和知识经济发展的结果，是经济发展的高级形式。

（三）人才经济的表现形式是基于高端人才深远的战略思维和独特的创造能力，开展创新、创业、创造、创优活动，引领行业产业朝高标准、高附加、国际化、高端化方向发展。

（四）人才经济的目标是以人为本的发展模式，以最小的物质资源投入、最大的非物质资源投入取得经济社会发展效益的最大化、最优化的资本，从而实现人与自然和谐发展，经济社会全面、协调、健康、高效和可持续发展。

三、人才经济的特征

（一）在人才经济时代，人才已不再是个体意义上的人才概念，而具有广泛的意义，富有明显的经济元素，人才本身就是资本、资金、资源，人才是软环境、硬实力。

（二）在人才经济时代，人才的单位属性、区域属性已逐渐淡化模糊，全球化、国际化属性日益强化凸显。人才在国际、国内的自由流动更加常态化，人才流动已经成为人才配置、使用和自身发展的必要途径。

（三）在人才经济时代，人才开发的重点是在全球范围内快节奏、宽领域、多层次地扩张人才数量、提升人才质量、盘活人才存量、激活人才能量。

（四）在人才经济时代，经济活动和经济关系有别于农业经济时代、工业经济时代、信息经济时代和知识经济时代。其经济发展已不仅仅取决于自然资源、信息资源、知识资源的简单占有、配置和使用，更取决于人才理念、智力、知识、信息、技术等要素的有机融合，产生裂变效应，加快新思想、新知识、新技术、新技能的发现、运用、转化、提升和再创造，从而提高经济发展速度、发展质量和发展效益。

四、人才经济的发展优势

从人才经济的资源配置方式看，人才经济对人才、智力资源的占有比工业经济中对稀缺自然资源的占有更为重要。自然资源日渐衰竭短缺，而人才经济的发展更具可持续性。

从人才经济的产业支柱分析，人才经济以高、中端技术产业为其支柱、与工业经济时代的支柱产业不同。

从人才经济的社会消费方式分析，人才经济的消费或使用，主要以技术产品和通过信息产生的新知识为主。

五、人才经济下的人才观

经济发展进入新常态，增长动力从要素驱动、投资驱动转向创新驱动。创新驱动实质上是人才驱动，抓发展必须抓创新，抓创新必须抓人才。

所谓人才观，即对人才在经济社会发展中所处的位置、判断人才的具体标准及怎样用好人才等问题，所应具有的科学态度和观念。新经济下的人才观要为所有人的全面发展创造条件，让每个人的心智健康成长，让每个人的潜质和创造力都得到充分发挥。

人才经济下的人才观包含“新观念、新地位、新思维、新标准、新开发、新运营、新方式”七大内涵。

（一）新观念（人才资源是第一资源的观念、人人都可以成才的观念和以人为本的观念）

要破除因循守旧，树立高端引领的观念；破除先入为主，树立“唯才是举”的观念；破除求全责备，树立以用为本的观念；破除自我封闭，树立行行出人才的观念；破除唯资历论，树立实践造就人才的观念；破除嫉妒猜疑，树立见贤思齐的观念。

树立“人才国际化”观念，开大门，不拘一格，柔性汇聚全球人才资源，培养与使用人才必须与国际惯例接轨。树立“人才是活资源”观念，无论是生产还是科研，每一环节都要以“人”为中心，其资金调配、资源配置都“因人而动”，人才在哪里其他资源就流向哪里，使生产要素配置始终处于最佳状态。

（二）新地位（人力资本优先，人力资本与货币资本共治、共享、共赢）

人才经济时代既是真正的人力资本优先发展，也是人力资本与货币资本共治、共享、共赢时代。人力资本成为知识经济时代企业价值创造的主导要素，一方面，人才资源要素是最活跃、最具价值创造潜能的要素，处于优先的位置，排在产业资本、金融资本之首，从过去“资本雇佣人才”转变为“人才雇佣资本”。另一方面，人才资本与货币资本具有同等的公司治理、资源调配和剩余价值分配的话语权。

（三）新思维（实施“经济后发、人才先至”的新思维，树立“人才+”的战略思维）

实施“经济后发、人才先至”的新思维，推动树立“人才+”的战略思维，加快凝聚人才优先发展的思想共识，把人才列为各类资源开发之首，优先谋划人才发展，优先推动人才工作。践行“人才供应链与人力发展链的思维、人才共享与人才使用权思维、人才合伙与共创共享思维、人才大数据与人才平台化思维、经营人才与人才自主经营思维、人才全面认可激励与人才客户体验价值的思维、人才跨界与维度管理思维”。

（四）新标准（跨界思维、整合和协调力、再定义能力、故事演绎能力）

人才经济时代对人才标准提出新的要求：需要复合型的创新人才，具体表现为跨界思维、整合和协调力强、再定义能力强、故事演绎能力强。

1. 跨界思维。随着产业形态朝更深度的方向演进，不仅是产业边界被打破，包括学科边界、职业边界等也将被逐步打破，社会上更多需要的是多种学科和跨界思维的人。

2. 再定义能力强。单纯的跨界能力还不够，更多还需要有再定义的能力，对各种事物进行组合和再定义的能力。只有通过高度概念化的再定义，才能使原本看似紊乱的事物形成系统的逻辑。

3. 整合与协调力强。在新时代，更多需要的是对资源进行重新的整合，整合各种事物和协调各种人际关系的能力。

4. 讲故事能力。随着新时代的来临，社会不仅需要的是逻辑分析能力，更需要如何把具象的世界进行故事演绎的能力。

（五）新开发（智慧、知识、经验、技能、创造性全面开发）

1. 人才开发是指把人的智慧、知识、经验、技能、创造性当作资源加以发掘、培养，以求进一步发展和利用的一系列活动。

2. 在人才经济时代，企业人力资源的开发应着眼于人的健康人格的培养，包括持久的工作热情；坚韧不拔的意志力；人际关系的协调和团队合作精神等。

3. 企业人力资源要从传统的“战略版图决定组织版图，组织版图决定人才版图”转变为“愿景驱动人才，人才驱动战略”，从“匹配思维”转变为“创发思维”。在人才经济时代，CEO 是企业人力资源管理第一责任人，打造强有力的雇主品牌能帮助企业吸引并留住最好的人才。

（1）人才开发的六大转变：

①由重视学历向重视能力转变；

②由单一型人才开发向复合型人才开发转变；

③由重视人的显能开发向重视人的潜能开发转变；

④由被动开发向主动开发转变；

⑤由黄金阶段开发向终生开发转变；

⑥由近距离人才开发向远距离人才开发转变。

（2）人才开发的三个公式：

①智力乘以活力等于绩效；

②投资智力的开发对社会的贡献最大；

③学习速度小于变化速度等于死亡。

（六）新运营（调整人的心态，变革人的思维，转化人的观念，激发人的热情，提高人的情绪商，开发人的创造力）

1. 确立“从管理人到服务人”的理念；

2. 确立“从管理人到影响人”的理念；

3. 确立“从行为管理到心理管理”的理念；

4. 确立“从行政管理到盟约管理”的理念；

5. 确立“从事本管理到人本管理”的理念；

6. 确立“从一元目标到两元目标”的理念。

（七）新方式（精准选人、创新文化、柔性管理、以人为本、企业与人才同成长）

1. 精准选人

人才经济时代是一个高速成长的时代，人才经济思维是“能人逻辑”，优秀的人才对人才经济时代的企业来说至关重要。所以，企业在人才经济时代更强调的是如何快速、精准选择聪明、能干、合适的人，以满足企业高速成长的需要。这就需要企业强调精准选人，全面发展人，要打造人力资源的供应链，构建人才全面发展系统，为组织战略和业务发展需要提供源源不断的人才支持。

2. 创新文化

人才经济时代要求组织创建的是一种以正确的人才观为基础，以吸纳留用高素质人才为目的，以创新激励、协作共享和心理契约为特征的组织文化。企业的人才观既是企业文化的核心，也是管理的核心，吸引和留住创新人才已成为企业最关心的问题。企业应致力于创造一个激励型的、充满创新气氛的开放环境，以利于激发员工的创造性，增强员工的竞争能力，并以此吸引大批优秀人才。

3. 柔性管理

在人才经济时代，知识型员工是企业发展的关键，真正才华横溢的人才，往往充满个性而难以驾驭，这就要求人力资源管理必须主动抛弃传统的管理方式，运用组织的共同价值观和经营理念，依靠共同的信念、互动的心灵进行柔性管理，给员工创造一种宽松的环境和气氛，给他们更多的授权，让他们成为工作的主人，不断学习，不断提高，从而激发员工的创造欲，使其潜能和天赋得到最大限度地发挥。

4. 以人为本

以人为本是在管理过程中，始终将人放在核心的位置，追求人的全面发展，以便充分调动所有职工的积极性和创造性，使企业获得最大的效益。企业将员工作为最重要的资源，信任员工、尊重员工、依靠员工，把企业员工放在管理的主体位置，围绕充分利用和开发人力资源而开展管理活动，激发人的活力和创新精神，从而实现人的全面和自在的发展，使企业的目标和员工的发展目标达到一致。

5. 企业与人才同成长

人才经济时代改变了企业经营的外部环境，变化的环境使企业的发展带有很大的不确定性，人才经济时代的人才时刻在思考个人的职业规划和职业生涯，因此，企业要转变传统的人力资源管理的思路，将员工的发展与企业的发展紧密地结合起来，让员工与企业在共同承担风险的同时，也让人才能够分享企业的成果，让人才能够实现个人价值，具体强化的因素包括：

（1）个体成长——员工对知识、个体和事业的成长有不断的追求，存在使个人能够认识到自己潜能的机会。

（2）工作自主——建立一种工作环境，员工能够在既定的战略方向和自我考评指标框架下完成交给他们的任务。

（3）业务成就——完成的工作业绩达到一种令个人足以自豪的水准和质量水平，这是和组织的需要相关联的因素。

（4）金钱财富——获得一份与自己贡献相称的报酬，并使员工能够分享到自己所创造的财富。这种奖励制既要适合公司的发展又要与个体的业绩挂钩。

六、人才经济的战略

人才经济战略是城市为实现经济和社会发展目标，把人才作为一种战略资本，对人才培养、吸引和使用作出的重大的、宏观的、全局性构想与安排。

（一）人才经济战略的本质

人才是一种战略资本。

（二）人才经济战略的核心

培养人才、吸引人才、使用人才、发掘人才。

（三）人才经济战略的体现

1. 人才优先发展；
2. 创新人才机制；
3. 高端人才引领；
4. 人才—产业聚集；
5. 人才以用为本；
6. 人才价值实现；
7. 高端人才国际化；
8. 人才生态环境；
9. 人才回归“归雁经济”；
10. 招才引智“资智融合”；
11. “抢人”速度。

（四）人才经济战略主要包括两层含义

一是着眼于加大人才资本的开发力度，全面提高人才的基本素质，将人口大国转变为人才强国，通过提高人才的竞争能力，增强国家的综合国力和国际竞争力。

二是着眼于创新体制机制，做到广纳人才，为我所用，通过提高政策制度对人才的吸引力和凝聚力，增强国家的综合国力和国际竞争力。

（五）实施人才经济战略的着力点

一是着力推动开放引进人才。加快推进优先领域和关键项目的人才合作，突出“高精尖缺”导向，围绕重点产业和重点领域，以提升科技创新能力、培育战略新兴产业、改造提升传统优势产业、推进区域优势产业现代化为重点，着力引进科技领军人才等高层次专业技术人才和优秀企业家、职业经理人等高层次经营管理人才；通过兼职挂职、技术咨询、项目合作等多种形式，柔性汇聚全球人才智力资源为我所用。

二是着力强化教育培养人才。推动高等教育跨越发展；整合提升职业教育，深入推进全民技能振兴工程、职教攻坚工程和职工素质提升工程，培养大批“名医、名师、名匠”人才。着力打造“优生优育、学前教育、义务教育、职业教育、道德教育”的全链条育才模式，推动人才全面发展。

三是着力搭建平台施展人才。充分发挥协同创新中心、工程实验室、技术转移中心、工程技术（研究）中心、院士工作站、博士后流动站（工作站）、海外高层次人才创新园和引智试验区聚才平台作用，推动重大科技创新。以国家自主创新示范区等国家级战略规划为依托，加快推动众创空间、星创天地、科技企业孵化器、大学科技园的建设；积极申建海外人才离岸创新创业基地，搭建与国际规则接轨，具有引才引智、创业孵化、专业服务保障等功能的国际化综合性创业平台。在科研人员激励、科研机构评价、科研管理改革等重点、难点领域大胆探索。

四是着力创新机制激活人才。建立体现知识价值的分配机制，使人才在创新创造中有收益、有荣誉、有地位。要深入推进人才管理部门简政放权，建立人才管理服务权力清单、责任清单，摒弃人才管理中的行政化、“官本位”倾向。改进人才评价标准和方式，推进人才分类评价改革，加快建立多元化人才评价体系。加快职称制度改革，建立能上能下的动态评聘办法。加快建设人才管理改革试验区，推进人才政策先行先试，最大限度地解放和增强人才活力。

五是着力优化环境留住人才。要吸引留住人才，就要对人才多关心、多交流、多鼓励，多听他们的意见，真听他们的意见。强化服务保障，为高层次人才出入境、居留落户、创业扶持、社保医疗、配偶就业、子女入学等方面，提供“妈妈式”的全方位服务，确保优秀人才引得来、留得住、用得好。优化人才在干事创业生态系统，在全社会形成尊重知识、尊重人才、崇尚创新、鼓励创业的良好氛围。

七、人才经济的要素

（一）解规划——人才经济开发依据；

（二）理产业——人才经济开发基础；

（三）营环境——人才经济开发保障力；

（四）建模式——人才经济开发系统力；

（五）定机制——人才经济开发保障力（通用机制 + 个性机制）；

（六）引进人——人才经济开发原动力；

（七）链资源——人才经济开发助推力；

（八）创服务——人才经济开发竞争力；

（九）推名片——人才经济开发品牌力；

（十）提能力——人才经济开发创新力；

（十一）强风控——人才经济开发稳健力。

八、人才经济的产业布局

人才经济的产业布局，就是要打通“人才、产业、资本”三要素之间的两两交互融合与整体循环效益的“联动链”，实现“产业聚集人才，人才引领产业”“产业吸引资本，资本推动产业”“资本投资人才，人才增值资本”协同、高效发展的城市经济综合效益。通过促进人才链、创新链、资本链、产业链四个关键环节的深度融合、同频共振，通过“加钢淬火强内功”，有效提振企业继续投资和加快发展的信心，促进产业强筋壮骨和经济提质增效升级。通过“人才引进—创新驱动—资本支撑—产业升级”实现城市的发展。

第一阶段是“人才立市”，即确定城市的发展目标和发展战略。

第二阶段是“人才兴市”，通过大量的人才聚集，形成产业的集聚、市场的集聚，形成城市的感召力。

第三阶段是“人才大市”，要用伟大的事业来凝聚人才，用崇高的精神来鼓励人才，用真挚的感情来关心人才，用丰厚的物质待遇来吸引人才，营造出尊重特点、鼓励创新、信任理解的宽松氛围和人才辈出、人尽其才的良好环境。

第四阶段是“人才强市”，通过广聚天下英才，形成城市发展的人才内生动力，产生资本的集聚，增强城市的竞争力。

第五阶段是“人才经济新型城市”，即人才生态圈与产业生态圈融合发展，推进城市跨越式、超前化发展。

九、人才经济的运行模式

高端人才是驱动技术创新发展的关键因素，是提升城市核心竞争力的主导力量，是激发经济增长的内生动力，是实现新一轮经济繁荣的根本途径。产业是人才发挥效能的平台和载体，只有将人才的科技优势转化为企业的产品优势，形成产业的引领态势，才能凸显人才的价值，实现“产业—人才”集群化协同发展。

其运作模式：（未来城市发展的根基：人才强市）→（人才强市的重点：人才优先发展）→（人才优先发展的目的/目标核心：人才经济）→（人才经济的引擎重心：创新创业型高端人才）→（高端人才的效益：引领人才生态集聚，促进产业转型升级，增强城市竞争实力）→（人才强市）

十、人才经济的收益面面观

人才经济发展不仅取决于自然资源、信息资源、知识资源的简单占有、配置和使用，更取决于人才理念、智力、知识、信息、技术等要素的有机融合，产生裂变效应，加快新思想、新知识、新技术、新技能的发现、运用、转化、提升和再创造，以最小的物质资源投入、最大的非物质资源投入取得经济的最大化、最优化的资本，从而提高经济发展速度、发展质量和发展效益。

一流的人才能带来一流的项目，通过招才引智与招商引资工作同谋划、同布局、同实施、同考核，不断创新“人才 + 项目 + 资本”引资引智模式，促进高端人才与优质项目、优势产业的高度融合，推动形成“引进一个高端人才、带来一个创新团队、支撑一个优势产业、培育一个经济增长点”的良好发展态势。

第二章　“人才经济”的核心要素构成

第一节　人才经济的动力之源：高科技

新技术革命直接催生了人才经济，使人才经济成指数级增长。在人才经济社会中，随着高科技产业化速度的加快，它对人才经济的量增效应将由点到面、由面到体，呈放射网络状的态势全面展开。人才经济是一种信息经济，是可持续发展经济，是未来主宰人类社会方方面面的“朝阳经济”。

人才经济时代是高科技大显身手的时代，没有高科技就没有人才经济，高科技不但直接决定人才经济的诞生，而且作为动力之源直接推动着人才经济的发展。

人才经济中最为突出的新特征就是信息技术的广泛应用，使信息产业成为人才经济最为重要的支柱产业，使信息网络成为人才经济社会最重要的大众化的联系手段。以信息技术为骨干的高新技术是支撑整个人才经济广厦的支柱。

信息技术以微电子技术为基础，以计算机和通信技术为标志，渗透于各种传统技术中，由此又形成了许多边缘科学。世界各国都围绕信息技术及其产业化投入了大量的人力、物力、财力，展开了激烈的竞争。谁夺得了信息技术上的领先地位，谁就拥有了人才经济竞争中的主导权。

高科技就像高速列车，把人类载入繁荣昌盛的人才经济时代。

第二节 人才经济的产业先导：资讯产业

所谓资讯产业，是以信息技术等高新科技为物质基础的、信息产业起主导作用的，使信息、知识、技术、智力为一体的新型产业。

人才经济是建立在知识和信息的生产、分配和使用基础上的知识经济。资讯产业的迅猛发展是知识经济时代最重要的特征。资讯产业的发展不仅满足了人类精神生活的需要，而且对人类开发物质资源产生了巨大的推动力。它使生产实现自动化，生产效率得到极大增长，生产成本大大降低，产品质量不断提高，而且使整个社会联为一体，成为国民经济的主导产业。

资讯产业将以信息技术为中心，人的智能和创造性获得前所未有的发挥。高科技促进人的自我实现和主体性提高。使用计算机记忆和模拟，逻辑思维，知识积累，记忆反应能力为计算机代替，悟性（灵感、直觉和顿悟）最为重要，人将更有创造力。

人才经济中的资讯产业，与以往传统信息产业不同的是，它的应用范围更广，技术要求更高，由此构成了现代的信息产业，且对社会生产、生活产生巨大的影响。它包括计算机产业、软件产业、信息服务业、信息传播业等产业群。

现代信息技术的应用使科技知识作为一种生产要素投入生产过程，人们借助信息技术开拓新域、创造新知识、生产新财富。新技术改变了生产的内容：过去是靠技术把原材料转化为产品，是资源的凝聚；现在是靠信息技术把知识转化为产品，是知识的凝聚、创造和应用。资讯产业是新兴的战略性产业，对我国整体技术进步具有重大推动作用，是“人才经济”中一道亮丽的风景线。

第三节 人才经济的核心：创新经营

创新是一个民族进步的灵魂，是国家兴旺发达的不竭动力。创新既是企业常盛不衰的源泉，也是人才经济的核心。人才经济时代的竞争是科技的竞争、人才的竞争、创新能力的竞争，它一改以往那种以资源、资本的总量或增量为主的竞争模式，使创新优势弥补资源、资本上的劣势。

一、技术创新：人才经济发展的银带

在人才经济时代，科技创新的价值含量会更突出地体现在前沿性学科领域，如信息科学、生物工程、空间科学、海洋科学。科技创新一定要从科学、技术和市场关系的变化，从企业、产业和学校、研究院所的关系变化，从科学技术和管理科学、人文科学之间的联系及全球性的角度来考虑并注重科学的作用。在人才经济时代，科技创新更多地要着眼于把新设想转变为新产品、新工艺、新市场这一应用层面。

对企业而言，技术创新是创造名牌产品的保障，而生产适销对路的各种名牌产品、技术含量高的产品，则是企业立足市场的基础。因此，技术创新从根本上来说是企业生存和发展的基础。技术创新可以分为基础性技术创新和发散型技术创新。前者将研究成果进行商业化，一旦成功，可带来领导型市场机会。后者则是在前者的基础上，以前者为依托，在相关领域进行较小规模的创新。

二、产品创新：人才经济发展的核心

作为企业，技术创新永远是生存必不可少的手段。技术创新的结果便是推动企业不断设计、生产出市场需求的各种新产品。产品创新是技术创新的延续和深入。一家企业能否持续不断地进行产品创新，开发出适合市场需求的新产品，成为决定该企业能否实现持续稳定发展的重要问题。尤其是在科学技术发展日新月异、产品生命周期大大缩短的人才经济时代，企业产品面临的挑战更加严峻，不及时更新产品，就可能导致企业的灭亡。

市场上没有永远畅销的产品，任何一种产品在市场上的存在都有时间长短之分，这是由产品生命周期理论决定的。产品是为了满足市场上消费者的需求而产生的，不同时期的消费者存在不同的消费倾向，所以对产品也就提出了不同的要求。能够适应消费者需求的产品会在市场上存在；过时的、不能满足消费者需求的产品，则会失去在市场上存在的理由而被市场淘汰。产品创新依靠企业对技术的不断开发和对需求的不断满足来实现。世界上从来没有一劳永逸的事情，只有不断创新才能永葆活力。

三、营销创新：人才经济开拓市场的利器

企业拥有新的技术、新的产品以后，如果仍沿用传统的方式去营销运作，那么创新的意义和作用就会大打折扣，甚至前功尽弃。企业还必须把生产的产品用创新营销的方式推向市场，让市场和消费者更快地了解、接受，才能真正对企业的生存和发展起到有益的作用。

要使企业成功的产品在市场上成功地被消费者接受，必须依靠不断创新的运作手段，为企业的产品尽快打开市场。在人才经济市场全球化的条件下，营销创新日益成为企业打开市场的关键。

营销创新有很多种，如商品定价策略的选择、品牌运作方式的创新、商品流通渠道的创新等多个方面。策略联盟是一种正在世界范围内成为潮流的企业经营管理手段，它是指几家拥有不同关键资源的公司进行联盟，交换彼此的资源以创造竞争优势。

四、服务创新：人才经济开拓市场的筹码

服务是企业探讨不尽的经营主题，也是解决不完的管理难题。其实，服务的标准和服务的动力都是一样的回答：那就是连续不断地创新。

随着改革开放的进行，市场竞争的加剧及消费者权利意识的觉醒和发展，服务也日益成为企业在市场竞争中取得胜利的重要“筹码”。企业不但要为消费者提供价廉物美的产品，还要为消费者提供优质、高效的售前、售中及售后服务。因为在买方市场上，企业要得到生存和不断发展，就必须不仅在产品上做到人无我有、人有我优，在服务上也要如此。同时，消费者的需求是不断变化的，企业要适应消费者不断变化的需求，在不断推出新产品的同时，也必须不断推出新的服务，要不断做到服务创新，这样，才能在市场开拓与巩固的激烈竞争中，为自己取胜不断增加“筹码”。

五、组织创新：人才经济活力的源泉

由于人类的生存空间是有限的，自然资源存在稀缺性。在各种可能的用途间最有效地配置人类掌握的有限的稀缺资源，即在可用资源的约束条件下生产尽可能多的产品，最大限度地满足人类的生产和生活需要是我们的根本目的。企业是构成人才经济的基本单位，具有一定的社会生产功能。现代社会生产是社会化的协作生产，从资源配置的角度来看，企业是组织生产、配置资源的基本单位。企业选择组织形式的最基本准则，即谋求成本最低，效用最大，采用最恰当的组织式及各种经济手段，来利用有限的资源，以获得最大的效应。

组织创新意味着打破原有的组织结构，并根据环境和条件的变化对组织的目标加以变革，并对组织内成员的责、权、利关系加以重新构置，形成新的结构和新的人际关系，并使组织的功能得到发展。其内涵在组织从形式到内容，结构到制度的全面更新。

六、管理创新：人才经济发展的动力

管理创新本身是由经济发展、技术进步导致企业生存与发展问题需要解决而产生的。在人才经济时代，企业保持活力的唯一途径就是创新，其中最重要的和最直接的创新方式是技术创新和制度创新，而管理创新对技术创新和制度创新都起到巨大的推动作用。

技术创新的过程不仅是个技术问题，也是个管理问题，管理可以降低技术创新过程中资源配置的不确定性，提高投入于技术创新过程中的资源配置效率。管理创新本身将有助于制度创新目标的实现。因为管理创新的目标与制度创新的目标是一致的，即提高企业的资源配置效率。

七、制度创新：人才经济运行的保障

制度创新是企业发展的基础，是企业各种创新的前提，同时也是实现一个企业不断创新的保障。没有一个不断创新的企业制度，企业的其他创新活动就不会是有效的，也不会是持久的。

适时的制度创新能够使企业“趋利避害”“起死回生”。制度创新是搞好企业各种管理的基础。制度创新是技术创新、市场创新、产品创新的基础。人才经济时代，关键是人才的竞争，而发挥人才积极性的关键在于制度创新。告别了资源经济时代，智力资源作为经济发展中的第一战略资源，其作用比以往任何时代都更为突出。与此同时，对于稀缺自然资源可以通过知识和智力进行科学、合理、综合、集约配置。所有这些，都需要对知识和智力资源进行开发和利用。然而，智力本身又不会独立存在，而是存在于劳动者的大脑之中。人作为有感情的社会性动物，其情绪对智力的发挥具有极大的影响。如何发挥人的积极性、主动性、创造性？归根结底要通过制度创新。

第四节　人才经济的引擎重心：创新创业型高端人才

创新创业型高端人才是当今世界最重要的战略资源。大力培养创新创业型高端人才，已成为各国实现经济发展、科技进步和国际竞争力提升的重要战略举措。

人才经济时代是创新创业型高端人才表演的舞台，特别是以“资本家、企业家、策划家、风险投资家、人才经济开发营运里手、企业孵化器运营操盘手”为主体的创新创业型高端人才。

一、创新创业型高端人才的内涵

（一）高端人才“三要素”

什么是高端人才？长期以来，我们按知识标准来定义人才，因此往往把高端人才等同于高学历（研究生学历及以上）、高职称（高级专业技术职称）人员。进入新的历史时期，《中央人才工作决定》与时俱进提出了科学人才观，强调“把品德、知识、能力和业绩作为衡量人才的主要标准”，倡导“四不唯”（不唯学历、不唯职称、不唯资历、不唯身份）。因此高端人才至少应包含以下 3 个方面的基本要素：

1. 打铁还需自身硬：具有较高的知识或技能

这不仅指高学历、高职称的人，也包括那些具有丰富实践经验、高超技能的工人，甚至是没有接受过正规教育，但经过长期实践而在某个领域中具有杰出才能的人。

2. 大海航行靠舵手：在人才队伍中起核心作用

对一个城市、一个地区或一个单位而言，衡量高端人才的标准不一，但其在人才队伍中的核心、领军、示范、带动作用是共同标准。

3. 一举成名天下知：有重大创新创造成果并做出突出贡献

（1）如果是专业技术人才，应突出创新型要求，既有较高的专业技术知识和职称，更要在本学科领域有重大创造、创新，且被同行公认。

（2）如果是企业经营管理人才，应突出开拓型要求，既有较强的专业知识和管理经验，更要有较强的市场开拓能力、骄人的业绩，且为出资人或市场所认可。

（3）如果是党政人才，应突出复合型要求，既要有较高的知识层次，更要有丰富的管理能力和实践经验，且业绩突出、群众公认。

（4）如果是技能人才、农村优秀人才，应突出带动型要求，既有丰富的经验、较强的专业技能或致富能力，更要有较强的带动示范能力，且群众公认。

（二）高端人才的定义

所谓高端人才，是指具有较高的知识或技能，在人才队伍中起核心作用，在本学科专业、行业领域有重大创新创造，并为推进经济建设、政治建设、社会建设做出突出贡献的人才。

（三）高端人才的六个特征

1. 高层性。和人才队伍是“塔尖”和“塔基”的关系。

2. 类别性。五支队伍（专业技术人才、企业经营管理人才、党政人才、技能人才、农村优秀人才），类别不同，界定范围不同。

3. 相对性。根据所处的不同层次，具有相对性。知识分子中有高端人才，技能人才中也有高端人才，农村人才中同样也有高端人才。在每个不同的人才群体中，都有各自的高端人才。

4. 稀缺性。古人云：千军易得，一将难求。主要是指高端人才这一稀缺人才。

5. 动态性。一方面，人才自身不断发展变化，没有永恒的高端人才；另一方面，人才类型和人才标准具有鲜明的时代性，随着社会分工和时代发展而变化。因此，高端人才队伍的构成是动态发展、有进有出、不断更新的。

6. 城市性。在人才集中的地区，对高端人才的要求就会高一些；而在人才相对缺乏的落后地区，对高端人才的界定就相对宽松一些。

二、创新创业型高端人才的主体：知本家、企业家、策划家、风险投资家、人才经济开发营运里手、企业孵化器运营操盘手

（一）知本家：人才经济时代的宠儿

知本家，就是利用一身高新知识创造财富的成功人士。知本家是人才经济时代知识资本的人格化，是知识阶层最为重要的构成部分，是社会生产力的新兴代表。知本家的重要作用在于把零星的、处于相对静止状态的知识要素转化为智力资本，并通过智力资本的拥有与控制，达到价值增值和无限制复制、使用的目的。

知本家不仅是知识资本的化身，更是知识资本化演进的产权承担者。知本家作为全球新兴生产力的代表，不仅带动本国生产力的发展，而且推动全球智力产业的兴起，加速了传统产业的技术改造步伐。美国微软公司之所以成功，不是因为其自身开始就拥有雄厚的实物资本和货币资金，而是以比尔·盖茨为代表的知识资本所有者自身具备了开发电脑软件和进行管理创新的能力。比尔·盖茨已不再仅是一个发明者，他成了一个创新企业的经营者，一个创新集体的组织者。

在美国，好的企业一定是“双长制”，特别是先进科技企业，背后一定站着特别牛的知本家和特别牛的 CEO。但中国刚好相反，白发苍苍的是知本家，CEO 是“90 后”。“知本家 + 企业家” 正成为中国越来越多人创富的新路径。有道是：“三个企业家找到三个知本家，成就三个知名企

业"，柳传志找到倪光南，开发出了联想式汉卡，成就了联想公司；张玉峰找到王选，开发出了方正激光照排系统，成就了方正公司；万润南找到了王辑志，开发出了四通打字机，成就了四通公司。

（二）企业家：人才经济的活灵魂

诺贝尔奖获得者、经济学家爱诺教授指出："市场经济培育了企业家，企业家构建了市场经济。"从某种意义上来说，市场经济也是企业家经济。人才经济时代，新型企业家是对知识资本、知识商品、知识产权进行生产、经营和管理的优秀企业家。

新型企业家不仅具备一般企业家所具备的才干，还有一个富有知识、信息、智慧的"知识资本"头脑，有经济学家和战略家的长远眼光，具备哲学家的逻辑思辨和求实探索精神，还具备高超的领导艺术，从组织、指挥、协调、经营到人力资源管理都有卓越的才干，更为可贵的是具有创新精神。

企业家的职责就是如何尽可能地"放大"群体合力的作用，获得最大的效益。企业家的卓越表现往往离不开企业家精神的支配与影响，它主要包括改革精神、开拓精神、风险精神、创新精神等。企业家精神作为一种重要的生产要素，既是一个综合性的概念，也是企业家素质与能力的重要体现，它直接影响企业家对企业进行生产经营管理的效果，影响整个宏观经济体系运行的质量和效率。

（三）策划家：人才经济的工程师

在战场上取胜，需要懂兵法、善用兵的将帅调兵遣将。在商场中取胜，需要善决策、懂策划的企业家运筹帷幄，科学操作。面对国内外两个市场的激烈竞争，要求企业必须以独特鲜明的产品形象、企业形象去赢得市场，同时对为企业进行战略谋划与经营策划的智业提出更强烈的需求。

智力、谋略是策划家的资本和武器。经济的繁荣、企业的强盛首先是策划的成功；经济的萧条、企业的衰落往往是策划的失败。人才经济时代需要具有创新精神的策划家，策划家所策划的不仅是具体的方案，而且是企业的明天和整个人才经济的未来。

（四）风险投资家：人才经济的加速器

任何创业都是需要投资的，也是有风险的。缺少投资又不肯冒险的创业是不存在的。人才经济之所以能迅速崛起，高科技企业之所以能够迅速成长，一个毋庸置疑的决策因素，便是风险投资家的介入与支持。知识向资本的转化、科技向实际生产力的转化需要大量的资金。

人才经济时代是经济高度膨化的时代，人才经济产业的迅速发展得益于风险投资的介入。风险投资的高回报同时也就意味着高风险，这就需要高素质的风险投资家来运筹帷幄。风险投资家最核心的是判断力，而判断力来自分析能力、学习能力、沟通能力、相关行业经验和运营经验等。

在企业发展历程中，风险投资家不仅要为企业筹措资金，还要为企业制定发展战略，提供管理咨询，甚至寻找销售渠道。因此，风险投资家是风险资本与被投资企业之间联系的纽带，是风险企业价值增加的源泉，是人才经济的加速器。

（五）人才经济开发营运里手：人才经济的推动者

21 世纪最宝贵的是什么？是吸引人才的好战略！是强大的人才引进与开发机制的策略性制定能力。

在人才经济时代，人才经济开发营运里手作为一个新兴的社会阶层，并不是通过国家政权或社会公共权力的获取而崛起的。他们是适应社会生产力发展和分工深化的要求，在具备较高的知识素质和人才资本经营管理能力后，通过市场竞争和社会结构转型逐渐形成。

人才经济开发营运里手作为新型的社会力量，成为人才经济时代的垄断性控制力量，既是社会财富的最大生产者，又是最有力的控制者和所有者之一。人才经济开发营运里手要有丰富的学识，要有系统的创新型、复合型人才发现、使用、开发的专家才华，要有超凡的知识资本营运能力，要了解高端人才需求、特性与成长规律，要有丰富的产业资源整合能力，要对人才、产业、资本之间的逻辑有很强的理解能力，要从企业发展战略、产品生命周期和产业发展规律制定人力资源开发的动态策略和政策，要有人才链、产业链、资金链同频共振、产才融合能力，要有构建引育、发展、评价、服务、兑现为一体的人才工作链条的能力，要有协助与推动“四个对接”体制机制樊篱突破工作意识与能力（推动科技人才同经济的对接；实现人才创新成果同产业的对接；实现创新项目同现实生产力的对接；实现人才价格与价值的对接）。

（六）企业孵化器运营操盘手：人才经济的孵化器

1. 企业孵化器全方位运营

所谓企业孵化器全方位运营，即在产品立项、团队组建、股权架构设计、产品价值假设确认、寻找天使用户、增量假设及下一轮融资等创业全过程中，派出专业运营操盘手全流程跟进、运营、操盘，同时，配备庞大的技术资源、数据资源、IT 人员资源的支持，补充创业团队的不足，大幅提升其创业成功率，帮助企业快速穿越“创业死亡线”。

（1）向新建高技术企业提供场地；（2）为客户公司提供后勤服务；

（3）帮助企业家制定经营规划；（4）提供科研设备；

（5）帮助解决资金；（6）帮助开发市场；

（7）提供律师和会计师等专业服务；（8）培训服务；

（9）发现人才；

（10）鼓励创建高科技企业的精神，树立成功创业家样板。

2. 企业孵化器运营操盘手素质

企业孵化器运营操盘手要具备制定并执行孵化器的发展规划和经营预算、开发并管理孵化器各种创新创业资源，打通产、学、政、经、研等各个领域，帮助企业快速穿越“创新创业死亡线”。

三、人才经济时代社会需求的人才类型

人才经济时代将会刺激人才需求不断升级，这将带来人才类型和结构的大调整，人才的要求将发生质的重大改变，以下 10 类人才的社会需求将会迅速增加：信息产业人才；生命科学人才；新能源和再生能源方面的人才；新材料方面的人才；空间科学人才；海洋科学人才；环保科学人才；跨国经营人才；跨文化管理人才；两化融合人才。

四、人才经济时代企业需求的人才类型

（一）创新性人才

创新是人才经济时代的主题，创新化经济需要的是具有创新性的人才。第一，随着信息技术的发展，计算机的广泛应用，电脑将取代一些机械性脑力劳动。第二，在人才经济时代，产品的知识含量增加，逐步形成知识产品。第三，科技是第一生产力，科技的创新对经济的发展具有巨大的推动作用。唯有全面创新，包括技术创新、制度创新、产品创新、市场创新、管理创新等，才能维持经济的竞争力。所以，人才经济时代需要创新性人才。

（二）复合型人才

所谓复合型人才，是指多种专业能力的复合，是社会科学与自然科学的复合，是智力因素与非智力因素的复合。

人才经济时代很多创造活动都是跨领域的，这种创造不可能依靠某种单一知识和单一技能来实现，它必须借助多种知识、多种技能的综合运用来完成。所以，复合型人才是人才经济时代企业所需要的人才，同时也是企业的稀缺资源，企业要努力地培养这种资源。

（三）合作型人才

人才经济社会是一个人际关系高度社会化的社会。美国学者比恩等人认为，竞争是工业社会的价值观，而人才经济时代的价值观是合作。因此，合作型人才是人才经济时代企业所需的人才。

五、创新创业型高端人才的外延（见表2－1）

表2－1　创新创业型高端人才的分类

<table>
<tr><th></th><th>目标层</th><th>准则层</th><th>方案层</th></tr>
<tr><td rowspan="28">国内高端人才</td><td rowspan="28">国内高端创新人才</td><td rowspan="14">国家级高端创新人才</td><td>A7 享受国务院政府特殊津贴人员</td></tr>
<tr><td>A421 世纪百千万人才工程国家级入选</td></tr>
<tr><td>A5 国家有突出贡献的中青年专家</td></tr>
<tr><td>Al 两院院士</td></tr>
<tr><td>A46 紧缺的其他高端人才</td></tr>
<tr><td>A2 长江学者</td></tr>
<tr><td>A6 国家杰出青年基金获得者</td></tr>
<tr><td>All 国家重要科技奖励获得者、国家最高科学技术奖获得者、国家自然科学奖、国家技术发明奖、国家科技进步奖（一等奖前3名，二等奖前2名）、中国青年科技奖获得者</td></tr>
<tr><td>A17 国家863计划、973计划、国家科技攻关计划和国家自然科学基金重点项目的首席科学家或项目前3名负责人</td></tr>
<tr><td>A45 国家重点学科、重点实验室、工程技术研究中心学术技术带头人</td></tr>
<tr><td>A3 国家百千万人才工程（第一、第二层次）入选者</td></tr>
<tr><td>A33 国际先进水平或得到国内同行公认的学术带头人</td></tr>
<tr><td>A16 在《自然》《科学》等国际权威学术刊物上以通讯作者或第一作者发表1篇以上，或在国内外其他专业领域权威学术刊物上发表5篇以上学术论文（被SCI等科技文献检索系统收录，引用率较高）</td></tr>
<tr><td>A24 具有较大影响和较高声誉的社会工作人才；杰出的社会科学家和文学艺术家</td></tr>
<tr><td rowspan="11">省部级高端创新人才</td><td>A25 享受政府特殊津贴人员</td></tr>
<tr><td>A9 省部级有突出贡献的中青年专家</td></tr>
<tr><td>A23 取得显著经济效益或社会效益的农业专家和优秀农村实用</td></tr>
<tr><td>A10 全国直传文化系统“四个一批”人才工程培养对象</td></tr>
<tr><td>A15 省级社会科学优秀成果奖1（重大成果奖，一等奖第1名）；省优秀教学成果（一等奖第1名）</td></tr>
<tr><td>A18 国家社科基金重大项目前2名负责人</td></tr>
<tr><td>A12 获得国家社会科学优秀成果奖（一等奖前2名，二等奖第1名）、国家社会科学优秀成果奖获得国家优秀教学成果奖（一等奖前2名，二等奖第1名或国家教学名师奖）</td></tr>
<tr><td>A19 省科技重大专项或自然科学杰出青年基金项目负责人</td></tr>
<tr><td>A13 省重要科技奖励获得者</td></tr>
<tr><td>A14 省科学技术最高奖获得者，获省自然科学、省技术发明、省科技进步一等奖（前2名）</td></tr>
<tr><td rowspan="3">省级人才工程高端创新人才</td><td>A30 省级高端人才工程人选者泰山学者、芙蓉学者、闽江学者、钱江学者、楚天学者、两江学者、江苏333人才工程、浙江131人才工程等</td></tr>
<tr><td>A8121 人才工程第一层次或151人才工程</td></tr>
<tr><td>A31 省科技领军人才</td></tr>
</table>

续表

	目标层	准则层	方案层
国内高端人才	国内高技能人才	获得技能大赛大奖高技能人才	A21 直接执训运动员在世界级赛事中获得银牌以上奖牌、在亚洲级赛事中获得金牌的教练员
			A38 中国工艺美术大师
			A39 中华技能大奖
		获得荣誉称号高技能人才	A36 获得国家级或省级重要荣誉称号的高技能人才
			A20 国家级非物质文化遗产传承人
	国内高端创业人才		A22 获得国家级或省级重要荣誉称号的企业经营管理人才
海外高端人才	海外高端创新人才	海外高校和研究机构知名专家科学家	A27 国外知名高校或研究机构博士生导师
			A35 拥有国际公认的执业资格
			A29 在国外著名高校和科研院所具有高级专业技术职务任职资格的专家学者
			A28 海外博士学位获得者
			A40 “百人计划” 入选者
			A41 “千人计划” 入选者
			A43 在国外政府机构、政府间国际组织、著名非政府机构、国际学术组织中担任中高层管理职务的专家、学者
		国际知名企业高端科技创新人才	A32 在国内外知名企业担任高级职务的专业技术人员
			A26 拥有处于国际、国内领先水平的自主知识产权、专利发明或掌握核心专有技术的人才
			A42 在国际学术技术界享有一定声誉，是某一领域的开拓者、奠基人或对某一领域的发展有重大贡献的科学家
			A44 海外主持过大型科技或工程项目，有较丰富的科技、工程技术经验的专家人员
	海外高端创业人才		A37 在国际知名企业和金融机构担任高级职务的经营管理人才
			A33 具有海外自主创业经验，熟悉相关产业领域和国际规则的创业人才

资料来源：张瑾．我国吸引和有效发挥高端人才作用的对策研究［M］．北京：经济管理出版社，2014.

第三章 “人才经济”时代的相关规则

第一节 人才经济时代的创业规则

一、企业孵化规则：利用企业孵化器

企业孵化器，是指在人才经济时代一种侧重于创造新生企业而设计的创业环境，它可以为科技型、创新型企业提供可租用场地，其目的是成功地协助创业者创造出充满创新战略的企业，及时地为那些处于成长期的新兴企业有组织地提供一些帮助，促进其有步骤地迅速发展。

企业孵化器的运作过程通常存在许多明显的特点：入驻的企业往往正处于发展的早期或初期，具有发展潜力，并且必须经过审慎选定；孵化器为每一个入驻的企业提供一定的工作空间、企业运营所需的基础设施，如通信和管理设施；孵化器要负责训练、开发和帮助提高企业的管理能力；提供有关的法律和金融方面的专业性服务；租金要合理从而使新建企业不至于负担过重；入驻企业经过一段时间的“孵化”，创业家取得了相应的业务“资格”，则必须从孵化器中“毕业”，另觅场所扩大发展规模。

二、企业腾飞规则：借助风险投资

人才经济发展过程中，随着高新技术的飞速发展，一大批高新技术企业成为各自行业的风云人物。揭开这些企业超速成长的神秘面纱，我们发现了一种行之有效地促进新企业成长的融资体制——风险投资。正是由于风险投资的支持才使得这些企业获得了超常发展。可以说，借助风险投资

实现企业腾飞已成为人才经济时代创业的基本规则。

创业家创业大致经过以下过程：确定需要解决的问题；创造解决问题的办法；规划企业；选择创业组；筹集创业所需要的资本；最后是制造并试销产品。在这个过程中，一个创业者所遇到的最大障碍就是资金短缺。创业者往往具有创业的热情和一定的技术能力，但缺乏的是企业起步和发展过程中所需要的保金。

在人才经济时代以前，一般情况下企业的融资可以通过银行贷款、个人借贷、贷款担保、供应商贷款、应收账款贷款、权益性融资等途径来解决，在国外有时还可以通过小型公司管理机构获得一定的优惠贷款。人才经济时代，风险投资作为权益性融资的一种方式经过近几年的发展，日益成为重要的融资方式，并且逐渐朝专业化的方向发展。通过风险投资的发展及形形色色的企业神话的成长过程，我们可以看出风险投资是人才经济时代企业诞生的“催化剂”，是创业者坚定的支持者。

第二节　人才经济时代的竞争规则

一、超速发展规则

高速度、快节奏是人才经济时代的特征之一，速度很自然地成为商界竞争中的一个重要因素。有速度就能及时满足客户之需，有速度就能走在时代的前头，有速度就能创造出高效益。

在这个人才经济的世界中静止就是死亡。麦肯锡咨询公司的代理人，《纯收入》一书的作者约翰·黑格尔三世说：“以前，你会先制定详细的经营计划或蓝图，现在则不再需要考虑战略，只要确定一套指导行动的基本规则，然后迅速付诸实施，将不会产生巨大成功的规则淘汰掉。”这一过程就是预备—射击—瞄准！而不是预备—瞄准—射击！

在人才经济时代，技术的发展变化如此迅速，尤其是在互联网领域，高科技企业公司的运作就如同淘金的矿主一样，根据自己的推测或本能希望来抢占自己的市场占有范围。人才经济鼓励领先者，淘汰落后者。企业家不应该羡慕、妒嫉领先者，而应该主动出击，摆脱落后，奋起直追。人才经济就是在众人的争先赛中超速发展起来的。

二、收购兼并重组

人才经济时代，实力经济主宰一切是显而易见的。快吃慢是实力取胜的最好注脚。那么，小吃大呢？“小”未必实力也小，“吃大”正是为了进行实力扩充。实力经济是今天企业发展规模经济的重心。

人类历史上最富有的人，都是拥有“资源”的人。微软公司总裁比尔·盖茨，没有传统定义下富人的土地、石油、厂房大楼和金山银山，但却成为富可敌国的全球第一大富豪，凭借的是什么？就是因为他掌握了“知识流程”。在“以知识为基础”的人才经济里，人类成为亿万富翁的获利来源已经被彻底改写。

人类资本主义经济的发展是从英国的“圈地”运动开始的，但那时的“圈地”仅仅是为了掠夺有限的资源。而人才经济背景下的联盟扩张则是作为抢占市场的一种有效手段，一种现代意义上的“跑马圈地”。企业间找准合作伙伴携起手来，共同分享有限的市场“蛋糕”，也许这正是人才经济实力经济的游戏规则。

从近200年企业发展的历史来看，企业发展的历史，就是一部资本不断扩张的历史。随着人才经济形态的出现，原有企业的收购兼并又以新的形式表现出来。收购兼并是为了提高企业的经营效益（形成规模经济效益、提高管理能力和水平、降低交易成本）。收购兼并是为了适应竞争的需要，收购兼并的根本动机是要实现资本盈利的最大化。收购兼并的目的就在于推动和促进两个企业的优势互补，包括利用目标企业的潜在优势或更充分地发挥自身的优势，即人们通常所说的把别人的优势“拿过来”或把自身的优势“送出去”，以增强企业的竞争实力，实现资本盈利的最大化。

第三节　人才经济时代的人才组合规则

在人才经济时代，生产力的内涵有了新的扩展与诠释，知识、科技、智力已成为其家族新成员。人才经济时代所需要的新型人才是具有创造性、多样性和综合性的人才——具有丰富的应用型知识，掌握思维方式的人。但拥有人才并不等于拥有了一切。人才既需要管理、组织，也要遵守组合规则，否则就不能量才使用，人尽其才。

一、营造良好的人才互补效应

为了发挥特定系统的特定功能，不同的智力应该如何有机地组合，对人才资本的整体效益影响极大。智力结构是一个多序列、多层次、多要素的动态结合体，它至少由 5 个次一级的结构组成。即

（一）专业结构：各种有关专业的精细综合，如一个企业的销售部门除训练有素的推销员外，还要有心理分析人员、社会学专家及专业的科技人员。

（二）智能结构：按照智能运用知识创新能力的不同特点，将再现型、发现型和创造型人才综合在一起，使之既有探索，又能实施与再现。人才经济时代还特别要发掘创业型人才，即善于将知识转化为产业的人才。

（三）知识结构：由初级、中级、高级知识水平的人按一定的比例构成。例如，研究人员与辅助人员的比例，理论研究人员与实验人员的比例，大学中教授、讲师与助教的比例等。

（四）素质结构：外向型与内向型互补，不同性格、毅力、兴趣、气质、风度的人相处，彼此必须志同道合，而在其他方面允许有一定的自由度。正如纤夫拉船一般，不能要求一条线地行走，而是允许成一定角度散开，以便于选择各自的具体道路通力合作，以其合力拉船向前。

（五）年龄结构：我们常说的“老、中、青”三结合就是一种较好的年龄结构。老年人、中年人、青年人，学有专长，按一定合理比例组成一

支立体作战梯队。

二、创造崭新的人才活动协同

在人才经济时代，不同类型的人才组合在一起，发挥群体创新功能，共同推动科学的发展和社会的进步，这就需要创造崭新的人才活动空间，发挥良性差异效用。对信息与知识交流而言，整个网络化管理只能是扁平型的。在这样的网络结构中，人才的适应空间有两大重要变化：

一是个性化的工作方式。网络给了人才最大、最自由的空间，他尽可以充分发展自己的个性，不会有与他人或领导直接冲突的危险。充分施展人才个性也就是充分发挥其创新能力，这是人才经济时代全新意义上的生产方式与劳动方式。劳动与人类的才能自由全面发展的直接结合，劳动与乐趣直接统一，成为人才资本发挥最大效益的最佳的空间结构模式。

二是人才在网络化管理中有时当将帅，有时当车马炮或卒子。在网络导向下，人才的流动如同棋盘上的棋子一般，有千变万化的组合。虚拟经营就是各种人才在不同策略下的棋阵化组合。

三、构建合理的人才团队结构

在人才经济时代，知识成为直接的财富，那么人才毫无疑问也成了财富的源泉，为了使一个人才群体不断地创新出新知识，成为不竭的知识喷泉，就要有一个合理的人才时间结构。就一个因工作的关联形成的正式团队而言，应该有一个完整的年龄结构。这是考虑到不同年龄具有不同的工作朝气、工作技能、智能等因素。不同性质的团队对年龄结构的要求有所不同。管理团队一般年龄结构偏大些，以充分发挥具有丰富管理经验者的作用。生产作业团队一般以年富力强的中年人为主。营销团队一般以老带新，往往年轻人更多一些，使营销队伍充满干劲。年龄结构的考虑，还应保障团队在不断发展中的动态平衡，保障后继有人及按照人的心理特征与智力水平，使团队成员发挥各自的最佳效能。

人才的团队结构效益与人的年龄密切相关，由于生理和心理上的原因，人的智力发展在不同年龄期是不同的，同时，在社会经济与科技发展中也有不同的职位或表现，形成了老年人的老谋深算、阅历丰富，中年人的年富力强、基础扎实，青年人的思想敏锐、热情奋发等特点。不同年龄期的人才按一定比例加以组合，也就是常说的老年、中年、青年三结合，就有可能取得较佳的团队结构效益。

第四章　迎接“人才经济”大时代，打造“人才经济”新型城市

城市创新发展要“精明增长”，要提高创新“浓度”，未来城市的竞争，一定是创新能力的竞争。而创新能力的竞争归根结底在于人才。人才是创新转型的第一资源、事业发展的核心要素、赢得未来的战略支撑。

“人才经济”新型城市即通过大量聚集拔尖领军人才，促进各类人才的全面发展，依靠人才智力优势，提升自主创新能力，促进新兴产业发展，不断形成新的科学发展优势和城市竞争力。

“人才经济”新型城市的两个基本点：一是人才智力高度密集，海内外高端人才及团队大量聚集，涌现出一大批达到国际领先水平、由“海归”人才领衔的科研和创业团队，区域人力资本和科技创新对经济增长的贡献率达到世界领先水平。二是新兴产业高速发展，在关键核心技术领域实现重点突破，在若干重要领域掌握一批核心技术，造就一批具有国际竞争力的企业，成为国家战略性新兴产业策源地，引领产业结构的调整，显著提升经济发展效益。

“人才经济”新型城市的五大特色，强调科技化的智慧型、人本化的创新型、国际化的开放型、绿色化的生态型、知识化的文明型。

“人才经济”新型城市的五个标志：人才资源多，是人才丰盈之城。人才来源广，是人才多元之城。人才流动畅，是人才自由之城。人才资本大，是人才活跃之城。人才价值高，是人才价值实现之城。

“人才经济”新型城市的协同发展：一是推进科技人才同经济的对接。推动科技人才创新与经济社会发展紧密结合，关键是要处理好政府和市场

的关系，通过深化改革，进一步打通科技人才和经济社会发展之间的通道。要让市场真正成为配置创新资源的力量，让企业真正成为技术人才创新的主体。二是推进创新项目同现实生产力对接。研究制定高校、科研院所等事业单位科研人员离岗创业的政策措施，鼓励和引导优秀人才向企业集聚。推进创新项目同现实生产力对接，降低对外技术依存度，推进自主创新取得实效。三是推进人才创新成果同产业对接。积极培育各类专业社会组织和人才中介服务机构，有序承接政府转移的人才培养、评价、流动、激励等职能。其中，人才绩效的科学评价是推进人才创新成果同产业对接的关键。要针对地方需求，引进、用好各类高端人才，集中力量抢占制高点，围绕产业链部署创新链，围绕创新链布局人才链，围绕人才链完善资金链。

第三部分

人才经济的逻辑

——人才—产业的“双轮驱动”，缔造“人才经济”生态圈

第一章　人才强市发展循环“总构图”

高端人才是驱动技术创新发展的关键因素，是提升城市核心竞争力的主导力量，是激发经济增长的内生动力，是实现新一轮经济繁荣的根本途径。

为抢占新一轮经济科技制高点，控制发展决策权与国际话语权，全球范围内引发新一轮的“人才争夺战”。探索如何推进城市高端人才的开发，驱动产业转型升级与经济健康、稳定、可持续增长，具有重要的价值意义与现实意义。

人才强市发展循环“总构图”如下：

（未来城市发展的根基：人才强市）→（人才强市的重点：人才优先发展）→（人才优先发展的目的/目标核心：人才经济）→（人才经济的引擎重心：创新创业型高端人才）→（高端人才的效益：引领人才生态集聚，促进产业转型升级，增强城市竞争实力）→（人才强市）（见图 3－1）

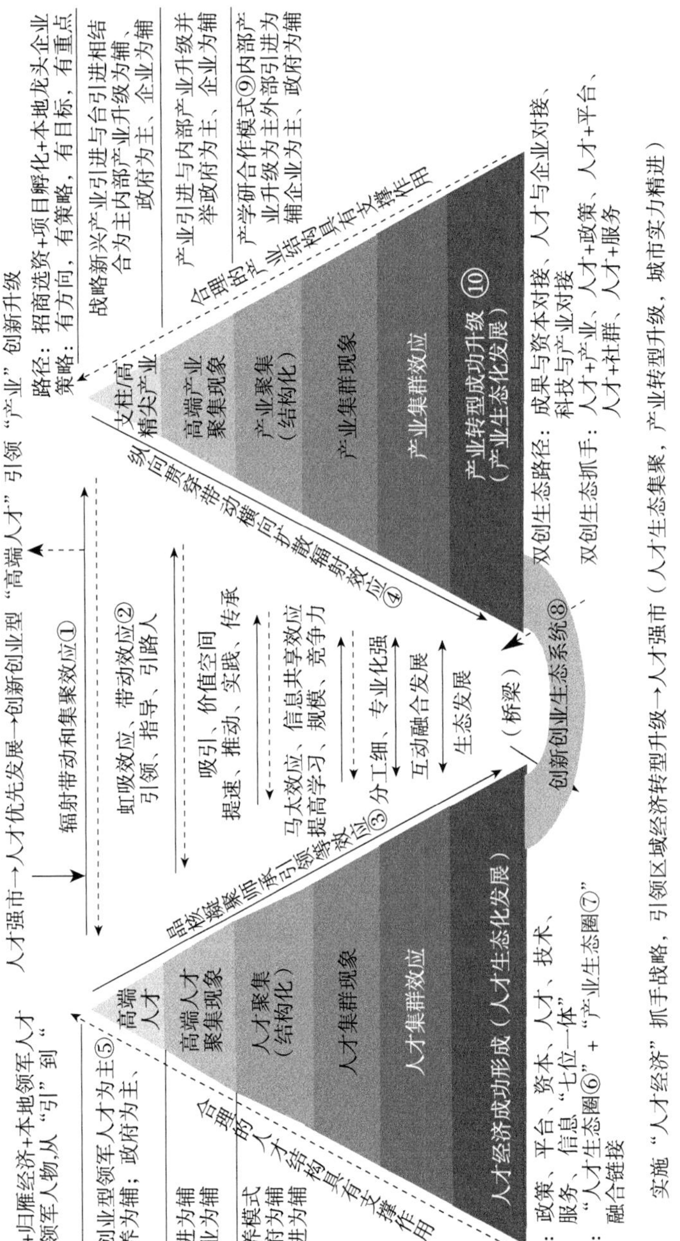

图 3－1　人才强市发展循环总构图

说明：

①高端人才→支柱/高精尖产业作用，“引进一个高端人才、带来一个创新团队、催生一个新兴产业”的辐射带动和集聚效应，高端人才的创新活动能够推动、提速产业结构的调整与优化升级，转变区域经济增长方式；发挥人才在经济转型升级中的支撑引领作用，形成人才集聚“乘数效应”。

②支柱/高精尖产业→高端人才作用，搭建舞台，发挥“虹吸效应”；培育龙头企业，发挥带动效应。战略性新兴产业集群推进产业结构升级和经济发展方式转变。战略性新兴产业对产业结构升级具有拉动和扩散作用。

③高端人才→人才生态作用，培植科研精神作用、把握方向作用、师承效应作用、晶核凝聚作用。

④支柱/高精尖产业→产业生态作用，点（项目）、线（产业链）、面（产业集群）带动效应，纵向发展，发挥科技企业的“龙头”作用，带动产业链上、下游中小企业创新发展；扩大产业面，辐射效应，横向扩展，形成全面的周边配套。

⑤创新创业型领军人才以“知本家、企业家、策划家、风险投资家、人才经济开发营运里手、企业孵化器运营操盘手”六者为主体。

⑥“人才生态圈”的构成（十一位一体）：解规划、理产业、营环境、建模式、定机制、引进人、链资源、创服务、推名片、提能力、强风控。

⑦“产业生态圈”的构成（十一位一体）：新视角、新产业、新战略、新业态、新模式、新整合、新载体、新组织、新政策、新主体、新发展。

⑧创新创业生态系统，就是构建创新创业主体、要素、环境三者彼此存在、相互影响、共同发展的生态雨林圈。

A. 新型企业：创业人才是“种子”；创业文化和核心配套是“土壤”；战略新兴企业是“根”；小微科技企业是“叶”；政府完善的制度环境、政策环境等是“阳光雨露”；中介服务是“拔草、松土、浇水、施肥”；创业资源要素集聚是“花朵”；企业综合经济效益是“果实”。

B. 支柱企业：创新人才是“根”，创新文化是“土壤”，科技龙头企业是“主干”，配套产业链是“叶”，政府完善的制度环境、政策环境等是“阳光雨露”，中介服务是“拔草、松土、浇水、施肥”，创新资源要素集聚是“花朵”，企业综合经济效益是“果实”。

建设“人才经济”新型城市的关键是形成创新创业的生态系统，促进各种创新要素、创新创业主体、环境全面互动和正向激荡，推动“人才生态圈、产业生态圈”融合链接，最终形成“顶天立地”大企业和“铺天盖地”小企业的互动画面。

核心配套：“产业链、投资链、创新链、人才链、信息链、服务链”。支柱产业指已在区域发展中良好的企业。

⑨产、学、研合作模式是以人才助推产业结构优化升级的最直接、最有效的途径。

⑩产业转型成功升级思路：由于城市地区间的差异非常大，各地要在把握未来国际产业发展新趋势的基础上，充分考虑自身现有的经济基础、已有的产业结构特点，按照“有所为、有所不为”的原则，选择那些在本地区最有基础、最具优势条件、能够率先突破的产业，优先发展。各区域要对资源丰富、有人才技术优势、有创新能力的企业进入战略性新兴产业的转型升级早谋划、早发展，形成新的经济增长点，为实现跨越式发展奠定基础。

第一节　未来城市发展的根基：人才强市

人类的未来不取决于空间、能源，而取决于人类智慧的开发。地球上最富有的矿藏在人的脑子里。随着经济全球化进程的加快和科学技术的快速发展，争夺人才的竞争，已成为国与国之间、城市与城市之间的竞争焦点。

政以才治，业以人兴，市以人强。人才是创新发展的第一驱动、第一生产力，一个城市的发展需要汇聚各类人才。提高创新发展能力，推动产业转型升级，都要以“人才”为支撑，“人才”是谋求一切发展的先导。人才是强市之基、竞争之本、转型之要。经济要转型升级，必须以“智”取胜。“人才”是发展与革新的源头活水。

第二节　人才强市的重点：人才优先发展

经济繁荣靠科技，科技发展靠人才，人才优先发展是推动经济社会发展的最优选择。城市的经济实力和城市的竞争力之所以能迅速提升，就在于人才优先发展的引领和推动作用。确立人才优先发展战略，把人才列为各类资源开发之首，谋划发展优先、谋划人才发展，推动工作优先推动人才工作，使人才优先发展具体化、政策化、项目化。

人才资源优先开发是人才优先发展的关键要务。人才结构优先调整是人才优先发展的现实切入点。人才投资优先保证是人才优先发展的长远导向。人才制度优先创新是人才优先发展的法制保障。

第三节　人才优先发展的目的/目标核心：人才经济

人才经济是以人为本的发展模式，人才是回报最高的资本，高端人才是核心价值，是爆发式增长的第一推动力。在人才经济的发展模式中，以人才孵化创业，以人才吸附资本，以人才研发创新，以人才培育新兴产业，从投资拉动转向创新驱动，从资源支撑转向人才支撑，坚持“高新、高端、高效”，缔造经济、社会、生态和谐的综合效益。

第四节　人才经济的引擎重心：创新创业型高端人才

人才经济的引领者是创新创业型高端人才，发展载体是“新模式、新业态、新技术”企业。在高端创业创新人才的带领下，在交叉边缘前沿的新兴产业领域孵化创业并创新发展，吸附创业资本，凝聚创业团队，引领跨越发展，推动重点产业集群，引领和主导未来产业格局的发展方向。

第五节　高端人才的效益：人才生态集聚，产业转型升级，城市实力精进

在庞大的人才群体中，高端人才是其中高层次的组成部分，是经济社会发展中最活跃、最先进的生产力要素。高端人才不仅能引领人才队伍建设，而且能直接促进经济社会的发展。经济结构战略性调整作为加快转变经济发展方式的主攻方向，高端人才在整个调整过程中发挥着举足轻重的引领作用，促进产业结构升级换代。高端人才是科技进步和创新的骨干性力量。高端人才是催生战略性新兴产业的领军者，依托“人才—技术—企业—产业”的链动效应，促进新兴技术与新兴产业深度融合。

第二章　人才—产业集聚的“双联互动互促”

产业是人才发挥效能的平台和载体，只有将人才的科技优势转化为企业的产品优势，形成产业的引领态势，才能凸显人才的价值，实现“产业—人才”集群化协同发展。

第一节　高端产业与高端人才的“互动关系”

在“脑力战争”时代，一个产业群或经济体，能否创造竞争优势，关键在于能否吸引人力资本或人才。

一、用高端产业来“吸引”高端人才（搭建舞台，发挥人才虹吸效应；培育龙头企业，发挥带动效应）

城市发展的核心在产业，产业发展的核心在企业，企业发展的核心在人才。产业是人才发挥效能的平台和载体，只有将人才的科技优势转化为企业的产品优势，才能凸显人才的价值。

用产业来吸引人才，才能实现知识和物质资本的结合，才能真正留住人才的“身”和“心”。在产业选择上，要立足城市的资源优势，不“盲目跟风”，不“屁股指挥脑袋”，要有明确目的地发展产业群，培育产业群发展所需要的各种要素和环境，提供全方位的公共服务，保证和促进产业本身对人才的集聚作用。

要围绕“产业链”打造“人才链”，做到“以产业招人才、为产业聚人才”，建立项目与人才引进一体化的“招商引资＋招才引智”运行模式，突出“引以致用”，重点引进科技含量高、有高层人才支撑、在行业内处于领先水平的高端项目，发挥项目对高端人才的带动作用，实现项目与人才的有机对接。

二、用高端人才来“引领”高端产业（“引进一个高端人才、带来一个创新团队、催生一个新兴产业”的连锁效应）

对高端产业和高端产业集群的发展来说，第一位的是人才，人才的区位选择、地点选择，人才的地理分布、区域分布，决定产业发展的形势，即决定产业的区位选择、空间分布。

未来产业的竞争，拼的是核心技术、是产品创意，最终是研发团队、管理团队、营销团队的比拼。高端人才可以引领一个行业的技术标准和发展方向。

在高端产业发展过程中，要强调制度创新，破除教育体制、人事体制等樊篱，提升地方品质，发挥人才的支撑引领作用，释放人才本身的潜力，实现“引进一个人才，带来一个团队，办起一个企业，兴起一个产业”的生动现象。

第二节　产业集聚与人才集聚的“互动关系”

产业集聚与人才集聚互为补充、互相促进。产业集聚略先于并引致人才集聚，而人才集聚则可以促进产业集聚。

一、产业集聚引致人才集聚

产业集聚形成专门的内部人才资源市场，有效降低企业搜寻人才的成本；产业集聚有利于帮助人才更好地实现价值和更具成长性的个人发展空间；产业集聚的地缘优势提供更高的成果转化效率与自由流动空间。

二、人才集聚对产业集聚的反馈作用

人才集聚效应可以促进产业集聚“规模扩大”和“质量提高”。

（一）规模扩大：人才集聚过程中产生“马太效应”，即人才越集聚城市人才吸引力会越强，促使产业集聚区可以吸引更多人才。人才集聚带来的外部经济效应可以吸引更多企业投资，产业集聚规模也因此而不断扩大。

（二）质量提高：人才集聚引致相关产业知识与信息的集聚，促进产业集聚质量的提高，即产业集聚竞争力的提升。

注：当高端人才集聚达到一定量时，由于在物质资本约束下同质人才的边际效用递减，管理成本增加及人际关系恶化造成的内耗等因素，就可能导致高端人才集聚带来的负效应。因此必须尽可能地利用管理机制创新，使引进的高端人才资源与现有的成本投入、科研条件、人才资源、管理水平等相匹配、相适应，减少和克服负效应带来的影响。

第三节　人才结构与产业结构的“互动关系”

人才结构与产业结构互动符合“推力—拉力”规律，即产业结构调整拉动人才结构调整，人才结构调整推动产业结构调整。产业结构升级客观上决定了人才结构优化，而人才结构优化反过来又促进了产业结构升级。

一、产业结构升级与人才结构优化的互动关系

（一）产业结构升级与人才结构优化的互动关系

人才是产业发展所必需的要素之一，人才是服务产业发展的。在一定程度上，产业发展和产业结构调整处于主动地位，要求人才结构与之相适应，即人才规模及结构要满足产业发展的需要，适应产业结构调整的要求。产业结构的升级与人才结构的优化之间是一种互动的关系。第一，因为是互动的，所以两者之间的作用是双向的，即一方对另一方会产生主动的作用；第二，因为是互动的，所以，产业结构的升级调整、人才结构的优化调整以及两者之间的相互适应和协调，是一个动态的、长期的，并且是渐进的过程，而不是暂时地作一次适应性调整。

（二）结构互动的内在机理

1. 需求引导的结构互动

在需求主导的前提下，产业结构调整需要人才结构做出相应的调整，而人才结构调整又推动产业结构调整，人才结构调整成为产业结构调整得以实现的重要的甚至是主要的因素。在这一结构互动关系中，产业结构调整相对处于主动作用的地位，而人才结构调整则处于被动适应的位置。

2. 供给引导的结构互动

产业结构的调整要求或者推动人才结构的调整，而人才结构以其自身的运行特性和对产业结构调整的重要性，在推动产业结构调整中起到主导或者是主要的、决定性的作用。

二、产业结构调整对人才的要求

（一）产业结构整体上的高级化趋势，要求人才开发必须高度重视教育和培训的作用，不断提高人才质量

在产业结构整体升级的情况下，原有行业也会因技术和管理的进步而对劳动力提出更高的要求，人才质量水平是决定“升级转化”得以成功的“关键点”，因此需要教育和培训来支撑。

（二）三次产业结构的变化，要求人才的就业结构及时作出相应的调整

随着经济的发展，人均国民收入的提高，劳动力首先由第一产业向第二产业转移；当人均国民收入提高到一定程度时，劳动力便从第一产业和第二产业向第三产业转移。

（三）产业结构的地区性差异，要求重视地区性的人才开发和人才合理流动机制的构建

由于城市经济及发展的差异化，导致产业传递性和产业结构变动“非一致性”，故而要求城市根据自身产业特点，对人才进行统一规划、合理开发，提高质量，并促进人才跨地区合理流动。

三、人才结构对产业结构调整的影响

（一）人才结构是产业结构调整的基础

人才的数量结构和质量水平是产业结构调整和升级的重要基础，在产业结构的演变中，人才总是处于积极主动的地位。没有一定的人才作基础，仅依靠体制改革、产业政策倾斜、产权关系的调整很难带来生产要素与资源的优化配置，产业结构的合理化和高级化也难以实现。

（二）城市人才状况是城市产业发展和结构调整的决定性因素

人才的难以流动及不同城市和地区人才的差异性决定了全球范围或者是全国范围的产业布局将以不同质量和数量的人才分布为基础，人才将主导一般性资源的流动。

（三）高素质的人才是催生高技术及高技术产业的关键

高素质的人才不仅有助于提高经济系统的产出，而且有助于催生高技术及高技术产业，引导一般性资源流向高技术产业，促进高技术产业的成长。

第四节　人才集群与产业集群的“互动关系”

产业集群是人才集群形成的基础，人才集群是为某一城市的产业集群服务的；产业集群的竞争优势可以通过人才集群得以实现。

一、产业集群有利于专业化人才和企业家集聚

在产业集群内，由于同行业企业集聚一起，对适合这一行业特殊需要、有特定技能的劳动力的需求会大大增加，从而更能吸引有技术的专业化人才从其他地方迁入。

同时，良好的创业环境有利于企业家创业，并且产业发展所产生的集聚作用和“追赶效应”可以降低投资风险。而企业创业活动的全面展开派生出对创业服务的需求，企业咨询顾问、投资家、会计师等也会从其他地方迁入。

另外，产业集群往往与教育科研机构建立伙伴关系，大学与科研院所为产业集聚提供大量稳定的高级研究和管理人才及熟练工人和大量的创新成果，从而成为产业强大的智力资源后盾，而集聚又便于人才在该城市内的自由流动。

二、人才集群对产业集群产生反馈作用

（一）人才是产业集群竞争优势来源的关键要素

产业集群的发展离不开资本和自然资源，而资本包括人力资本、社会资本等。作为生产要素的人力资本是产业集群的重要支撑条件之一。人才集群属于城市人力资源的高层次范畴，充足的、高质量的人力资本积累将进一步推动集群的发展，促进集群经济的增长。

（二）人才集群促进产业集群规模和质量的增长

人才集聚及其背后的人口集聚为社会消费产品提供更大的市场容量，必然会扩大市场对各种消费资源的需求，进而刺激产业集聚，对相关产业链的各产业产生反馈作用，从而促进产业集群规模的扩大。同时，人才集群蕴含的技能和智慧促进产业集群的质量增长，即集群竞争力的提升。

（三）人才集群促进产业集群创新

创新是人才经济的灵魂。人才在产业集群中的作用日益突出，已经成为集群创新的重要推动力量。人际间接触的面越广、接触的频率越高，知识传播的速度就越快，传播的程度就越彻底，从而更容易出现创新行为，推动产业集群向高端集群即创新集群发展升级。

第五节　人才集群现象与产业集群现象的“互动关系”

人才集群现象和产业集群现象，既有总体“数量上”的“集中”特征，又有局部“质量上”的“聚类”特征，具体表现为在某一地区（物理空间）或者某一行业（虚拟空间）中集聚大量同类型的人才和产业。

一、产业集群现象吸引人才集群现象

产业集群现象通过地理集中和产业组织优化，通过群体协同效应能够

获得其他经济体所不具有的竞争优势，形成上、中、下游结构完整（从原材料供应到销售渠道甚至最终用户），外围支持产业、体系健全、具有灵活机动等特性的有机体系的现象。

产业集群创造了一个较大的市场需求空间，对分工更细、专业化更强的产品、服务和人才的潜在需求更大，以葡萄酒产业为例，就有葡萄酒生产人才、葡萄酒交易人才、葡萄酒品尝鉴定人才、葡萄酒宣传出版人才，葡萄酒中介协会人才等。

二、人才集群现象推动产业集群现象

人才集群现象是一种规模经济现象，人才发展集群化，可以产生较高的创造力、经济产出和社会效益，并以此形成拉动城市或产业发展的新引擎。人才集群现象分为两个阶段，即初级阶段和高级阶段，初级阶段以量变为主，而高级阶段则以集群效应出现为标志。人才资源在空间上的集聚，会克服时间、空间对其流动造成的困难，降低交易与流动成本，同时，同类人才的集聚，还能够扩大教育需求，逐渐增强专业化水平和创新能力，使得产业集群内部的生产率不断提高。

第六节　人才集群效应与产业集群效应的“互动关系”

发挥支柱产业集群效应，促进行业人才智力集聚。以人才集群效应促进产业集群发展。

一、产业集群效应吸引人才集群效应

产业集群效应为人才成长提供必要的空间，较多的就业机会、更高的收入、适宜的气候、职业发展的机遇、家庭关系、较好的生活水平、较好的受教育机会、文化设施、交通条件和城市产业品牌等积极的因素构成吸引人才流入的拉力。同时其规模效应能极大地降低集群内人才创新创业的成本。

产业集群效应形成“大集团引领、大项目支撑、集群化推进、园区化

承载”的产业发展格局，既是人才创新创业的主阵地，也是人才开发和需求的主体，从而促进人才的回流和人才的集群效应。

二、人才集群效应促进产业集群效应

人才集群效应促进产业集群内的企业自主创新能力不断提高，从产业链的低端转向高端，企业核心竞争力不断增强。人才集群效应产生的外部效应和溢出效应，不仅带动一般人力资本得到更好的利用，而且还带动人们纷纷进行模仿和创业，从而促进产业集群经济的蓬勃发展和快速增长。

第七节 人才生态与产业生态的“互动关系”

打造人才生态，助推产业升级。构建产业生态，吸纳创新人才。“高端人才引领”＋新体制/新机制/新技术/新融资模式/新的资源配置方式/新商业模式＝产业发展新生态。

把握人才群落与产业环境的互动关系，借鉴并遵循生物与环境相辅相成的规律，按照人才与产业交融的生态系统的建设，为人才与产业的共生创造条件，营造并拉长“生态链”。围绕城市产业特色来加强人才开发，在政府、企业、高校的高度互动和融合中，保证人才与产业“生态系统”的协调和平衡。

产业集群的产业生态，是指在一定区域内形成的，企业、行业、区域等多层面之间形成互动共生的有机联系的协同体系。从表现形式来看，主要体现在企业生态化、行业生态化和区域生态化，三个层面本身相对独立，但又相互联系、依赖共生。产业生态的创新资源、信息畅通交换，创新要素循环流动，产业集群呈现自组织成长、协同共生特征，区域经济呈现非线性爆发式增长态势。

人才集群的人才生态，是指顺应人才竞争从“单一要素”竞争，转向“创新群落”竞争，最终到“生态竞争”的必然趋势。人才生态要围绕“人才资源集聚、人才作用发挥、人才平台提升、人才政策创新和人才创业服务”来构建。一个有活力的人才生态系统离不开科技的阳光、众创的土壤、资本的活水和鼓励创新宽容失败的新鲜空气，一个好的人才生态，是引得进良种，育得出优苗，还要结得出花果，开花结果后又能够孕得出新苗。

第三章　高端人才引领人才集聚的“生态逻辑链”

高端人才→高端人才群→人才结构化集聚→结构化人才群→人才集聚效应→人才集群效应→人才集聚生态化

高端人才引领人才集聚，实现培植科研精神作用、把握方向作用、师承效应作用、晶核凝聚作用。实施路径：招才引智＋归雁经济＋本地领军人才；实施策略：精准选好领军人物，从“引”到“留”到“聚”。

第一节　集聚：高端人才→高端人才群

高端人才群的形成和发展过程，是一个从无序到有序的逐步发展变化的过程。所谓“物以类聚，人以群分”，人才出现聚集，其主体之间必然存在某种相关性。由于高端人才是稀缺的人力资源，他们所研究的领域可能鲜为人知。因此更需要找到志同道合的人一起交流与进步，以“人才＋人才”模式，实现以才聚才。高端人才之间存在较为密切的凝聚力和内聚力，是人才集聚效应发挥的重要影响因素。人才集聚如果没有形成人才之间的内在联系，仅仅是人才的数量增加，并不能产生人才的规模效应。

高端人才群的形成主要有三类成因：

（一）政策导向型集聚。区域发展初期，区域自身内部环境还没有构建，因此要依赖政府的优惠政策进行扶植。

（二）产业导向型集聚。区域发展中期，区域内产业结构慢慢形成，高端人才的集聚开始围绕区域产业结构的形成而展开，人才种类更加丰富，结构也更加多元化。

（三）人才市场导向型集聚。区域发展成熟阶段，区域内的聚才环境逐渐成熟，人才流动开始依据人才市场的需要展开。

第二节　集群：高端人才群→人才结构化聚集→结构化人才群→人才集聚效应

一、高端人才的作用

高端人才是人才团队的“晶核”“舵手”，具有培植科研精神作用、把握方向作用、师承效应作用、晶核凝聚作用，决定人才团队的整体素质和能力，进而决定人才队伍的功效、发展与兴衰。高端人才是引领者，具有较强的牵引和带动作用；中层次人才是中坚力量，发挥承上启下和承点启面的作用；一线人才是执行者，发挥具体执行和具体实施作用，三个层次人才相互影响、相互支持。

人才队伍是一个有机整体，高端人才的作用发挥，离不开中、低端人才的有力支撑。高端人才如参天大树之顶端，在引领带动地区发展方面具有无可替代的优势地位，中、低端人才就好似枝叶根系，为树的成长壮大提供水分营养。要编织好高中低人才的“互联网”，“焊接”功能完善的人才链，打造比例协调的“金字塔形”人才队伍。

二、高端人才的引领方式

（一）组建创新团队式引领

以创新团体为载体，高端人才在带领团队实现创新目标过程中，发挥晶核凝聚作用，培植团队的科研精神，形成和发展具有自身特色的创新团队。

（二）研究项目式引领

以项目为平台，高端人才在实施项目过程中，发挥把握科研方向作用，通过攻克科研难关，提升本团队的科研水平和层次，形成“师徒型人才链”，引领团队发展。

（三）研修指导式引领

举办研修班，以研修班为载体，高端人才在组织团队人员研修过程中，发挥启发引领作用。让本团队人员在短时期内了解和掌握本领域国内外发展的背景、前沿和动向，本团队所处的位置，以及今后发展的方向和着力点，从而拓展视野、提升境界，激发团队人员的使命感、责任心和创造力。

（四）成果交流展示式引领

以成果交流和展示为平台，高端人才通过成果交流展示活动，让团队认清本领域进展的动向和前沿，引领团队一方面看到进步，树立信心；另一方面找出差距，激励团队持续发展。

（五）评审鉴定式引领

以评审鉴定成果为抓手，高端人才通过成果的评审签定，组织业内专家评定本团队的工作，肯定成绩、指出不足，指引团队人员的未来发展方向和着力点，促进团队继续前进。

三、高端人才集聚的"六大效应"（见表3－1）

表3－1　高端人才聚集效应

序号	效应	说明
1	信息共享效应	高端人才的集聚能够克服时间和空间上的障碍，降低信息交流和共享的成本，提升信息共享效应。高端人才集聚能够在高端人才之间增加"面对面"交流的机会，缩短信息传播的时间和路径，减少知识与信息的遗失、扭曲，降低信息失真发生的可能性
2	知识溢出效应	高端人才不仅是隐性知识最重要和最主要的创造者，更是隐性知识的拥有者、传播者和吸收者。隐性知识是指存在于人才和人才集聚组织中难以显性化的各种内隐知识，但它通过学习和共享后创造出的价值远远大于它隐藏于个人或群体时的价值
3	创新效应	高端人才的一个重要特征是富有创新精神和创新能力。随着高端人才规模的扩大，人才之间信息的共享强度会增强，共享知识的数量会加大，由此产生的知识溢出也会随着人才交流的增多而增多，包括竞争效应等各种人才集聚效应会连锁式提升，从而在无形中增加知识的投入，提高创新效应
4	集体学习效应	集体学习效应是知识溢出效应的联动效应，是指人们为了获取更多隐性知识，愿意通过集体学习形式，相互交换和共享知识，从而使整体知识水平得到提高

续表

序号	效应	说明
5	**竞争与激励效应**	竞争与激励效应提高的是高端人才自身的竞争能力。适度竞争能产生正激励，过度竞争则会造成经济效率和经济利益损失
6	**规模效应**	没有一定的高端人才集聚规模，就没有集聚效应

资料来源：鄢圣文．高端人才集聚的内外要素分析［J］．前线，2013.

第三节　生态：人才集聚效应→人才集群效应→人才集聚生态

人才集聚有初级和高级两个阶段，初级阶段主要是量变阶段，表现为人才数量的逐步增加；高级阶段是质变阶段，人才之间通过互相学习和有机融合，出现集聚效应和集群效应。

人才集群发展演化总是以核心人才为“种核”，一个或几个同行中的领袖级人物，往往会对同类人才产生强大的号召力、向心力和凝聚力，成为集群发展的生长基点和凝聚核心，带动其上下游人才向其靠拢，大大提高集群对人才的吸纳能力。并且通过衍生、扩张与拓展，成为更大范围、更大规模、更大影响的人才布局，使人才集聚度不断提高，形成气势磅礴的“人才生态”。

同时，随着人才生态链的形成，在“人才生态”优势的映射下，对处于“观望”心态的外围人才形成较强的吸引力和辐射力，使集群外部的优秀人才不断集聚，人才集群的核心竞争力和可持续发展能力“步步高”。

第四章　高端/支柱产业引领 产业集聚的"生态逻辑链"

高端/支柱产业产业→产业多元化→产业集聚→产业集群→产业集群效应→产业转型升级→城市发展生态化

高端、支柱产业引领产业集聚，实现点（项目）、线（产业链）、面（产业集群）带动效应，纵向发展，发挥科技企业的"龙头"作用，带动产业链上下游中小企业创新发展；扩大产业面，辐射效应，横向扩展，形成全面的周边配套。实施路径：招商选资＋项目孵化＋本地龙头企业；实施策略：有方向、有策略、有目标、有重点。

第一节　裂变：高端/支柱产业→产业多元化

高端产业是指以高新技术为核心、以创新为手段、以高端产品为标志，以价值增值能力的高端化为方向的现代产业体系。城市要实现可持续发展，产业支撑是基础，特别是高端产业的引领作用。而产业支撑也不能"一枝独秀"，必须形成"多元化"产业支撑，多元化发展撑起城市经济"脊梁"。除打造核心产业竞争力外，还要具备综合发展能力，形成"以点带面"的多产业发展。通过培育"龙头"企业，支持骨干企业做大做强，推动产业集群发展，加快形成多区发展、多面开花、多点发力的生动局面。特别是要通过"领军人才＋团队＋项目"的模式，引进产业领军人才创新创业团队和高端项目，进而孵化出多元化的高端产业。

第二节　融合：产业多元化→产业集聚

一个健康的经济体系,必定拥有多元化的产业，否则很难抵御各种风险。随着“多元化、特色化、集约化”的新型产业发展格局的形成，需要进一步提升产业集聚、契合趋势、快速推进经济升级和城市发展。

产业集聚是指在一个适当大的城市范围内，生产某种产品的若干个不同类企业，以及为这些企业配套的上下游企业、相关服务业，高度密集地集聚在一起。产业集聚能够有效地促进技术升级，进而带动产业升级，推动产业结构调整。

对于同类企业来说，集聚发展可以促进企业间的技术交流与传播，使企业更加注重创新并将创新迅速外溢到其他企业。对于上下游关联企业来说，产业链中任何一家企业的技术突破，都会给整个产业链带来利益。另外，企业集聚还能强化分工协作，提高生产效率，延伸产业链条。

第三节　升华：产业集聚→产业集群

产业的空间集聚可以形成产业集群,但并不是所有的产业集聚都可以形成产业集群。虽然有的产业集聚在一起，但是相互之间并没有联系，就不能形成产业集群。因此产业集聚只是产业集群形成的一个必须条件，并非全部条件。

产业集聚是地域化经济的初级阶段，而产业集群则是地域化经济的高级阶段。同一区域的产业、企业、知识生产机构、中介机构和客户，植根于社会文化环境。通过产业链相互联系，以完善的组织方式，在一定范围内柔性集聚，结成合作网络，形成协同效应，进而形成产业集群。

第四节　成型：产业集群→产业集群效应

产业集群效应是指集中于一定城市内，特定产业的众多具有分工合作关系的不同规模等级的企业与其发展有关的各种机构、组织等行为主体，通过纵横交错的网络关系紧密联系在一起的空间集聚体，代表介于市场和等级制之间的一种新的空间经济组织形式。

产业集群加强了集群内企业间的有效合作，发挥了资源共享效应，提高了产业的整体竞争能力，并给企业的发展带来强烈的“地域品牌”效应，即所谓的“产业集群效应”。

第五节　生态：产业集群效应→产业转型升级→城市发展生态化

综观世界，知名产业集群“遍布全球”，其中美国的硅谷，可谓是全球高技术产业集群的“典范”，在其产业集群效应下，美国不仅诞生了苹果、微软、谷歌等一大批世界级知名企业，也使美国的高新技术产业始终扮演着“技术弄潮儿”的角色。

由于产业集群的集聚效应，整个产业集群的转型升级往往可以带动整个产业转型升级，加上产业集群中龙头企业的带头引领作用，能快速地推动城市发展水平的提质转型升级，实现生态化发展。

第六节　“产业生态圈”的“十一位一体”构成要素

一、新视界：着眼全球“创新版图”，加强产业“深度研究”

了解全球各类人才、技术、资本等创新资源的最新分布，掌握全球有关产业发展的技术路线图及时间表，有利于全球创新尖峰建立链接，实现人才、技术、资本等创新资源的有效对接。

二、新产业："增量培育"与"存量调整"的双驱动组合

新产业主要是指以新科学发现为基础，以市场需求为依托，引发产业体系重大变革的产业。制定"培育发展增量为主线，带动存量转型升级，实现整体突破发展"的产业发展方针，一手抓"新兴产业的培育发展"，创造新兴产业发展的良好环境；一手抓"传统产业的改造提升"，运用新技术、新方法和新服务的模式加速发展。

三、新战略：围绕产业"主导权"，展开战略"设计图"

通过对"产业投资和资本市场投资"两种资本运作途径，实现资本主导权的控制；从战略高度设计知识产业经营、技术转移两方面的技术路线图，推动技术主导权的实现；从商品价格定价权、制成品品牌影响力、渠道控制力等方面赢得市场主导权。

四、新业态：跨界融合，衍生叠加

新业态是指为顺应新技术创新和应用潮流，从现有领域中衍生叠加出的新环节、新活动，提供多元、多样、个性化产品或服务供给的业态载体。"从制造到制造 + 服务"的制造业、服务业相融合的新业态，"从服务到服务"的跨界融合服务新业态。

五、新模式：打破产业价值链，重新高效组合

新模式是以市场需求为中心，打破原有垂直分布的产业链和价值链，在研发、制造、管理、营销、服务等方面实现产业要素的重新高效组合。通过"产业基地 + 产业基金 + 实训基地 + 创新联盟"相结合的新模式，打造产业生态系统。通过"投行思维、整体方案、深度融合、价值共创"的产业金融结合模式，切入核心企业供应链，实现供应链金融业务的突破。

六、新整合：促进产业融合，推动产业整合

开展产业纵向整合或横向产业整合，以资本原始积累为基础，以金融

资本为后盾，以产业资本为杠杆，通过一定的产业资本主导权打通国内外优质技术性、资源性、品牌性资产的产权关系，进而掌握相关领域的产业技术主导权及产业市场主导权。推进“工业4.0”（以智能制造为主导的第四次工业革命），通过工业互联网将供应链、生产过程和仓储物流智能连接，从此实现智能生产的“四化”：供应和仓储成本较小化，生产过程全自动化，需求相应速度较大化和产品个性化。

七、新载体：立足产业集群，构造发展空间

以产业集群为基础，按照一定的制度安排组成创新网络与机构，构成次一级的区域创新体系，并通过辐射带动效应，引领城市经济环境优化，构造企业创新发展空间。

八、新组织：构建企业“竞合”发展，加速产业组织创新

产业结构优化必须是宏观和微观、表面和深层的结合，必须围绕具有不同特点、地位、作用的大中小企业展开全方位、多主体、多形式、开拓性的产业组织创新，围绕小微初企业、高成长企业及龙头企业构建分工明确、结构合理、竞合发展的企业梯队，实现产业的转型升级及企业做强做大。构建以“人才＋产业”“人才＋平台”“人才＋技术”为支撑的党管人才新格局，培养高层次创新人才和造就战略性新兴产业领军人才，加速产业组织创新。

九、新政策：围绕技术生命周期，展开政策体系布局

新技术不是简单的产品技术或实验室技术，而是指可实际推广、替代传统应用和形成市场力量的新技术。基于对技术生命周期各环节以及全链条等方面制度需求的分析，需要从研究开发、技术转移、市场培育3个方面，建立覆盖技术创新全链条及关键节点的的政策体系。

十、新主体：引进培育一批领军创新创业人才

产业转型升级的过程本质上就是传统产业向新兴产业转化的过程，也是“以项目为主导”向“以人才为核心”转变的过程。加速产业转型升级

的关键，就是引进和培育一批高水平产业人才，尤其是一批具有“改变世界”梦想、能够将先进技术转化为成熟商业模式并抢占国际产业价值链高端的领军创新创业人才。

十一、新发展：从跟随创新向原始创新模式转变

从模仿创新、跟随式创新的创新模式向集成创新、适应性创新同原始创新、颠覆性创新和引领性创新并重的创新模式转变。根据发展阶段及战略需求，发达经济体需要原始创新、颠覆性创新和引领性创新，而欠发达经济体则更多地需要集成性创新、适应性创新。

第五章 打造“双创”生态圈，实现“政策链、产业链、金融链、人才链、信息链、服务链”六链联动

人才竞争说到底就是人才环境的竞争，也可以称之为人才创新创业生态系统的竞争。

第一节 双创“七位一体”生态体系

构建政策、平台、资本、人才、技术、服务、信息“七位一体”的创新创业生态体系。

一、在政策方面，将标杆城市可借鉴的政策和模式引入本市，形成充满活力、富有效率、务实可行的人才政策体系。统筹各种支持政策进一步营造融合、协同、共享的“双创”生态环境。

二、在产业集聚方面，遵循“引高端、搭平台、建氛围、做示范”的运营思路，定位筛选企业，集聚高端要素；创客匹配相应的产业链上下游资源，使企业在发展初期迅速成长。

三、在资本方面，与城市主流银行、新兴的科技金融机构进行对接，推动科技创新基金的组建。

四、在人才方面，以创新论坛、创新行动、创新汇沙龙等多种形式，开展国际、国内高端人才的思想交流和文化交流，为高端人才的集聚营造良好氛围。

五、在技术方面，构建知识产权保护机制，技术交易所、科技成果转化基地等技术平台，为创新企业技术进步和技术成果转化提供保障。

六、在服务方面，打造暖心服务、用才平台，支持企业和用人单位引进高层次人才。实施人才服务“一卡通”，建立人才服务专员制度，构建人才综合服务平台，着力建设“政务服务＋创业服务＋生活服务”全环节人性化的人才服务链。

七、在信息方面，强化政务服务部门之间的互联互通、数据共享、协同联动。同时利用政府资源，充实“一中心两平台”（企业服务中心、科技创新在线、科技金融在线），形成双创信息资源的集中发布模式。

第二节　双创生态打造路径图

坚持以创新创业助力区域经济转型升级为一条主线，推动“传统产能优化升级和政产学研用协同创新”两大突破，沿着“成果与资本对接、人才与企业对接、科技与产业对接”三条路径，落实“构建双创发展新机制、培育双创发展新格局、拓展双创融资新渠道、塑造双创发展新支撑、营造双创发展新氛围”五大任务，构建以“人才培养、强化科研、激励民企、开拓需求、健全制度和加强合作”为主要支撑的“六位一体”模式：

一、以加大培养引进创新人才为基石；

二、以强化科研能力水平为引导；

三、以激励广大民企踊跃创新为主线；

四、以开拓市场创新需求为动力；

五、以健全创新制度先行为保障；

六、以加强创新开放合作为契机。

第三节　双创生态的突破抓手：“人才＋”模式

一、用好“人才＋产业”，推动“产才融合”，围绕“产业链”打造“人才链”，集聚“高企群”，储备“项目库”，引导传统“单个人才”转化为“整团队成建制”的引才模式。

二、用好“人才+政策”，派送“真金白银”，送引才激励，送培训补助，送集成优惠。探索“园区+资本”“风险投资+特定产业+内部创业”“科技创新+风险投资+产业孵化”三种双创具体运营模式。

三、用好“人才+平台”，搭建“圆梦空间”，围绕创业创新，从“初创—成长—成熟”三个阶段，打造协同创新平台、创业孵化平台、科技金融平台三大特色平台，激发创新创业主体活力，帮助人才搭建“圆梦空间”。建立“众创空间+孵化器+加速器”的科技创业孵化链条，通过构建空间、打造体系、整合资源、产业融合、聚焦项目、加速孵化等方式，大力促进重大科技成果的转化和落地，加速重大科技产业从追赶到引领的发展步伐。

四、用好“人才+社群”，通过社群汇聚资源，连接创业者、投资人、第三方机构等相关主体，集聚资本聚焦产业。打造“金融+双创政策”，吹响招才引智“集结号”，构建“金融+服务联盟”，打造服务人才“兄弟连”。实施“金融+基金合作”，绘制资本助才“路线图”。

五、用好“人才+服务”，塑造“双创生态”，为孵化项目提供研发、产品实现、市场推广、商业模式整合 、资本运作的全方位孵化服务，构建中国领先的全功能、高层次、专业定向孵化器，构建“大企业顶天立地、小企业铺天盖地”的企业培育生态系统。建设宜居宜业的生活环境，构建共享便捷的服务环境，营造开放的双创文化氛围。

第六章　人才集聚：构建人才生态集聚“马太效应”

第一节　城市人才竞争力的“要素”

一、城市人才竞争力的内涵

城市人才竞争力，是指一个城市在集聚、吸引、使用和转化人才资源时体现出来的核心能力的强弱。

城市人才竞争力的主体是城市，城市的竞争力是社会、经济结构、价值观念、文化、制度政策等多要素共同作用的结果。城市人才竞争力的客体是影响城市社会经济发展水平的对象，即人才资源。

城市人才竞争力的过程，是城市对人才资源的集聚、吸引、使用和转化。城市人才竞争力的结果，是城市通过人才来实现城市的社会经济全方位发展。人才在城市发展过程中也能使自身的价值得到相应的回报。

二、城市人才竞争力指标体系

城市人才竞争力指标体系，由人才总量指标、人才结构指标、人才比例指标体系、人才动态指标、人才投入指标体系、人才产出指标体系、人才环境指标体系组成。

三、城市人才竞争力的“四化”提升路径

（一）强化“教育质量驱动”与“产业需求牵引”双向战略

产业需求的牵引作用和教育培训的驱动作用，是城市人才竞争力提升的主要因素。要强化“教育质量驱动”与“产业需求牵引”双向战略复合，不

断提升产业需求与教育培训的人才竞争力优势。一是立足人才培养与产业需求契合。要以“培养最合适的人才”为目标定位，以推进产业升级人才的培养与使用为中心，增进适才培养的规模和速度，走人才发展的新型道路；二是加大人才的专项教育培训。要针对不同类型、不同行业的技能提升培训需要，开展旨在提高动手能力、思考能力和解决问题能力的各种专业性实习，形成“先实习，再学理论，最后再实习”的配方模式。

（二）转化培养模式，提升城市人才质量贡献

人才质量专项竞争力对城市人才竞争力影响的显著性表明，城市人才的质量提升较为缓慢。因此，一是借鉴德国、瑞士的先进经验，强化职业教育模式创新。实施政府宏观管理，学校、行业主管部门和生产单位组织实施三重负责制，推进职业教育全面实行理论与实践互动，提升职业教育质量；二是鼓励组建行业细分的职业教育集团。允许和支持企业与职业院校或工科特点明显的非职业院校深度合作办学，多方围绕“产业与人才深度匹配”组建职业教育集团或就业联盟。

（三）深化人才体制改革，释放城市人才配置潜力

人才配置是人才供需合理对接的关键。因此，一要创新人才发现和评价机制。在发现与评价机制上，以人才创新能力、工作业绩和业内认可作为重要依据，建立以能力为基础、以绩效为核心、以贡献为目标，体现行业特色、职业特点和岗位要求的“赛马”机制，改变原有单一的“相马”方式。二要充分赋予人才自由流动与自由选择的权利，实现人才结构动态化改善，鼓励科技人员在企业与科研院所、高等院校之间双向兼职和流动，支持他们创新创业。三要加快建立协同创新的体制机制，要围绕协同创新、统筹协调、人才资源开放共享，重点开展人才体制改革。

（四）优化创新创业环境，营造良好的人才生态

良好的人才生态，主要是指人才创新创业环境各构成要素间的动态均衡发展。人才创新创业环境优化是营造良好人才生态的重要路径。一是加大人才税收优惠力度。二是简化人才引进程序。对符合城市需求的人才，要简化引进程序、创新人才管理体制，整理、废除不利于人才引进的相关规章制度。三是提高科技人才发展的政策配套力度。四是搭建开放竞争的公平非歧视性政策平台。

第二节 高端人才集聚的“机制”

高端人才集聚与辐射是“留”与“流”的对立统一，是动态平衡的结果，集聚到一定程度就要辐射，集聚是辐射的基础，辐射反过来又影响集聚（见表3－2）。

表3－2 高端人才集聚的机制

机制	功能	说明
产业导向	根本的动力机制	产业引起人才资本集聚的模式可以简单地表示为：物力资本投资—产业变动—人才资本需求—人才资本注入。一个地方集聚的高技术产业、知识型产业越多，它的人才资本辐射的功能就越强
文化导向	长久的动力机制	文化是一种软环境，它是由绵绵不绝的区域集聚性群体的行为方式、思维方式长期积淀而成，是人文底蕴、环境亲和力的体现。文化导向机制作用的机理是：文化构建—文化传播—文化接纳—文化向往。文化构建是基础，文化传播是关键，文化接纳和文化向往是目的
政策导向	关键的动力机制	政策是人才资本集聚的最有效动力，也是其他各种机制能否发挥作用的关键，市场需求再大，产业需求再盛，政策要阻挠，人才资本集聚就会步履维艰。政策导向机制包括三个环节：制定—执行—疏导。只要政策制定得正确，贯彻得彻底，执行得严格，就能发挥对人才流动的疏导作用，并在各机制中起到关键作用
区位导向	综合的动力机制	劳动力迁移的行为模式是：区位差别—经济利益差别—劳动力迁移。人才流动除了考虑区位的经济因素，还会考虑其他更复杂的区位因素，如人居环境、发展空间、地缘政治、开放程度、文化艺术、生活交通等
市场导向	直接的动力机制	人才资本的市场导向就是人才资本由市场配置，人才市场直接影响人才流动的流速和流向。人才资本市场机制包括供求机制、竞争机制和价格机制，三个机制相互作用直接影响人才的集聚与辐射

资源来源：黄爱民，刘楼．人才资本聚散机制研究［J］．人才瞭望，2004（1）：11－12.

第三节　高端人才集聚的“政策体系图”

建设高端人才集聚之都是一项系统工程，包含集聚的“外围环境”和“内核体系”双向结合（见表3-3）。

外围环境：产业环境、法制建设、投入保障和政策的落实与完善。

内核体系：高端人才的引进、培养、评价、使用以及信息化建设。

表3-3　高端人才集聚的“政策体系图”

一级维度	二级维度	维度说明
内核体系	高端人才的引进	从扩大引进范围和加大引进力度两方面入手，扩大人才队伍类别，完善团队引进、中介引进等引进手段和方式，加大引进激励“力度”与“精度”
	高端人才的培养	培养范围覆盖城市产业发展需求，培养政策力求衔接配套
	高端人才的评价	依据产业特性，拟定评价要素，设置合理权重，引入“专家、东家、大家”三家评价
	高端人才的使用	聚焦“创新”与“创业”两类使用模式，打通“人才+项目”引进、设立、孵化、成果转化的“创新创业链条”
	高端人才信息库	统一高端人才信息库，动态管理，保障及时有效性
外围环境	产业环境	升级产业重心，从“产业优先”到“产业与人才并重”，直至实现“人才优先”
	法制建设	推进人才工作的立法进程，解决人才权益保护、人才市场管理、人才服务等
	投入保障	制定“精准”政策，提高“人、财、物”配置水平，把握投入“力度”与“节奏”
	落实完善	重视政策实施细则的制定及实施效果的跟踪评估，动态调整与完善

资料来源：曾湘泉，袁罡，胡奇．北京建设世界高端人才集聚之都政策体系研究［M］．北京：社会科学文献出版社，2013：213－227.

第七章 产业集聚：夯实产业创业创新“主阵地”

第一节 产业战略关联分类法“认知说明”

产业是具有某种同类属性的企业经济活动的集合。产业是社会分工和生产力不断发展的产物，是介于宏观经济和微观经济之间的中观经济。

战略关联分类法，是指按照在各国家产业政策中的不同战略地位划分产业的一种分类方法，主要有主导产业、先导产业、支柱产业、重点产业、先行产业等。

一、主导产业：是指能够依靠科技进步或创新获得新的生产函数，能够通过快于其他产品“不合比例增长”的作用，有效带动其他相关产业快速发展的产业或产业群，在国民经济中处于主导地位。

二、先导产业：是指在国民经济体系中具有重要战略地位，在国民经济规划中先行发展，以引导其他产业往某一战略目标方向发展的产业或产业群。

三、支柱产业：是指在一定时期内，构成一个国家或地区产业体系的主体，具有广阔的市场前景、技术密度高、产业关联度强、发展规模大、经济效益好，对整个国民经济起支撑作用的产业或产业群。

四、重点产业：是指在国民经济体系中占有重要的战略地位，在国民经济规划中需要重点发展的产业。

五、先行产业：一类是指根据产业结构发展的内在规律或自然规律，必须先行发展以免阻碍其他产业发展的产业，包括“瓶颈”产业和基础产业；另一类是指根据国民经济战略规划的需要，人为地确定必须先行发展以带动其他产业发展的产业，即先导产业。

第二节 传统产业、特色产业、新兴产业（萌芽期）、主导产业（成长期）、支柱产业（成熟期）升级“路径图”

一、传统产业的“升级路径”

（一）一条道路

传统产业可以借助产业现有技术、市场优势，走“自主发展式”转型升级道路，即以企业内部的产品层面升级为切入口，推动企业快速累积优势竞争力，再促使城市提升产业竞争力，获取尽可能多的产业价值链部分。

（二）两层保障

两层保障，即发挥政府和产业两个层面的保障作用，借助政府政策的支持和相关产业的互动。

第一层保障，政府要适时出台相关产业政策，支持传统产业的转型升级，消除企业转型升级中存在的体制、机制性障碍。一是改善企业的经营环境，建立促进企业技术改造的长效机制。二是鼓励信息技术、互联网商业等新型技术与商业模式在传统企业的推广和应用。

第二层保障，加强相关产业的协调发展，给传统产业转型升级提供技术、市场、环境的支撑。一是加快产学研密切合作，构建以企业为主体、以需求为导向的“政产学研用金介”合作模式。二是推动产业集群升级，构建合理的“竞合”关系，提升产业集群在国际市场的话语权。

（三）三种手段

三种手段，即注重需求、创新和产业转移三种手段实现转型升级。

第一种手段，由需求引领的转型升级。立足时代背景，注重研究市场消费结构的变化趋势，“超出预期”地满足消费新需求，走品牌化、高端化、专业化、人性化、体验式之路。

第二种手段，以创新驱动的转型升级。把握“风口”潮流，高度重视创新元素的“嫁接”与运用，依靠体制、机制、技术、管理、组织等全方位的创新，形成的内生原动力，助推传统产业跨越式升级。

第三种手段，以产业转移为手段的转型升级。一是采取“市内总部集聚地+市外制造基地”的模式，结合销地产、临近资源产地、利用市外土地空间和劳务资源等目标，将中低端的加工制造环节转移出去，总部专注于“微笑曲线”的两端，即研发设计和销售网络。二是采取政府引导、企业参与、优势互补、园区共建、利益共享的“飞地经济”合作模式，“飞地经济”是指两个相互独立、经济发展存在落差的行政地区，打破原有行政区域划分限制，通过跨空间的行政管理和经济开发，实现两地资源互补、经济协调发展的一种区域经济合作模式。

二、特色产业的“升级路径”及“选择原则”

（一）特色产业的升级路径

一要从全局的高度进行谋篇布局，积极进行引导，提供强有力的政策支持，健全特色产业的规定制度，构建特色产业发展的生态环境。

二要进一步扩大规模总量，在保持产品特色和优势的前提下，提高企业规模水平和产业总体水平，是增强特色程度的重要支撑。遵循“特色产业点→特色产业区→特色产业集聚区→特色产业集聚带→特色产业园”的市场和产业自身发展来形成。

三要优化特色产业的组织形式和企业经营方式，做到规模集团化、服务社会化、管理科学化、机制灵活化。

四要积极开拓市场，在创名牌企业、名牌产品、知名企业、知名市场“四创”上下功夫，面对买方市场的形成，靠特色产品占领市场、靠扩大规模巩固市场、靠营销战略扩大市场。

五要努力提高特色产品的科技水平，大幅度提高科技在特色产业发展中的贡献率，只有靠“科技”形成的特色才更具有生命力和竞争力。

（二）特色产业的选择原则

1. 依托城市资源，遴选特色

一个城市的经济发展是由多种产业、多种经济资源组成的复合体，城市特色产业的选择，"第一选择"是现已成型的产业，对已成型的特色产业，要根据市场的需求使之"扩规模，上水平"。

2. 引进资源要素，组合特色

在特定的地域，自然的潜能展现总是有限的，一旦注入科技、知识等新要素，便会凸显出新的功能和价值。通过引进科技、知识等，深度开发已有的资源，使传统特色上水平，使已有的资源实现价值升级，使资源优势转换为经济优势。

3. 融合人文资源，创造特色

利用并且融合城市的人文资源，包括科技文化、知识、经验、技能等创造特色，引进原材料创造新的产品并外销，即"人文输出"。

4. 利用区位、机遇，构建特色

利用区位优势、资源禀赋、产业基础、交通条件和产业机遇、政策机遇"空窗期"的多维叠加效应，主动融入抢机遇、构建特色抓发展，形成新的特色产业，培育经济增长。

三、战略性新兴产业的"升级路径"及"选择原则"

（一）战略性新兴产业的升级路径

1. 发展方向：确立战略性新兴产业的发展方向

培育和发展战略性新兴产业，应该把科学确立发展方向和重点作为基础和前提。应注重"两个着眼点"，一是以"生态经济和知识经济"为着眼点，应用创新技术、创新创意与创新机制，通过新的经济模式与产业模式，实现经济的可持续发展。二是以"就业经济"为着眼点，以创新带动劳动者广泛就业，让技术进步和科学发展带来的成果惠及人民群众，促进整体经济社会水平的提高。

2. 发展主体：发挥企业在战略性新兴产业中的主体作用

企业是市场经济的主体，在培育和发展战略性新兴产业的过程中，更应该成为技术创新的主体、扩大投入的主体、产业发展的主体。企业要把科技要素、工程要素、资金要素、市场要素有机地结合起来，实现产业的最大化和最佳化。

3. 发展机制：建立适应战略性新兴产业的体制机制

（1）建立协调推进机制。在国家及城市的大战略框架内，明确发展方向、确定发展重点、核定发展目标，甄别利用比较优势，合理制定区域化、差异化发展规划，避免重复建设和同质化发展。

（2）完善市场运作机制。坚持以市场配置资源、以市场引导需求、以市场规范竞争，建立产业进入和退出的有效机制，推动战略性新兴产业良性发展。

（3）健全政策扶持机制。健全“人、财、物”的相关政策，设立战略性新兴产业专项引导基金、创投基金，发挥风投资金、担保资金、保险金等其他各类资金的联动作用，通过股权投资、奖励、补助、贴息、资本金注入、财政返还、税收减免等多种方式加大扶持力度。对战略性新兴产业方面亟须引进的特殊人才“一人一策”。建立战略性新兴产业与国家重点项目、重大工程对接机制，通过政府补贴、政府采购目录优先安排等方式，鼓励应用战略性新兴产业产品。

（4）构建良性运行机制。推动产业发展主体、融资投资主体与科技资源研发主体的有机结合，搭建高端产学研资合作创新平台，促进学科链、创新链、资金链、产业链的有效对接。

（5）强化科学考评机制。引入“定性和定量指标”的双重约束机制，设立有“指导性和可操作性”的战略性新兴产业考核指标体系，引导战略性新兴产业健康有序地发展。

4. 发展模式：完善“以市场为导向”的产学研结合的战略性新兴产业发展模式

建立以市场为导向的产学研结合模式，按照“利益共享、风险共担、优势互补、共同发展”的原则，在技术合作的基础上，凝聚起各方的优势，完善产学研结合的产业技术创新链，在重点产业领域构建一批产学研产业技术创新战略联盟。充分发挥产学研结合在战略性新兴产业发展中的技术创新、技术支撑和技术服务作用。

（二）战略性新兴产业的选择原则

1. 城市意志准则：即战略性新兴产业要反映一个城市的意志和战略，要成为城市综合实力以及战略能力的主要来源与体现，是城市必须保持控制和支持的、不以短期利益决定取舍的产业或产业群。

2. 赶超战略准则：即战略性新兴产业要集聚尽可能多的人力和物力，使技术、劳动、资金集于一身，使有一定基础的产业或产业群实现跨跃式发展，使产业结构和经济增长模式达到发达国家的水平。

3. 市场需求准则：即战略性新兴产业要具有长期稳定而又广阔的国内外市场需求，有宽泛的市场配置资源基础，有很强的市场竞争能力。

4. 科技创新准则：即战略性新兴产业的关键核心技术要掌握在自己手中，要有很强的自主创新能力、消化吸收能力，有较好的产业基础，具有在国际同行业领先并可在某些领域率先突破的能力。

5. 产业关联准则：即战略性新兴产业要具有很强的带动性，要重视上下游产业链整体技术突破和联动发展，形成产业联盟和产业群。

6. 集聚人才准则：即战略性新兴产业要通过政策和产业发展优势，充分吸纳各个层次的人才，特别是高端技术和管理人才。

7. 资源环境准则：即战略性新兴产业要具有对资源消耗低、对环境污染少，可持续发展、绿色低碳的特点。符合生态条件的生产力布局和少污染与低消耗的产业结构，是真正意义上的环境友好型产业。

8. 国际视野准则：即战略性新兴产业要具有参与全球一体化和知识经济形态下的全方位、多层次、多渠道，国际技术、贸易大循环的能力，要能在充分竞争的市场环境中发展壮大。

四、主导产业的"升级路径"和"选择原则"

（一）主导产业的升级路径

1. 构建主导产业创新战略联盟

主导产业转型升级需要政府、科研机构、高校、创新型企业以及供货商等，相关综合创新能力的提升和相关创新活动的协调配合。构建企业主导、产学研协同驱动的“政府—高校—企业—消费者”的产业创新战略联盟，从驱动链条、驱动路线、驱动模式、驱动形式及创新体制保障等方面，提升主导产业产学研协同创新的软实力。

2. 深化产业融合、整合创新创造

通过产业渠道整合、市场细分，构建全新主导产业链。通过创新供给推动力与需求拉动力，提升产业间科技创新、机制创新，“纵向延伸、横向拓宽”产业链，摆脱对原有主导产业的转型升级路径依赖，加快产业融合进程，促使创新与产业转型升级共同发展。重视主导产业企业的合并、改组、不断追求规模效益和增强国际竞争能力。

（二）主导产业的选择原则

1. 主导产业选择应紧扣主导产业概念的内涵，即从产业选择的角度分析问题。

2. 主导产业选择应紧扣主导产业选择的目的培育主导产业：一是促进城市产业结构高级化，二是争取城市经济动态比较优势。

3. 主导产业选择应紧扣主导产业的本质特征：一是高创新率或高吸收创新率，二是高增长率，三是高带动力。

4. 主导产业选择应与新型工业化道路的发展目标相一致，体现产业的可持续发展性和就业功能。

5. 主导产业选择要考虑选择的“必要性”和培育待选产业的“可能性”。主导产业选择不仅要考虑选择的“必要性”，即待选产业所应具备的性质、功能等，而且要考虑对待选产业进行培育、扶持的“可能性”大小，如待选产业的发展前景如何、待选产业的扶持空间如何、待选产业培育成本与收益的比较等。

五、支柱产业的“升级路径”和“选择原则”

（一）支柱产业的升级路径

1. 拓宽投融资渠道，壮大产业集群

通过拓宽投融资渠道，促进城市支柱产业、优势企业的资产扩张。借助资本的力量，使一大批有发展前景的项目迅速发展，让一批拥有自主知识产权、知名品牌的大企业、企业集团跨越发展，进一步壮大支柱产业集群。

2. 积极吸引创新人才，服务城市支柱产业

发展支柱产业，必须做好吸引人才、留住人才、培养人才的工作，要将人才“智力资本”和“技术能力”融入支柱产业，进行创新和创业、转化科技成果，推进支柱产业结构的调整和优化。

3. 大力发展循环经济，实现产业可持续发展

秉持“严格保护、统一管理、合理开发、永续利用”的原则，大力发展循环经济。充分发挥城市的资源优势，用超前的意识和规范的运行机制，保证支柱产业朝特色化、集约化和高技术化方向发展，努力形成经济优势，促进和带动城市经济整体上的增长。

（二）支柱产业的选择原则

1. 城市经济发展的比较优势。基于城市的基础条件（包括产业现状、技术、资金、人力资本、市场规模与完善程度、供求水平等）及城市的发展战略，选择能够充分发挥城市“比较优势”的产业作为支柱产业，促进城市经济快速、持续、稳定地发展。

2. 产业科技含量和技术水平。产业科技含量和技术水平的高低决定着产业发展的前途，直接影响其对城市经济发展的贡献度。支柱产业需要选择产业科技含量高、技术进步速度快、技术要素较为密集的产业。

3. 产业链的长短和关联效应的大小。将支柱产业的产业优势辐射到产业关联链上的各个产业中，带动相关产业群的发展，支柱产业的选择必须充分考虑产业链的长短和产业关联度的高低。

4. 产业贡献率和增长后劲。支柱产业的选择要认真考虑产业对城市经济发展的贡献率大小和增长的后劲，要特别注意对那些有发展潜力，但目前还比较弱小的产业的扶持力度。

第八章　人才—产业集聚：城市全域发展“孵化区”

第一节　城市、产业、院校、企业高端人才队伍“炼金术”

一、城市高端人才开发策略

（一）实施高点定位，突出重点引进

根据产业发展前景规划和城市产业发展状况，明确“差别竞争，特色取胜，错位引进，重点突破”的总体引进思路。跳出城市、放眼世界，突出“领军人才＋重点产业＋新兴项目”的主体地位。

（二）实施政策先行，营造比较优势

进行全方位、多层次的政策扶持，构建“资金扶持＋场所扶持＋项目扶持”，具有特色的引才优势。资金扶持上给予大额度的启动资金支持，场所扶持上提供用地政策倾斜，项目扶持上实施研究开发和科技成果转化项目支持及项目投资。

（三）实施跟踪配套，提供综合服务

注重人才引进的后续工作，着力打好“综合服务牌”。以“创业之初是‘保姆’，发展之中是助理，成功之后是‘保安’”的理念贯穿服务，强化高科技企业孵化等载体建设，搭建创业创新人才联谊会等发展平台，健全决策协调机制、信息发布机制、配套联动机制等工作机制。

（四）实施协同作战，合力推动引进

为确保高端人才引进工作质量，改变“撒胡椒面”和“分兵作战”的

现状，成立“招才局”专门工作班子，统筹人才工作，深化“城市合伙人”计划，出台一些针对性较强的特色举措，以高端人才引进为牵引、以人才吸引项目、靠人才做强项目。

二、产业转型下人才开发策略

（一）产业转型下人才开发策略

1. 培养什么样的人才

（1）加快培养造就一批战略型企业家。遵循企业家成长规律，按照职业化、市场化、现代化的要求，推动企业家参加经济学、管理学等硕士、博士学位的在职学习及“海外游学”，着力增强企业家开拓国际、国内市场的能力。

（2）加快培养造就一批创新型高级专家。加大创新型高级专业人才的资助、培训和引进。大力培养各行业高级科技专家、工程师和学科带头人。做好企业博士点、博士后流动站和科研工作站以及城市重点科研项目的工作，努力造就一批富有创新创造活力的高层次科技专家。

（3）加快培养造就一批紧缺型人才。根据城市产业发展需要，培养引进大批工业设计、软件开发、市场营销、文化创意、资本运作、融资投资、商务会展、品牌传播、质量管理等紧缺型人才，增强城市人才竞争力。

2. 打造什么样的环境

（1）加快平台建设，完善产业人才事业发展的硬环境。加快产业转型升级，构建高精尖产业平台；扶持搭建主导产业人才事业发展平台；实行“高端产业 + 高端项目 + 高端人才”运营模式，强化主导产业区之间的联动，努力搭建人才集聚群互动交流平台；将城市打造成一个以主导产业人才为重点的产业人才枢纽。

（2）提升城市生活品质，打造和谐宜居的人才服务硬环境。推动产城融合发展，聚集优质教育卫生资源，提升人才公共服务水平，全方位实施人才“一站式”服务，努力提升产业功能区环境品质。

（3）释放政策聚才效能，形成丰富多样的人才政策软环境。研究制定高层次创新创业人才支持计划和项目支持办法，实施紧缺急需产业人才引进专项计划，完善产业集群对产业人才的使用机制。

（4）充分发挥市场作用，创造高端高效的人才市场软环境。发挥人才中介机构配置服务的作用、发挥创业服务机构辐射促进作用、发挥用人企业和行业组织主体能动作用。

3. 提供什么样的保障

（1）大力拓宽人才培育渠道。建立政府引导、行业指导、企业自主、个人自愿的人才培育机制，形成种类齐全、层次多样的人才培育体系。

（2）加强拔尖人才的培育。创新中青年专家等高层次拔尖人才的使用管理机制，建立高端人才联谊会，围绕企业发展中的各种难题，通过学术交流、专家会诊等方式，组织“智囊团”集体攻关。

（3）加强和发展终身教育体系。以建立学习型企业为突破口，逐步建立和完善政府调控、行业指导、单位自主继续学习教育运行机制。

4. 实施什么样的工程

（1）高层次创新型科技人才培养工程。把培养造就高层次、创新型科技人才作为建设创新型城市的重大举措。加紧建设以领军人才、领军后备人才为核心，以创新团队为主体的创新型科技队伍。以重点学科、重点实验室、工程技术研究中心为载体，加强高水平科研平台建设和创新人才培养基地建设，加大政策、资金支持力度。

（2）跨越式发展国外高端人才集聚工程。围绕城市战略支撑产业、战略新兴产业和传统优势产业，依托重大项目、重点企业、重点学科和重点实验室，引进一大批具有全日制博士、硕士学位的国外留学人员和国外专家。加强国外高端人才跟踪联系，依托有关职能部门，发挥有关社团组织作用，为国外高端人才回国服务、到本市创业牵线搭桥。

（3）院士专家柔性引进工程。本着“不求所有、但求所用，不求常在、但求常来”原则，柔性特聘一批两院院士。加大对院士工作站的扶持力度，建立专项支持资金，定期评选表彰优秀院士工作站。加强与院士专家产学研合作，努力在经济社会发展重点领域集中解决关键技术，突破发展“瓶颈”，形成新兴学科。

（4）产业集聚区人才支撑工程。围绕高成长城市、高成长产业、高成长企业，以城市高新技术产业开发区等为依托，采取“人才＋产业”“人才＋项目”等模式，大力培养开发高端人才创新团队。探索建立产业集聚区创新创业人才试验区，在政策支持、项目安排、资金使用等优先倾斜。实行集聚区引进人才“绿色通道”，提供“一站式”服务，以人才集群带动产业集聚。

（5）文化艺术“名人名家”培养工程。以提升文化创新创意能力为核心、以高水平宣传思想文化专门人才和文化产业紧缺人才为重点，培养选拔新闻出版、文化艺术等优秀人才，加快文化产业开发试验区建设，形成特色鲜明的文化人才集群。

（6）优质教育倍增的“名师名校长”工程。建立优质教育人才培养机制，搭建“学校首席教师—城市骨干教师—城市名师—城市杰出教师—城市教育名家”梯级培养平台，加强优质教师资源培养。启动专家型名师、校长培养工程，引导教育人才向智慧型、创新型、复合型发展。

（7）现代服务业人才培养工程。围绕现代物流、旅游、信息服务、资本运作、会展、商贸服务等高成长服务产业，集聚开发具有国际视野、通晓国际规则、熟悉现代管理的现代服务业高端人才。设立“城市优秀服务业人才奖”，定期评选表优秀服务业人才。

（二）特色产业人才开发策略

1. 围绕优势特色产业，大力引进高层次创新创业人才

坚持“按需引进、突出重点、讲求实效”的方针，紧紧围绕经济建设和社会发展的关键性、技术性难题，以引进高层次创新创业人才、领军人才和紧缺人才为重点，积极引进城市发展需要的人才。

一是大力度引进高端人才。政府把具有自主知识产权，带技术、带项目、带资金来投资创办科技型生产企业的高端人才和团队作为重点，鼓励支持企业面向国内外引进高端人才。

二是围绕特色产业聚才用才。按照“培植优势特色新产业，提升城市

发展竞争力”的思路，围绕已经形成的产业，建立“优势产业国内外专家库”，开展人才定向招引，不断培植和提升特色产业。

2. 突出载体建设，为发展优势产业蓄能聚力

在高端人才载体建设上，围绕产业特色重点投入、上下联动、政企合作，建设省、市各级研发平台，构建一条聚集吸引、培养造就、拥有使用高端人才的途径。

一是创新人才服务载体建设。强化人才需求预测职能，建立健全产业园专家库、人才引进目录编制和定期发布制度，及时掌握发布人才紧缺指数信息，不断增强人才引进的针对性和有效性。

二是加大研发载体建设力度，快速推进城市产业园特色研发载体的建设。

三是形成特色产业研发优势。充分利用市级企业技术中心、市级博士后工作站等研发平台，聚集高层次专家、教授，形成载体强、研发力量集中的优势，与高层次研发中心开展经常性研发协作，实现公共科技资源共享，形成开放协作的运行机制，加快科研成果的研发与转化。

3. 强化考核激励，不断创新人才工作机制

确立人力资本优先积累的战略思路，建立一套包括人才引进、培养、评价、选拔、流动、激励等内容的充满生机和活力的高端人才工作机制，实现高端人才集聚和城市经济社会发展互促互动的生动局面。

一是优化高端人才工作环境。以服务人才、关心人才为宗旨，积极推进人才环境建设，为各类人才提供温馨的工作生活环境。成立专门的人才领导小组，设立人才服务联络员，加强与周边城市联系和对接。定期组织人才到高校和经济发达地区进行培训，开展人才定期慰问和体检等服务。

二是健全高端人才评价激励机制。积极解决引进高端人才工作条件、签证、落户、配偶安置等方面的问题，建立健全重实绩、重贡献、向优秀人才和关键岗位倾斜的薪酬机制，实行一流人才、一流业绩、一流报酬。不断改进工作方法，全力为高层次创新创业人才提供专业化、特色化、个性化、亲情化的服务。完善高端人才在创新创业的相关政策，让他们留得

住、干得好、流得动，营造一种宽松、宽容、宽厚的引才用才氛围。

三是加大对高端人才队伍建设工作的目标考核。实行各级党委、政府人才工作目标责任制，把人才工作纳入各级党政领导班子综合评价考核体系，作为城市经济社会发展目标考核和机关效率效能建设考核的内容，着重考核高层次创新创业人才引进、培养、使用和资金投入等情况。开展人才工作绩效考核，评选表彰人才引进先进单位和先进个人。

（三）传统产业人才开发策略

1. 加强专业化建设，打造集聚传统产业高端人才的平台

借力高端智力。聘请研发等方面的国内外知名专家组成专家顾问团，为传统产业科学健康发展“把脉问诊”。加强与高等院校、科研院所的技术合作，开展产品开发等项目研究，解决重大技术难题。加强硬件建设，组建研发等必要的设备及研究场所，建立试验基地。

2. 培养开发本土人才，为振兴传统产业提供有力支撑

加强对外交流与合作。积极引导和鼓励重点传统产业、加工企业与高等院校、科研院所建立“一对一”“一对多”联系，开展项目合作、技术攻关以及选派技术人员到院所进修、高校毕业生到企业实习等工作，提高人才素质。实施“传统产业领军人才培养计划”，每年遴选政治素质好、专业技术水平高的传统产业人才，作为领军人才的培养对象。通过到高等院校、科研院所进行研修深造或到知名企业挂职锻炼等形式，培养和打造能够提升产业水平、促进产业发展的高层次传统产业领军人才。

3. 优化发展环境，吸引激励传统产业人才创新创业

充分发挥研究中心的职能作用和企业的主体作用，延伸产业链条，提高产品附加值。对在城市内进行传统产业创新创业的人才，在享受招商引资的土地、规费、财政等优惠政策的基础上，根据“一事一议”的原则再给予一定的优惠；对外来人才符合高端人才引进政策的，给予奖励政策优惠。大力宣传传统产业人才的典型经验和取得的突出成绩，激发传统产业人才壮大传统产业的热情和信心，形成“以产业优势吸引人才、以人才资源推动产业发展”的良性互动。

（四）战略性新兴产业人才开发策略

1. 创新引才方式方法，拓宽人才引进渠道

（1）巧借外力引才

探索成立猎头公司或与国内知名猎头企业合作，为战略性新兴产业企业引进急需紧缺人才和高端人才。

（2）赴外精准引才

由政府牵线搭桥，企业提供所需人才基本信息，到国内人才资源密集地（具有专业优势的高校或行业内人才聚集地），开展招聘活动，实行点对点精准引才。

（3）坚持柔性引才

坚持“不求所有、但求所用，不求常在，但求常来”的柔性原则，利用项目合作、短期兼职、教授讲学、顾问咨询、人才论坛等方式，想方设法进行柔性引才，为企业服务。

（4）建立人才库储才

建立在外本籍人才库，发挥外侨办、政府驻外机构的人才联络作用，促使更多国内外人才来城市发展。建立退休人才库，发挥退休人才的余热，弥补新兴产业高端人才总量不足的缺口。

2. 创新人才培养模式，构建人才培育体系

（1）学校教育

鼓励和支持学校开（增）设当前紧缺和今后需求量大的产业相关类专业，加大技能型、应用型人才的培养力度。

（2）社会培训

一是积极发挥组织、人社等部门的作用，依托著名培训机构，举办战略性新兴产业高管培训班，重点培养企业经营管理人才。二是组织实施“百千万工程”评选、“科技创新人才培养计划”、专业技术人才知识更新工程等人才工程，在项目申报、人才选拔等方面向战略性新兴产业倾斜，加快专业技术人才的培养。三是组织实施“青年高技能人才培养计划”“紧缺技能人才培训计划”“首席技师培训计划”等项目，组织申报“高

技能人才培训基地”和“技能大师工作室”，不断壮大高技能人才队伍。

（3）企业培训

一是设立中长期人才培养规划。企业要放眼长远、舍得投入、贵在坚持，设立并严格实施人才培养规划。二是在企业实行“导师制”。以师带徒的形式，储备、培养一批企业后备人才。三是探索开设企业自己的“黄埔军校”。

3. 加大支持力度，推进产学研广泛深入合作

（1）进一步推动校企合作

建立、健全促进产学研合作政策体系。对积极开展产学研合作的企业，优先支持企业申报各级各类项目，激励企业加强与高校、科研院所的技术合作，推动科研成果转化与企业技术进步。

（2）深入实施现代学徒制

一是扩大试点专业，实施项目管理，构建学徒学业考核评价体系，完善企业课程教学考核办法，修订现代学徒制、校企双导师制度，完善学分互通与管理制度。二是强化柔性激励，让企业能够获得足够的经济利益和社会利益，激励更多企业自愿加入现代学徒制的试点中。

4. 创新人才政策，激发人才活力

（1）创新优秀年轻人才的安家政策

在充分调研的基础上，对到本市工作、与企业签订5年以上期限合同、对企业确有贡献的优秀年轻人才，政府或企业要提供短期住房补贴或出台购房优惠政策，让人才安家落户，安心工作，减少优秀人才的流失率。

（2）健全“两高”人才激励机制

一方面，建立以政府奖励为主导、单位奖励为主体，社会奖励为补充的多元化人才奖励机制。另一方面，建立多样的人才激励方式。除物质奖励外，增加对“两高”人才的精神奖励，授予“突出贡献人才”“荣誉市民”等荣誉称号，对符合条件的还可优先推荐为“两代表一委员”、推荐到其他组织兼职或任职、对有提升需求的人才给予培训机会。

5. 健全人才工作机制，提升人才服务水平

(1) 加大人才政策的宣传力度

组织媒体开辟战略性新兴产业发展宣传报道专栏，加大对核心企业、优秀人才、“拳头”产品的宣传报道力度，努力扩大战略性新兴产业的对外影响力和辐射面，不断增强对天下英才的吸引力和集聚力。

(2) 发挥企业用人主体作用

充分发挥企业主体和政府引导两个作用，调动广大企业的积极性。树立“人才资本是第一资本”的理念，激励企业自发加大人才引进、员工培训、职称评聘和技术研发的工作力度。

(3) 加强与企业的联系和沟通

健全市、县两级人才工作联络员制度，在各大企业设立联络员，作为畅通政企信息的交流渠道。同时，加强联络员队伍的培训，提高联络员队伍的综合素质，夯实人才工作基础。

(4) 加大经费投入保障

在城市人才发展专项资金中，划拨一定比例，并随财政收入的增长而增长，作为战略性新兴产业人才开发资金，重点用于人才引进、培养、产学研资助和优秀人才激励等方面。

(5) 营造拴心留人的人才环境

建立党政领导联系优秀人才制度，千方百计地为人才解决创新创业过程中遇到的融资、技术、上市等工作难题，千方百计地为人才解决安家落户、家属就业、子女入学、医疗保健、交通出行等生活问题，为广大人才创造一个良好的生态环境。

三、院校高端人才开发策略

(一) 准确定位，合理规划

高校人才引进要与学校的定位和发展相适应，切合实际地引进急需人才，科学、合理地规划，避免人才引进的“盲目性”和“浪费型”。高端人才引进必须服从服务于学科、专业建设发展的需要，符合“三个有利

于”：有利于学科专业的建设与发展，有利于教学、科研水平的提高，有利于教师队伍整体素质的改善和队伍结构的优化。

（二）突出特色，平台引人

特色是一所学校独有的“品格”，体现学校的精华和质量，也是学校活力和竞争力的体现。高校要想吸引和留住高端人才并使之安心工作，发挥其最大的潜能，必须要建立吸引人才的鲜明的办学特色，打造学科特色建设。积极搭建学术平台，服务地方经济，这是吸引和留住人才的基本保证。

（三）专项经费，和谐人际

加大经费投入是高校人才引进工作的基础。高校要构建多元化的人才发展投入机制，通过学校投入、产学研合作、政府支持、科研项目等多种途径筹措经费，为教师在工作安排和事业发展上创造条件。支持教师进行专业研修、开展国际学术领域的交流与合作等。同时努力营造一种人文和谐、校园优美、安居乐业、尊重知识、尊重人才、尊重创造、团结协作、奋发向上的氛围，这是学校吸引、留住高端人才的重要手段。

（四）柔性引进，灵活管理

高校应建立高端人才“柔性”引进机制，采用“不为所有、但求所用，不求常在、但求常来”的灵活政策，采取灵活多样的引才方式，变单纯的人才引进为人才、智力、资金、项目共同引进。对于柔性引进的高端人才，学校应采取灵活多样的工作机制和动态契约式的管理方法，设立兼职特聘教授、客座教授岗位，实现“高智”资源共享。

（五）完善机制，科学考评

建立适合高校自身定位的高端人才评价机制，是高校做好高端人才引进工作的关键环节，直接决定着引进的人才能否安心工作和充分发挥才能。建立和完善一套切实可行的、可操作性强的公平有效的绩效评价体系和用人激励制度，秉持“六个结合”，即过程管理与目标管理相结合、年度考核与聘期考核相结合、个人评价与团队评价相结合、当前成果与长远发展相结合、数量与质量相结合、内部评价与外部评价相结合。

（六）创新培养，外引内培

高校在积极引进高端人才的同时，更要重视原有人才和引进人才的持续培养。针对各层次人才情况，制订和实施自己的人才培养计划，培养出自己的教学骨干和学科带头人及创新能力强、发展潜力大的优秀青年人才，为高校可持续发展提供保障。

四、企业高端人才开发策略

（一）加强对企业高端人才培养、吸引和使用的宏观指导

以有利于加强企业高端人才队伍建设和促进企业先进生产力的发展为宏观调控的“价值准绳”。统一制定企业高端人才培养、吸引和使用的政策法规，统一规划企业高端人才队伍建设的重大方向与重点发展领域，统一引导企业高端人才培养的宏观结构布局和重大资源配置，统一安排企业高端人才队伍的重要制度建设，统一部署企业高端人才队伍建设的重大行动计划，最终形成育才、聚才、活才的强大合力。

（二）坚持人才培养的国际化，提升人才的人力资本价值

在充分运用国内教育培训资源的同时，加快建立市场化、外向型培养机制。通过项目培养和锻炼一批优秀人才，开拓他们的战略视野。建立和完善企业高端人才培养提高制度，有计划、有重点地选送企业优秀人才到国外学习和锻炼。

（三）积极参与人才市场竞争，改善企业高端人才队伍结构

顺应人才全球化潮流，在加强对企业关键性人才和战略性人才保护的同时，积极参与国内外人才市场竞争。高度重视企业高端人才战略接替问题，支持企业捐资办学或到国内外著名高校设立奖学金，拓宽企业战略性人才的来源渠道。

（四）改进企业高端人才激励方式，探索“人才特区”模式

坚持精神激励与物质激励相结合，按劳分配与按要素分配相结合、短期收益与中长期收益相结合，不断改进企业高端人才激励方式。探索“人才特区”模式，突破工资总额限制，建立特殊薪酬待遇制度，促进高端人

才薪酬激励水平与国际市场接轨，增强这些关键领域吸纳国际顶尖人才的市场竞争能力。

（五）创新人才管理机制，不断促进企业高端人才健康成长

坚持内部选聘与外部引进相结合，建立健全企业高端人才市场化选用机制。通过竞争上岗和公开选拔，促进优秀人才脱颖而出。

坚持以能力和绩效为重点，改进和完善企业高端人才考核评价机制。全面推行企业高端人才任期制和任期目标责任制，实行契约化管理。强化考核结果与人才培养、使用和激励的紧密结合，促进优胜劣汰机制的真正形成。

坚持形式与内容相结合，建立健全企业高端人才监督约束机制，强化企业章程和聘用合同的约束力度，充分发挥企业高端人才市场的监督约束作用。

第二节　建立、集聚、升级城市发展的“双生态孵化器5.0+X”

一、孵化器的概念及特征

孵化器是指一个集中或虚拟的空间，能够在企业创办初期举步维艰时，提供资金、管理等多种便利，旨在对高新技术成果、科技型企业和创业企业进行孵化，以推动合作和交流，使企业“做大”。

孵化器一般具备四个基本特征：一是有孵化场地；二是有公共设施；三是能提供孵化服务；四是面向特定的服务对象——新创办的科技型中小企业。

二、孵化器的迭代（见表3-4）

表3-4　孵化器的迭代

迭代	名称	内容说明
第一代	孵化器1.0：物业型孵化器	物业型孵化器，主要提供低成本甚至是免费的工作场地。在政府主办的孵化器中，还可以配套一些税收等方面的优惠政策，或者给予一定的创业补贴

续表

迭代	名称	内容说明
第二代	孵化器 2.0：服务型孵化器	服务型孵化器，除了提供场地和政策，还为创业公司提供管理支持和专业服务，如财务、人力资源的管理，或者提供市场、法律等方面的专业咨询服务
第三代	孵化器 3.0：投资型孵化器	投资型孵化器，除了提供场地、政策、管理支持和专业服务，还提供天使投资。为了降低投资项目的风险，提高投资收益率，孵化器通常要提供系统化、专业化的创业辅导
第四代	孵化器 4.0：生态型孵化器	生态型孵化器，在第三代孵化器的基础上，进一步将服务延伸到品牌推广、人才招聘等公司成长的关键环节，打造完成创业服务生态圈，帮助企业从模式验证到加速成长的演变，目的是促进创业公司快速成长
第五代	孵化器 5.0：双生态型孵化器	双生态型孵化器，旨在构建“创业服务生态圈”和“产业生态圈”，一方面对创业服务的生态系统进行集成，提供一站式的创业服务；另一方面，为创业团队提供研发资源、制造支持、渠道通路、客户资源、供应网络等各类产业资源支持

资料来源：郝聚民．重磅：第五代孵化器，让创业更简单［N］．灵众投资，2015－08－08.

三、孵化器的使命

（一）技术被孵化为创业项目

新时期孵化器的重要使命，就是为已经积累和继续创造的新技术提供更有效的孵化方式，即把差异化、异质化的技术，利用资本化处理为标准化权益单位，成为可拆卸、可交易的资本化商品。

（二）创业者被孵化为企业家

企业家是市场细分领域的指挥官，是新企业、新产业的创造者。一个经济体的创新能力，企业家保有量的多少和产出企业家的效率至关重要。无论是发达经济体还是后发经济体，都纷纷通过设立创业孵化器的方式，提高早期（主要是创意期和初创期）创业者的成功率，进而提高企业家的产出率。因此，未来中国孵化器的产出指标，应将企业家产出率纳入重要考核指标，甚至可以让孵化器孵化出的企业家资本化、证券化。

（三）资金被孵化为资本化

货币转化为资本是其成为财富创造要素的关键一步。未来中国孵化器的重要使命之一，是给政府和公民资金孵化高附加价值的项目，让更多的资金转化为创新资本，分享创业者成功的果实，分担创业者失败的风险。

（四）孵化创新文化创造者

创新文化是一种创新实践活动的驱动力。创业者利用拥有以及可利用的要素，开始以财富增值为目标的创新创业活动，本身就是创新文化驱动的结果。在这里，创新创业表现为创业者亲力亲为的行动、行为和担当精神。因此，未来中国孵化器的重要使命之一，应该是孵化出千千万万的创新文化创造者、担当者和传承者。在文化生态上，让创新创业植根于一代又一代人的文化理念之中，为实现“中国梦”提供绵延不绝的文化动力。

四、孵化器的未来

第一个方向是服务整合商，形成“1 + N”格局。适应创业人群的需要，搭建一个“服务池”，80%需求能快速满足，20%需求能风险满足，依靠实效说话。

第二个方向是形成孵化器群，包括孵化器连锁、泛孵化器和虚拟孵化器。孵化器行业有一个“双剪刀差”，高端服务价格高，初创企业缺乏支付能力。没有足够数量的客户，高端服务不能专注于科技创业。按照5%法则，要形成良性循环，孵化器群既是市场进化的需要，也是方向。

第三个方向是拥有“主题放大器”，走聚焦路线，在某个核心或专业板块能深耕细作。孵化器的未来在于挖掘优质项目，帮助他们解决核心问题。孵化器本身需要研发、摸索一套高成长路径，帮助创业公司走在正确的道路上。

五、构建“虚拟”孵化器

“虚拟”孵化器可以为企业提供高价值的服务，促进企业能力的提升，使企业获得持续竞争优势、经验学习、知识管理、关系网络、团队、协同等各方面的能力（见表3－5）。

表 3－5　虚拟孵化器的特点及说明

<table>
<tr><th>项目</th><th>特点</th><th>说明</th><th>举措</th></tr>
<tr><td rowspan="4">虚拟创新创业孵化器</td><td>云创业圈</td><td>在“互联网＋”时代，虚拟孵化体系把创新创业知识与海量数据传到云端，孵化公司利用相对应的云创新创业平台，通过云计算技术对其数据进行挖掘、积累、交换、分析与运用，产生新的机会与知识，然后带动新一轮生产率增加与盈利增加</td><td rowspan="4">立体系，包括成立“互联网＋”孵化器、建立虚拟孵化公共平台、增强传统孵化器的虚拟功能。
破“瓶颈”，需出台帮助虚拟孵化器突破可持续发展“瓶颈”与信息化“瓶颈”的扶持性政策。
保产权，建立虚拟孵化体系的产权保护政策</td></tr>
<tr><td>线上服务圈</td><td>在“互联网＋”时代，虚拟孵化器体系基于互联网与移动互联网连接起创新创业企业、孵化器、产业、大学、政府与中介，通过网络使知识专利完成技术转移和商业化</td></tr>
<tr><td>国际化资源圈</td><td>在虚拟孵化平台上发布信息，信息一经发布，就成为被搜索对象，国际创新创业市场的供求方与需求方都可以通过搜索与索引功能查到发布的信息，使合作双方在国际创新创业市场网络上实现零距离连接</td></tr>
<tr><td>社交网络圈</td><td>在“互联网＋”时代，社交网络平台、约会服务软件、全方位视频会议等新技术手段，使创新创业企业可以轻松从社交网络圈的便捷沟通中获取资源与知识</td></tr>
</table>

资料来源：吕波．“互联网＋”下创业虚拟孵化的叠圈效应［J］．人民论坛，2015（30）：62－63.

第四部分

人才经济开发的载体

——“人才经济”开发园是传统
“人力资源产业园”和“各种创客中心”的“创新融合升级版”

第一章　传统“人力资源产业园”是“富人的游戏，穷人的奢侈品”

“竞争战略之父”迈克尔·波特指出：当共享行为对成本状况与差异化驱动因素产生影响时，共享能带来竞争优势。

一、人力资源产业园的核心问题与诸多挑战

（一）人力资源产业园的核心问题

1. 人力资源产业园实质上是产业带、产业集群，其主体是企业。人才建设存在“三难”问题：缺乏吸引力，外埠人才难引进；缺乏凝聚力，本地人才难留住；缺乏驱动力，现有人才难盘活。

2. 如何避免“有园缺业”的尴尬，人力资源产业园的建立与当地人力资源服务行业的发展水平、市场规模以及人力资源服务业的成熟度息息相关。如果在当地人力资源市场份额不高、行业规模偏小的状况下建立人力资源服务产业园，就极有可能遭遇“有园缺业”的尴尬。

3. “有业无链”的现象也存在于人力资源产业园中，缺乏龙头企业带动形成产业链将直接导致人力资源服务产业园“发育不良”，无法形成完整的产业链。

4. 人力资源服务产业园的投融资模式较为单一，在资金整合层面，多元化的建设投入机制尚未形成，如何形成统一制度、管理体系？市场管理是否顺当？公共服务职能是否实现整合？

5. 人力资源服务产业园的“体制创新”动力不足，园区中机构整体规模较小、业务范围较窄、产品层次不高、从业人员数量不足、质量不高、

人才队伍建设滞后。

（二）人力资源产业园的诸多挑战

我国人力资源服务业已经进入产业化发展阶段，随着各地人力资源服务产业园的相继成立，层次化和多元化的人力资源服务体系已初见端倪，产业集聚程度也进一步加强。但是产业结构不合理、总体实力较弱，机构服务模式雷同、服务功能同质、服务产品单一等问题成为产业向集群化升级的屏障。尤其是园区定位同质化现象日益严重，功能定位大多数集中在“集聚产业、专业服务、孵化机构、培育市场”这十六个字，缺乏贴近当地市场、产业结构特征和人力资源市场化水平等要素的个性化和差异化功能定位。

第二章 “人才经济”开发园的“优越性”

一、“人才经济”开发园的内涵（“三聚合一”：聚核、聚链、聚网）

“人才经济”开发园，首先是升级、培育与孵化区域优势主导和新兴产业载体，汇聚“人才经济”机构（即人力资源服务产业园的整体功能升级版）及“产学研”协同创新集聚；其次是促进创新、创业所具备的产业发展所配套的相关资源（金融、创投、会计、律师、知识产权、成果交易、推广等）、资讯等专业服务业机构融合发展聚集地，形成跨界合作、上下游衔接的专业服务产业链。打造以人才引领发展、创新要素集聚、新兴思维迸发为特征的“产业加速器”，形成“人才经济服务业+”智慧产业生态系统；最后强化移动端互联“人才经济”开发园、股权众筹网络平台、猎头电商产业园、创新创业项目推介等网络平台构建，形成产业线上线下（O2O）联动发展的态势，促进“人才+资本+产业+项目+科技+专业服务”创业创新要素融合对接。

二、“人才经济”开发园的特点（“七剑合璧”：大价值、大目标、大功能、大园区、大平台、大基地、大数据）

（一）大价值

现代“人才经济”服务业不只是简单的、低层次、可替代的生产性服务业，而是高技术型、高智力密集、高增值性的“智库”产业，是兼具知识化、专业化、综合化、全球化的智库产业之一，将直接为企业决策提供咨询服务，创造的增值价值和溢出效应是巨大和深远的。“人才经济”产业园区是推动“人才经济”服务业发展的重要抓手。所谓“人才经济”产业就是把“人才经济”作为一种产品精心经营，要有一系列的“人才经济”产品公司、“人才经济”开发基金、市场开发与运行机构等。

（二）大目标

核心目标：搭建产业链、人才链、政策链、创新链、金融链深度融合平台，催化聚变反应，提升人才经济发展速度。

按照人性化、现代化、生态化的思路，创新产城融合、综合配套的空间组织方式，打造生产空间集约高效、生活空间宜居适度、生态空间天蓝地绿的“人才新城”。

构建“平台+服务”运行模式，市场运作、政府推动、平台服务，打造“园区品牌+产品品牌”，提供“大服务”，即“只要你一入园来，一切事情我们办”。

（三）大功能

1. 发展的宗旨：遵循促进“人才经济”服务产业“专业化、产业化、信息化、规范化”，服务城市产业经济发展及结构升级的大局。

2. 发展的策略：围绕“人才—产品—产业”路线图，实施“人才引领、带入产品、壮大产业”和“引进企业、形成产业、培育集群”的策略。

3. 发展的理念：在发展理念上与产业巨头保持高度契合，根据产业需求、自身战略和功能定位对基础设施、配套服务、服务产品进行合理配比及动态调整。

4. 发展的功能：定位于集聚产业、拓展服务、孵化企业、培育市场四大功能（见表4-1）。

表4-1 人才经济开发园功能

序号	功能	说明
1	集聚产业功能	加大政策的“完善度”和“推动力”，加快企业向园区集聚；发挥园区品牌优势，扩大园区宣传力度，提高知名度与知晓度，增强园区对企业的吸引力
2	拓展服务功能	完善园区配套设施建设及专业服务水准，建立“人才经济”企业服务“绿色通道”

续表

序号	功能	说明
3	孵化企业功能	以市场运作方式建立具有核心竞争力的“人才经济”服务业集团，完善政策引导和扶持，孵化多层次、多元化、有市场、有特色的“人才经济”服务的中小企业群
4	培育市场功能	以市场需求为导向，引进国际知名“人才经济”服务业机构成功的管理经验，创新管理方式

（四）大园区

依托园区平台基地支撑和产业集聚优势，构建开放共享的“主园 + 分园”和“主园 + 多基地”的一园多区、一园多基地大园区发展模式。形成园区上下产业链和综合产业群，构建“全方位、全流程、全业态”的三全式为一体的一站式“人才经济”服务。

（五）大平台（见表4－2）

搭建公共“人才经济”服务和中高端“人才经济”服务产业集聚区大平台，覆盖从招聘、猎头、咨询、培训、测评到法律、心理援助等环节，形成一条完整的“人才经济”服务产业链，为企业提供“一站式、一条龙”公共服务。

表4－2　人才经济开发园大平台的构成

1.“人才经济”服务平台（“人才经济”服务和中高端“人才经济”服务产业集聚区）	2. 营销策划服务平台（含城市名片策划）及投融资咨询服务平台	3. 金融中介服务平台
4. 研发创新及成果交易服务平台	构建八大服务平台	5. 智能网络信息服务平台
6. 综合配套服务平台	7. 物流仓储服务平台	8. 多功能的社会保障服务平台

（六）大基地（见表4－3）

一个具有“产业集聚，市场培育，业态拓展，企业孵化，品牌推广”等功能的多元化的“人才经济”服务产业基地。

表 4－3　人才经济开发园大基地的构成

1. 区域特色产业培育与多元化的“人才经济”服务产业基地	2. 多渠道的“人才经济”解决方案产品创新基地	3. 中国公务员考试测评基地（有条件可申请）
4. 国家级专业技术人员继续教育基地（有条件可申请）	大基地	5. 中国社会保险公共服务标准化示范基地（有条件可申请）
6. 中国农民工新市民实训基地（有条件可申请）	7. 中国家政服务品牌示范基地（有条件可申请）	8. 中国村长培训示范基地（有条件可申请）

（七）大数据

为企业提供信息、资质、证书等全覆盖的大数据验证服务；为公众提供求职就业、技能提升、职业发展等全方位的大数据应用服务；为“人才经济”服务产业提供行业发展、趋势导向、岗位需求、人才供需的高深度的大数据分析。建设集全市人力社保数据信息管理（城乡统筹的人力社保信息中心）、“人才经济”供求信息发布、业务系统运行后台服务、系统开发和信息查询、咨询等功能于一体的大数据中心，打造“人才经济”信息集聚平台。

三、“人才经济”开发园盈利模式（见表 4－4）

表 4－4　人才经济开发园大基地的盈利模式

盈利模式	项目	内容
土地运营	土地增值	将土地以出租的形式运营，保留土地的使用权，随着时间增长来获得土地溢价的收益
	租金收入	只对园区内的写字楼和标准厂房出租获得的租金收入
	商业地产	园区内为产业发展配套的商业性房产开发，以及商业性房产的出租和出售获得的收入
	住宅地产	指产业园区可以获得超过 30% 以上的住宅配套用地，进行住宅的开发和建设，并出租或出售从而获得的收入

续表

盈利模式	项目	内容
增值服务	产业技术性服务	指通过园区公共性技术平台为园区产业提供相应的支撑和服务，并通过收费获取收益
	产业发展性服务	通过有偿提供融资性服务、咨询服务、培训服务、政府关系服务、孵化性服务、知识服务、媒体服务、网络通信服务、物流服务、“人才经济服务”、软件和服务业外包等获取的收入
	生活配套性服务	指有偿提供餐饮、娱乐、购物、医疗等
	园区运营性服务	指通过提供物业管理服务和园区内公共性服务来获取收益
金融投资	产业投资	指园区建立或控股专业性的产业投资机构，如天使基金、VC、PE等投资相关产业，分享企业成长并获取收益
	专业性公司投资	指园区投资控股为园区提供专业技术性服务和企业发展类的公司，并通过 IPO 等形式获取收益
	产业用地的资本运作	指在不允许直接转让产业用地的前提下，探索作价入股等方式盘活土地资产并获取收益
	现有物业的资本运作	指产业性房产的股权、信托、证券化等方式资本运作，进而盘活资产获取收益
模式输出	生地开发	指沿用成熟园区的模式，对新的土地进行一级开发，主要有 BOT、土地入股等方式
	熟地改造	指对原有工业区的房产进行改造和功能变更，从而为发展新的产业服务
	委托经营	指受地方政府或其他运营主体委托，运营其地域内的园区，并获得收税分成或服务性收益的盈利模式
项目溢价	项目投资收益	指创新项目的前期投资溢价收益，企业及人才项目引进收益等

资料来源：刘凌波．产业园区的盈利环节与模式［N］．赛迪经略管理，2012－07－09.

第三章 “人才经济”开发园的发展趋势
——“人才经济”开发小镇

一、“人才经济”开发小镇的概念说明

小镇一般是指县级以下行政单位，人口相对集中并拥有集会、商业活动的居民点，介于城与乡之间的一种过渡社会空间形态。而特色小镇是按创新、协调、绿色、开放、共享发展理念，结合自身特质，找准产业定位，科学进行规划，挖掘产业特色、人文底蕴和生态禀赋，形成“产、城、人、文”四位一体有机结合的重要功能平台。

“人才经济”开发小镇是特色小镇的延伸升级版，以“高端人才”为依托，立足“三生融合”（生产、生态、生活），构建“四位一体”（产业、文化、旅游和社区功能），形成“引进一个人、办起一个企业、兴起一个产业、聚集一批特色经济人才和特色产业群体”的链式效应，实现“三高结合”（高端人才、高新技术、高科技企业）的“贵族人才创造坊和栖息地”。

二、“人才经济”开发小镇的特色之处

“人才经济”开发小镇的“特”，即特别之处，主要包括：人群“特”，从业人员以高智力者为主，多为高学历、高收入；产业“特”，其为高新服务业中的某一行业乃至其中的某一环节；位置“特”，主要位于大城市内部（有相对独立的空间）或周边合适的区域（镇、村）。

“人才经济”开发小镇的“色”，即魅力所在，主要包括：生态环境优美，有利于增强对相关企业和居民的吸引力，可让镇民舒心地创业、休憩

或居住；文化底蕴丰厚，有利于增强对企业与居民的文化认同感或心灵归属感，积累和形成新的文化特色；管理自治水平高，镇区日常管理与服务事务由居民选举的自治性组织负责，镇政府或管委会主要负责行政管理和外围环境配套；身份认同度高，“人才经济”开发小镇有着区别于所依托大城市的标示性风格和生活情趣，具有高度自豪感。

三、“人才经济”开发小镇主题：“梦想与荣耀”

梦想还是要有的，万一实现了呢？——马云（阿里巴巴集团董事局主席）

不管出身多么卑微，只要努力、诚实、节俭，任何人都能够出人头地，获得权力和影响。——戴尔·卡耐基（美国成功学大师）

这是一个最好的时代，这是一个最坏的时代；这是一个智慧的年代，这是一个愚蠢的年代；这是一个光明的季节，这是一个黑暗的季节；这是希望之春，这是失望之冬；人们面前应有尽有，人们面前一无所有。

这是一个呼唤人才辈出的时代，不去实践的梦想，永远照不进现实。不去为之奋斗的精彩，永远只能在那所谓的将来。梦想与责任同在，荣耀与行动并存。

“人才经济”开发小镇既是城市年轻人梦想实现的乐园和成功荣耀的标志标杆，也是培养城市人文精神的示范基地。

四、“人才经济”开发小镇功能：城市经济发展的“强力引擎”

“人才经济”开发小镇是城市经济发展的“强力引擎”。人才经济是以人才为核心、资本要素跟着人才走的经济，“人才经济”开发小镇一方面，通过以人才为核心，优化配置科技、资本、政策、资本等优势资源形成的中高端产业经济；另一方面，通过为人才开发和人才创业创新提供猎头、科技、金融、管理、咨询、法律等各类服务形成产业。通过打造产业链，再辅以住宅、商业、医院、总部基地等多功能配套加以升级改造，使人才、科技、资本、信息等高端要素集聚，融合生产、生活、生态，促进园区的功能定位、产业结构、城市功能、土地利用、交通网络、空间布局等进行转型升级。

五、“人才经济”开发小镇要素：“产业孵化园 + 梦想乐园 + 人才服务园 + 智慧园区 + 荣耀乐园 + 学习乐园 + 改革实验园”

产业孵化园：围绕某一产业提供一站式孵化服务。

梦想乐园：提供人才实现梦想的平台、资源、路径。

人才服务园：提供人才猎聘、培训、雇佣、增值等服务。

智慧园区：实现园区的生活、工作、社交等智能化，智能化泊车，智能化园区管理。

荣耀乐园：提供人才荣耀安居、荣誉待遇等服务。

学习乐园：打造终身学习型的氛围及体系。

改革实验园：实现人才经济开发的标杆性旗手的改革效应。

六、“人才经济”开发小镇的总体布局

在产业导向上，坚持创业、创意、创新融合发展，依托功能平台建设与完善，借助专业运营机构开展招商引资，实施“高端人才 + 科技孵化 + 信息经济”驱动。确立“融资融智”产业布局，形成“研究院”“设计坊”“原创馆”“创意街”“大师村”“博士楼”“栖息地”“艺术殿”“金融岛”“智慧谷”“创业里”“企业家之谷”等的空间布局。

第四章 “人才经济”开发小镇+“飞地经济”的“共享模式”

推进“人才经济”开发小镇与“飞地经济”融合，打破行政区划限制，通过创新规划、建设、管理和税收分成等合作机制，以“人才经济”开发小镇为主要载体，在异地通过共建或托管等方式建设项目，实现优势互补、互利共赢、可持续发展。

具体顶层设计模式及运营等方面内容，希望与更多专家进行交流碰撞！

第五章　国内“人才经济”区域成功案例

华西经济即是“人才经济”，华西村几十年“长盛不衰”的奥秘是因为华西村培养和凝聚了大量的现代化科技人才。华西村平均一平方千米的土地上就有近100位大学毕业生，职工95%以上为大学毕业生。全村聘用了6位享受国务院特殊津贴的高端人才，55位具有高级职称的技术人才，聘请了数十位外国工程技术人员担任专家顾问。华西村成立了3个“人才委员会”。村子里20多位到美、日、韩等10余个国家留学深造的年轻人，现在都已回村工作。村奖励房子、车子、票子、位子和面子。[①] 为发展“人才经济”，华西村设立了“科技创新奖”。建设以经济创新领军人才为核心的创新团队、经营管理人才和专业人才队伍。实施高技能人才培训工程，进行校企合作，大力发展职业教育，依托高等院校，建设高技能人才培训基地。

① 冯治．华西村是怎样发展“人才经济”的［J］．中国社会工作，2010（23）：16－18.

第五部分

人才经济开发的路径

——“人才经济”开发的“十一位一体”实现路径模式

第一章　解规划——人才经济开发依据

在人才引进计划中，政府要进行“顶层设计”和“全盘布局”，围绕城市战略规划，推进产业集聚、集约、集中发展，重点扶持一批成长型产业集群发展，打造一批产业集群和产业基地；围绕产业发展规划，精准化集聚创新创业人才，通过解读产业和人才规划纲要及扶持政策、了解城市发展对人才的要求、人才发展的重点、主要举措以及所需人才的类型、数量与标准，找准吸引人才的策略亮点。

解规划思路：为什么要制定实施《人才规划纲要》？《人才规划纲要》对人才发展提出了哪些新要求？《人才规划纲要》提出的建设人才强市战略目标的主要内涵是什么？今后一个时期城市人才发展重点和主要举措是什么？人才经济开发战略的主要内容是什么？人才工作体制机制如何创新？要实施哪些重要政策和重大工程？如何贯彻落实《人才规划纲要》？

第二章　理产业——人才经济开发基础

一、产业梳理的目标

产业不单是一个城市经济发展的“引擎动力”，更是留人扎根的关键。城市要以优势产业为突破口，通过产业链和生态链的打造完善，吸引和留住高端人才。厘清产业链条，有助于确立发展目标、发展路径、重点项目、对策举措等《产业链发展路线图》，有助于提出招商引资方向和重点对接企业名单等《产业链项目和重点对接项目》，有助于明确《产业链配套服务及政策》《产业链人才需求预测、人才类别》《产业链人才、项目引进、宣传策略》等。

二、产业梳理三大命题：升级、淘汰、寻新

升级：经济转型简单来说是用“朝阳产业”替代“夕阳产业”，提升产业的活力和附加值。

淘汰：市场机制强调资源的最优配置，因此对于“夕阳行业”，应该用最快的速度、最低的成本淘汰。

寻新：产业转型要找风口，还需要适合当地的资源禀赋，不同区域间的产业基础和发展侧重点差别越来越大，只有符合当地条件的风口才有可能落地发展。

三、产业梳理策略

（一）产业项目开发期

“产业”的发展方向确定后，就是要围绕这一产业，通过项目及载体的开发建设，形成产业的开发、培育及集聚，最终打造产业集群，实现产

业价值。产业项目开发是其中的第一步，即紧抓产业链上的核心环节，在尊重市场及产业发展规律的基础上，集中人才、创业团队及资金等优势条件，集中攻破产业开发的各种难题，形成产业项目发展条件的聚集。

这一时期的运营要点在于对接国内外优势的科研及教育资源，一方面通过科研成果的孵化，促进技术向生产力的转化；另一方面通过专家学者的研究，突破产业发展技术上的一些难题，同时还可以完成人才的培育及输送，形成产业可持续发展的后备力量。

（二）产业项目培育期

当产业初步开发完成，形成一定的特色优势及产业价值后，就进入产业的培育阶段。这里所说的培育还是围绕特色产业的核心部分展开的，主要目的在于培育和扶持有效的产业项目和企业主体，形成规模化的经营效益。

这一时期的运营重点在于相关政策的大力扶持，包括信贷金融支持、税收优惠和财政补贴、科研补贴、进出口关税和非关税壁垒、土地价格优惠等。在这一阶段可以有的放矢，对一些重点品牌或企业进行大力支持，引导他们与产业链条上的其他小型主体建立互补、合作、共赢的关系，发挥龙头企业的引领带动作用。

（三）产业链整合期

产业链整合，即围绕主导特色产业，利用整合手段，使特色产业、旅游产业及其他相关产业通过某种方式彼此衔接，打破各自为战的状态，构建一个有价值、有效率的产业集群，实现产业联动与融合，从而增强产业活力、节约交易成本、形成产业抱团发展，推动区域经济发展。

这一时期的运营重点在于打通产业链上下游及各相关产业之间的壁垒，有效运用资源、技术、产品、市场、经营方式、组织管理、制度、人才等各种手段，实现产业间的有效聚集，形成带动作用更强、效益更好的产业集群式发展。

第三章　营环境——人才经济开发保障力

良好的环境有利于吸引优秀人才，使人才集聚地获得先行发展的优势，实现人才集聚的规模效应，促进城市经济的高速发展。要吸引、留住、发展人才，其关键是要着力营造“人才生态”的整体环境。

而目前我国城市人才环境质量改善的问题，没有一套切实可行的评价体系，进而导致不同城市相对而言的优势和劣势难以明晰。

营环境思路：一是建立良好的制度环境，为人才创新创业发展提供宽松的政策环境。二是建立完备的法制环境，依法保护用人主体和人才的合法权益。三是优化服务环境，急事急办、特事特办，开辟“绿色通道”。四是进一步营造和谐的人文环境。五是创新人才体制机制，激发人才创新创业活力。

第四章　建模式——人才经济开发系统力

一、产业发展模式

结合全球产业发展趋势，立足区域经济结构调整，重新规划产业布局，以市场为主导，建立“内涵式、质量型和效益型”的产业发展模式，依据产业发展模式，理清现阶段紧缺人才、中期和远期的人才发展思路，实现“精准”吸引人才。

二、人才经济开发模式

建立政府、企业、市场和社会“四位一体”的人才经济开发模式，以“产业集群+实力企业+高薪福利+优惠政策+良好环境”吸引和留住人才，以社会化的人才服务和良好的人才氛围，促进人才经济开发，以点带面、协同互补、快速推进人才经济开发工作。

三、人才激励法模式

构建人才激励发展模式，从满足人的多元需要，实现人与产业、企业、组织共同发展的要求出发，采取合适的激励方式调动人才的工作积极性，因人因时，有的放矢，灵活实施，多管齐下，最大限度地发挥人才激励效应，释放人才的价值和作用，从而实现人与产业、企业、组织共赢。

四、人才循环模式

人才循环本质上包含人才、资本和其他要素资源的循环。创新人才、创业人才与天使投资人之间通过身份的转换，使战略性新兴产业领域的创新创业活动持续活跃，共同促进创新创业的循环往复。创新人才向创业人才转变是人才循环的第一个关键节点，创业人才向天使投资人的转变是高层次创新创业人才完成人才循环的第二个关键节点。

第五章 定机制——人才经济开发保障力（“通用机制 + 个性机制”）

体制和机制上的创新是人才竞争的主要内容，体制不活就难以释放人才的能量。机制不灵就会束博人才积极性的发挥。市场竞争，人才为本！谁能把握准人才机制上的创新，运用好人才，谁就能有资格参与新常态下的激烈角逐。

第一节 通用机制

一、构建高端人才运作机制

建立和完善新形势下高端人才工作运行机制，必须在强化组织领导、健全工作机构的基础上，不断建立和完善高端人才工作领导机制、决策目标、执行责任、考核监督体系。

（一）进一步健全高端人才领导机制与经费保障机制，推动高端人才工作的常态化、制度化

要从成员组成上确保“一把手亲自抓、分管领导靠上抓”；健全和规范人才工作领导小组的工作制度，建立健全高端人才工作联席会议制度、例会制度、调度会议制度等，切实推进领导小组工作常态化、制度化、规范化。此外，还要积极引导企业和社会资本通过多种形式加大人才投入，逐步探索建立以政府为主导、金融和社会资本、民间资本共同参与的多元化人才投入体系，切实保障高端人才工作的有效投入。

（二）进一步完善高端人才工作决策机制，加快决策目标体系的建立

首先要建立统一共享的人才信息资源平台，对高端人才进行详细摸底统计，进行动态管理、及时更新。其次要建立健全专家咨询和评估制度，在相关领域目标决策过程中，要充分吸收相关专家参与，尤其是重大的人才工作事项和专业性、技术性较强的事项，一定要进行专家论证、技术咨询和决策评估，认真听取专家、学者的意见建议。最后要规范高端人才工作决策程序，按照意向征集、调查研究、征求意见和咨询听证、法律和政策审查、初步目标决策形成、初步目标公示和评估、形成目标决策的步骤进行，确保目标决策的民主化、科学化、法制化。

（三）进一步理顺高端人才工作沟通与服务机制，使之执行更有力、运转更有效

首先，明确各部门工作职责，探讨从高端人才工作环节上划分职能，改变以往以高端人才种类划分职称的单一模式。其次，完善工作联络制度，定期召开协调会议，加强对各成员部门目标责任执行情况的综合协调，特别是对那些涉及多个部门（单位）的目标任务，要加强协调控制，确保目标责任的顺利实施。最后，实行定期报告制度，各成员部门定期书面报告本单位高端人才工作进展情况和目标责任执行情况。同时，要利用现代化网络信息渠道，创新多元化信息平台，拓展信息交流渠道。实现信息资源的整合、共享、互通，从而加快推进海外招才引智工作的开展。

（四）进一步规范高端人才工作中的考核监督、表彰机制，促进绩效考评体系的建立

首先，改进传统考核方式办法，按照定性考核和定量考核相结合、不断突出量化考核原则和全面考核与分级考核相结合的原则，采取听取汇报、召开座谈会、审阅相关资料和文件、实地考察等方法进行，并不断创新方式方法、加大督察力度、增强督察效果。

其次，根据考核结果建立以政府奖励为导向、用人单位奖励为主体的人才奖励机制。设立“领军人才奖”等重大奖项评选活动，隆重表彰有突出贡献的优秀人才，并给予重大奖励，并充分运用报纸、期刊、电视、广播、网络等主流媒体及新型媒介，加强对优秀人才的宣传力度。

最后，严格奖惩兑现和责任追究，加强对人才工作目标责任考核结果的有效使用，在明确奖惩标准的情况下，要严格奖惩兑现和责任追究。可通过考核监督机制的建立，努力改变引智工作单纯依靠政府推动的局面，调动民间引智的积极性。

（五）建立人才安全体系，保护高端人才利益

人才资源作为国家的战略性资源，不可能完全自由交易，在做好人才吸引的同时必须有安全体系作保障。面对人才市场国际化，必须防止人才流失，对人才流动、智力技术流动、人才资源信息流动划定保护范围和领域，列出保护清单，设立国家级“防火墙”；对人才利益保护、知识产权保护、国家重点工程项目和重点领域的高层人才保护也必须制定明确规则。

（六）改革户籍管理制度，实行人才“绿卡”

户籍制度是自然经济的产物，在落后的生产方式下，它对控制劳动力的流失，保证劳动力的稳定具有强制作用。我们建立市场经济，要实现人力资源最优配置，是离不开人才流动的，根不断，枯树难倒。不改革户籍制度，无论我们建立何种科学合理的人事管理体制，如公务员制度，都是难以立足的。考虑到我国的国情，户籍管理不可能像国外一样完全放开，作为一种过渡，可以放开对一些高端人才的户籍管理，实行人才“绿卡”，使他们不受户籍限制，能够自由流动，尽可能避免高端人才的浪费；流动人员从单位购买的私有住房，国家也可以通过立法要求原单位在人才流动后无条件按规定折价买回，不能因住房问题限制人才的流动，也不能使流动人员因流动而遭受经济损失。

（七）海外高端人才与本土高端人才的协调共生机制

推行人才特区机制，聚集海归人才形成特区，在特区内部实行特殊的政策，既可以保证特区内海归人才综合竞争力的提升，又可以弱化本土人才的攀比心理，鼓励两类人才在各自的领域发挥所长。实施“优势引领，以才带才”的发展策略，突出人才资源与其他创新要素的有效结合，强调综合配套政策的整体突破。

二、建立集聚高端人才长效机制

（一）柔性引进人才机制——集聚高端人才的基础

高端人才的集聚能有效引发群体效应，即单个人才是无法充分发挥作用的，通过群体内部的整合机制可以实现知识和技能的互补与替代，激发积极性和创造力，最大限度地体现高端人才的价值，促进集聚地区发展目标的实现，同时营造出强大的人才规模集聚声势。

（二）人才队伍持续开发机制——集聚高端人才的关键

产业集聚是企业与人才集聚的引擎。在不同集聚阶段，企业作为高端人才集聚的重要驱动因素均发挥了关键作用。通过梯次培育和梯度开发企业转型升级对高端人才的渴求意识，实施高端人才产业集聚战略。同时，通过企业家素质提升工程、企业家能力素质拓展俱乐部、企业家境内外研修班、科技型企业家培育计划等，不断增强企业家的人才意识，使其认识到做企业就是做人才。

（三）高端人才与企业需求匹配对接机制——集聚高端人才的前提

合作的前提是需求，需求的匹配对接是高端人才与企业合作的前置要件。重点考察人才与产业、行业、区域的匹配度，看人才价值与产业、行业、区域文化是否匹配，人才专业知识和技能与产业、行业、区域发展需求是否匹配，是否产生推动产业、行业、区域发展的“催化效应”。依据人才需求库，每年开展区域内企业发展需求调研，预先摸排近期企业亟须解决的技术难题、现实需求，梳理制定城市重点企业和有引进挂职博士（教授）意愿企业的需求目录，进行动态发布；充分发挥科技镇长团、挂职企业博士（教授）等人才的主体作用，整合其背后的高校资源，形成高端人才信息库并组织意向性对接。

（四）协同创新共享机制——集聚高端人才的保障

利用管理机制创新，使引进的高端人才资源与现有的成本投入、科研条件、人才资源、管理水平等相匹配、相适应，减少和克服负效应带来的影响。实施人才工作“三挂三共”（挂职科技副总、科技镇长、产业教授，共建研发平台、共担研发项目、共享研发成果）机制，充分发挥以挂职博士教授为主力军的“三挂”主体作用，推动建立产业技术创新联盟、产业技术研究院等高效的知识共享平台，着力实现区域内各类创新要素整合效益最大化，全面提升区域产业协同创新能力，使挂职博士（教授）既可以点对点地与单个企业合作，也可以发挥产业指导作用，通过共享机制，在产品检测、共性技术研发、关键技术突破等方面，更好地服务中小企业。

（五）长效利益激励机制——集聚高端人才的核心

人才流动不息，利益永恒存在。从塑造软、硬环境的角度出发，打造更加优良的创新创业“环境场”，采取经济激励、情感激励、荣誉激励等有效措施，是发挥高端人才积极性的重要保障，是持续集聚高端人才的重中之重。

第二节　创新“个性化”机制（“一企一策、一人一策，一事一议”）

按照一个用人单位“一名地区领导、一个责任部门、一套工作班子、一套实施方案”的四位一体工作机制，创新引进机制，促使高端人才迅速集聚；创新培养机制，促进高端人才快速成长；创新使用机制，充分发挥高端人才作用；创新激励机制，激发高端人才创新活力；创新培育环境，优化高端人才生存空间；创新退出机制，增强组织创新力。实施“一企一策、一人一策，一事一议”，根据人才需求，提出对策，明确专人，定期督导，限期落实。

候选人“认同”需求的政策才是有效的政策，充分了解候选人需求，候选人从原有的生活及工作环境，转到全新的环境中时，会从多角度分析和考虑，不希望因工作环境变化而对生活质量产生较大的影响，而希望享受企业提供的更多福利和便利条件。只有了解大多数候选人的实际需求及期望值，制定的政策才能有吸引力。高端人才更加关注城市名片，产业载体，产品的开发潜力，产业链人才聚集度，智力配套，政策环境和配套服务，相关产业链配套和上下游产业链配套，创新创业氛围等综合环境与政策。

第六章　引进人——人才经济开发原动力

引进人才包括引进知识、引进思想、引进观念、引进科学技术、引进管理经营等。

“骏马能历险，犁田不如牛；坚车能载重，渡河不如舟。”要树立“适合的才是最好”的理念，坚持以用为本，遵循市场规律，围绕本地重点产业、重点企业，突出人才与产业的匹配度、与地方经济社会发展的衔接性，做到有所侧重、按需引才，把钱用在“刀刃上”，不盲目攀高求“洋”，不随意抬高门槛，不把人才“装门面”。

实施“引资与引智相结合、刚性引进与柔性引进相结合、产业引进与平台引进相结合、引进与培养相结合”的“四个结合”，集聚合适人才，打造“人才洼地”。

一、坚持高端人才引进的原则

（一）突出重点

围绕国民经济和社会发展的急需紧缺开展人才引进工作，重点引进具有世界一流水平的高层次创新创业人才及团队。

（二）产业导向

在关注引进高端人才的学术水平和创新能力的同时，更加注重产业化导向，做到“五个更加突出”，即发布公告更加突出产业化要求、材料申报更加突出产业化目标、评审指标更加突出产业化权重、参评专家更加突出产业化经验、现场答辩更加突出产业化前景。

（三）重在使用

创新体制机制，搭建事业平台，营造良好环境，充分发挥高端人才的作用。

（四）特事特办

针对高端人才引进和使用的特点，采取特殊政策措施，成熟一个、引进一个。

（五）统筹实施

工作小组、牵头组织单位和用人单位各负其责，形成协调有力、办事高效的工作机制。

二、采用“引”更要“挖”的策略

目标人选确定后，针对不同的候选人制定不同的招聘策略，通过个人需求的分析及现状评估，因人制宜。

（一）自己“挖”

企业在搜索目标候选人过程中，通过相应渠道获取候选人的联系方式，对于在目标企业中不处于核心职位的候选人，采取自己联系的方式来挖掘，这样可以比较直观地获取候选人的有效意向，降低企业招人成本。

（二）猎头“挖”

目标企业的目标候选人确定后，如果企业不适合直接出面去联系，就可以委托猎头公司进行招聘，避免由于直接联系候选人被直接拒绝或产生其他的麻烦。

（三）“挖心”再“挖人”

“挖人”的核心是了解候选人的动机并满足被挖者的需求，事实上，就是搞清楚被挖者想要的是什么。例如，想做事业，可以提供大平台作为吸引；想做专家的，就可以提供相应的研发条件作为吸引等。

（四）挖“关键人才”再挖“团队人才”

锁定目标候选人应当关注其所在的组织，有步骤地开展招聘，先从关键人才的挖掘开始，通过事业平台、个性化薪酬福利政策吸引到位后，对于原团队的其他成员会产生一定的影响力，通过这种影响力以及关键人才的内部推荐等，达成招聘的目标。

三、注重引进中层人才，打通“任督二脉”

在任何组织中，中层人才都是至关重要的。中层人才需要兼顾方向与现实、战略与战术、理论与实践、宏观与微观；既要有框架建构思维，又要有关键操作技能；通常以最佳实践为考量点，同时又要关注到组织的整体性。

引进高层次“大腕”的同时，还要注意人才梯队建设，且高端人才掌握的资源多，流动性也很大，只有把中层建好了才能留得住高层。现在人才引进往往注重引进高端人才，其实中层人才需要大量引进。这些人有文化、有操作能力、人际关系广，能将各种信息联通起来。现在政府与民间脱节，就是因为缺乏这些能将“任督二脉”打通的中层人才。

第七章　链资源——人才经济开发助推力

紧扣产业需求，依据区域内人才发展需求，搭建人才发展资源对接平台，链接产业资源、政策服务、金融服务、中介服务、技术服务、信息服务、教育培训、生活配套资源，整合集孵化、扶持、培养于一体的创业资源，协调高校、科研机构技术资源共享，联手开展科技攻关和技术创新，架起沟通“立交桥”，让“联姻”深入人心。整合优质社会资源，创新服务模式，深化人才服务、专项服务、融资服务、成果转化、加速成长服务等。资源整合遵循须以下几项原则：

（一）系统性互补原则

资源整合必须从区域合作、产业联合的角度出发，在促进区域产业整体协调发展的同时，资源整合务必立足于现实情况，采用系统性互补的观点和方法，全面营造有利于区域产业发展的政策环境、创新和服务环境。

（二）倾斜性跨越原则

由于资源的稀缺性，在资源现状基础上，重点选择经济推动力较大、有可能实现跨越式发展的产业领域。将优势资源倾斜投入到优势企业、优势品牌中，坚持“有所为有所不为”，快速促进区域经济的跨越式发展。

（三）协调性可持续原则

资源整合务必注重经济发展的长期增长，实现人口、资源、环境与经济社会发展的高度和谐统一。资源整合应当使优势资源、基础资源和“瓶颈”资源相互补充，相互配合，达到综合平衡，突出协调性发展，不断促进社会发展进步。

（四）自由性市场化原则

资源整合应遵循市场经济运行规律，运用市场调节机制配置区域资源。同时，辅之以必要的政策手段，通过政策对经济的指导效应和市场配置资源功能，引导实现内外资源整合。

（五）开放性国际化原则

为适应开放型经济发展的需要，要坚持开放的国际化原则，充分利用外部资源条件，借鉴国内外先进经验，坚持“大胆引进来，充分借外脑”和“走出去”战略。

第八章 创服务——人才经济开发竞争力

一、高端人才服务体系

建设高端人才服务体系，以高层次科技人才为切入点，从构建人才服务机构、加强舆论宣传、健全评价体系、推动人才质量鉴定、完善职业生涯规划、完善资源共享（科技资源、资本资源、项目资源等）、建立滚动储备与动态管理的高级专家库、开展高端人才专家论坛、提供上下联动相互配合的人才服务和项目对接网络平台等多层面入手，将多种功能、多种服务有机结合在一起，引导科技企业、科技项目和科技专家相结合，通过促进高端人才的有效流动带动技术流、信息流和成果流，达到提升城市整体创新能力的目的。

二、创新创业服务体系

借助企业、产业、公共"三方"区域协同创新联盟，从政策服务、平台服务、导师服务、通道服务、项目服务、基金服务6方面入手构建创新创业服务体系，在企业、高校、职业学校、科研院所、商区、社区、园区建设分散式、多层面、链条化的工作平台，形成创意—苗圃—孵化—加速—产业化的成长机制和链式服务机制。

在政策服务上，出台创新创业服务体系建设等"1+N"系列文件；在平台服务上，建设综合服务大厅，构建"科研技术平台资源+创新创业孵化器+创客空间"，打造创新创业工作空间；在导师服务上，成立创新创业促进会，整合高级专家、实战企业家、创投领袖等形成导师支撑机制；在通道服务上，践行"绿色服务一站式"；在项目服务上，设立创新创业科技专项；在基金服务上，组建政府、企业、高校共同投入的创新创业基金。

政策优势只能是比较优势，服务优势才是长期、可持续的竞争优势。通过“整合行政资源、联合社会资源”，根据不同发展阶段企业的共性需求，构建“一站式”创新创业服务窗口，同时，根据高端人才的个性需求，最大限度地提供个性化服务，形成“一站式+妈妈式”集成式高端人才创新创业服务体系。

三、“物业、商业、产业”的产业园服务

（一）物业管理是基础，好比“底薪”

物业管理是“人才经济”开发园最基础的管理，不仅提供日常的管理（涉及水、电、暖、空调、通信网络、卫生、停车、安全保卫等事宜），还必须有专业、严谨的行业性管理措施（规范化的物业管理体系、专业化的物业管控流程，应急性的处置措施等），从而为进驻企业提供基本保障。

（二）商业配套是保障，好比“福利”

“人才经济”开发园需提供涉及“衣食住行”的商业配套及更全面的综合配套，设有各式餐厅、便利超市、数码速印店、住宿酒店、街区商场、公寓、银行、电信、洗衣房、咖啡店、健身房、美容店、书店、图书馆、影院等商务和文化配套设施等。

（三）产业运营是驱动，好比“奖金”

“人才经济”开发园产业运营包含创新创业孵化、公共服务平台搭建、园区公共关系建设以及园区内生发展等。在创新创业孵化上，针对园区内创新创业人才的经营需求，提供“孵化器+加速器”全面的孵化服务；在园区公共服务平台搭建上，整合“人才+资本+产业+科技+项目”等相关资源，构建产学研一体化协同体系；在园区公共关系建设上，打理、维系与政府、行业机构、企业和相关社会团体产生工作往来和业务联系；在园区内生发展上，通过园区的产业运营和开展各项增值服务工作，为园区自身形成一种“投入且产出”的经济回报方式，从而使园区运营业务形成

良性循环，推动“人才经济”开发园可持续发展。

四、精细化产业招商引“智”服务

坚持绿色发展理念，确保招商引“智”项目高质量、可持续，且符合生态经济示范区的要求；坚持实在高效理念，确保实实在在不含“水分”，绝不能为虚名而制造招商引“智”泡沫；坚持市场机制理念，尊重经济发展规律，按市场规律洽谈项目、推动招商引“智”项目落地；坚持产业集聚理念，提着产业这个“篮子”去“买菜”，围绕产业定位，研究产业的规划、方向、重点和细分，加强专业培训，借力权威机构提升专业程度。

在关键政策上，针对特定产业、企业的需求进行设计，实施政策细分，激励产业集聚。在关键环节上，加大招商引“智”力度，重视上下游配套企业，在补链、建链、强链上下功夫。在关键措施上，进一步深入研究，制定有针对性的方法和措施。在关键力量上，加强与行业协会、商会、企业家的联系，强化以商招商，以才引才，以市场化手段拓宽招商引“智”渠道。在关键地区上，按照产业类别明确招商引“智”区域和主要方向，集中精力深耕重点区域。

第九章　推名片——人才经济开发品牌力

城市可能是一种味道，一种品牌，一个灵魂，因此每一个城市发展都必然要有自身独特的文化特征。有很深的历史、自然、人工的烙印。“人才”是根本，城市文化是根基。文化如土壤，人才如大树，只有根深基固，大树才能枝繁叶茂，才能开花结果。

一、“城市名片”的建设

（一）城市名片的内涵（浓缩城市精华，展现城市特色）

城市名片是一个城市自然、人文浓缩的精华，是一个城市最具体、最直接、最现实的品牌，是一个城市历史、现实和未来的缩影。

城市名片的意义和作用体现在它能够准确反映城市的灵魂，全面提升城市品位，强化城市精神，提高城市知名度，扩大城市影响。

1. 城市名片作为一个城市的“文化符号”，是一种无形的资产，是提高城市竞争力和竞争优势的有效途径，是企业和产品名片的发展和延伸。

2. 城市名片能彰显城市独有的经济文化特色，将某种形象与城市“捆绑”，让城市实现自我介绍、自我展示、自我营销。

3. 城市名片具有强大的“名牌效应”，能够达到吸引游客、吸引投资、吸引人才、增强本市市民的集体荣誉感等效果。

（二）城市名片的核心内容

系统	维度	说明
城市名片	城市定位	城市定位是一座城市发展建设的前提，是一座城市建设方向的出发点，是城市发展和竞争战略的核心，城市发展需把握“定位、定性、定向”三定
	发展模式	发展模式是城市定位的体现和多元化的发展路径，它与城市定位通过“自构”和“被构”相互作用，推动城市发展螺旋式提升
	城市精神	城市精神是一个城市独有的精神理念和精神品质，是城市的“灵魂”，它反映了城市的基本价值取向，是城市凝聚力的基础，是激励市民奋斗、进步的推动力
	产业定位	产业定位是根据城市自身具有的综合优势和独特优势、所处的经济发展阶段以及各产业的运行特点，合理地进行产业发展规划和布局，确定主导产业、支柱产业以及基础产业
	城市品牌营销	城市营销是将城市视为一种产品并进行相应的营销创新，更好地满足消费者对城市空间产品的需求，构建城市竞争力

资料来源：根据李建民，王基昱．长春市“十一五”期间城市发展定位问题的战略思考［J］．吉林省教育学院学报，2007（8）：56－58；张义丰，穆松林．基于地域识别的城市定位及发展模式——广东省徐闻县的实证分析［J］．资源科学，2011，33（12）：2394－2400；卢长宝，于然海．体育元素与城市营销——印第安纳波利斯与郴州的比较研究［J］．中国城市经济，2009（S1）：8－10综合整理。

（三）城市名片的建设思路

从城市的自然景观特质、人文景观特质、区域经济环境特质中，按照“唯一性、排他性、权威性”找到城市的“个性、灵魂与理念”，遵循“主题谋划—主题概念—主题规划—主题计划—主题建设”的程序和原则，围绕“城市定位、核心价值、目标市场”，进行“产品规划和开发、视觉识别、推广实施、监督管理”，日积月累，从细节入手，方可收获成果。

二、“高校名片”的建设

（一）高校与城市的不可分割的亲密关系

高校与城市经济发展之间存在高度的“联动关系”，一方面，高校发展为城市经济发展吸引和提供了科技动力和人力资本，发挥“资源、技术、信息、资金、人才等”集聚效应，进而形成城市经济发展的增长极核，带动产业结构优化升级；另一方面，高校的发展依赖于城市经济的需求拉动和城市的资源供给、政策支持和基本设施的完善。

（二）“高校名片”的建设思路

1. 定规划：做好发展规划，实现高校经济圈与城市经济“无缝对接”

有意识、有目的地引导高校资源优势与城市经济发展需求的结合，加快高校经济圈的“集聚效应”“极化效应”以及“扩散效应”的形成与发挥，依托高校集中的优势来发展高新技术产业，特别是在项目引进上要严把准入关，体现“高精尖”和产业集聚。

2. 定机制：构建高校经济圈与城市经济发展“利益共同体”，形成长效机制

在保障良好发展环境的基础上，促进城市产业与高校经济圈真正实现需求供给的长期互动，产业的需求可以形成对高校经济圈知识成果创造的刺激，高校经济圈知识成果的创造可以迅速实现在产业中的转化，最终形成长期合作的利益共同体，在发展和合作中实现“双赢”和“共赢”。

3. 全要素：从高校与城市的中心任务出发，实现生产力的全要素互动结合

围绕高校和城市的中心任务，使高校的人才、科研、技术、信息等优势，与城市的区位、综合实力、产业以及资本、劳动力等优势结合起来，做到扬长补短，优势互补，共同发展，使高校的人才培养更有针对性，科技成果向现实生产力的转化更加快速、更富有成效。

4. 促文明：从促进物质文明、政治文明和精神文明建设出发，实现高校与城市的互动结合

一个城市或者一所高校，精神文化建设搞得是否好，民主政治建设是否充分，决定和影响着该城市或高校的精神风貌和发展方向。高校的特殊性，决定了其能够较快地接受和传播先进思想与先进文化。高校与城市通过这一角度和领域的相互结合，就可以在更高层次和更高境界上实现优势互补。

第十章　提能力——人才经济开发创新力

一、强化“组织能力”

以高层次高技能人才为重点，加强人才培养、吸引、激励，加快推进人才队伍建设；以制定重大人才政策为抓手，创新人才评价、使用、流动、激励保障机制，加快推进体制机制创新；以实施专业技术人才知识更新工程和高技能人才振兴计划为龙头，打造政府人才工作知名品牌；建立健全统一规范灵活的人才市场，加强服务平台、强化政府人才工作舆论宣传建设，健全人才服务体系；完善人才综合管理政策法规、加强职业资格管理、完善职业培训鉴定制度，加快人才管理政策创新；探索形成上下贯通、系统联动、部门协作的政府人才工作机制，进一步发挥好政府人才工作综合管理部门职能作用，推动政府人才工作取得更大的发展。

二、强化“人才梯队开发能力”

围绕“传统产业升级发展、特色产业集聚发展、新兴产业突破发展”目标，开展领军人才引进工程、产业发展扶持工程、国际科技合作与交流工程、高端成果转化扶持工程、科技团队建设工程、高端人才培养工程、人才载体孵育工程、人才服务工程，打造集创业载体、人才引进、技术研发、市场开拓、品牌推广等系列服务于一体的人才载体孵育工程，实施“人才引领、带入产品、壮大产业”和“引进企业、形成产业、培育集群”策略，建立符合国际惯例和国际标准的人才服务体系，开通“人才绿色通道”，为紧缺人才开辟“快车道”。

三、强化“人才经济开发园营运能力”

在园区经济“泛滥”的今天，“软实力”已经成为打造园区核心竞争力的重要筹码。人才经济开发园需要“品牌化运作”，需要“精耕细作”，需要“有内涵支撑”，构建出环境、产业、企业、服务、文化等品牌，特别是服务品牌和文化品牌，更需要做精、做深、做出特色。

第十一章　强风控——人才经济开发稳健力

人才经济开发过程中，深受城市发展规划、产业发展需求、人才政策导向的影响，同时人才经济产业园也存在政府主导的风险、同质化的风险、产业链条未形成闭环的风险、政策依赖的风险（人员更迭、政策变化等）、缺乏特色价值的风险、忽略软实力的风险、盲目招商的风险及招商速度和质量引发的资金和政府信任风险、缺乏成熟商业模式的风险、运营风险等。因此，在人才经济开发整个过程中，要制定“风险清单”和“防控策略”，将风险消除在摇篮之中，促进产业的稳健发展。

第六部分

人才经济开发的抓手①

——“招才引智”智慧工程：引领产业转型升级的“旗手”

第一章 “招才引智”智慧工程的相关概述

第一节 精准“招才引智”计划，助推产业“撑杆跳”

一、“招才引智”的基本概念

“招才引智”是基于“招商引资”而提出的一个新理念，旨在通过将“招才引智”的“管道”伸出去，打造引进高端人才的“新据点”，为城市跨跃发展提供强有力的高端人才引领和产业聚集的人才支持与智力支持，起到“造血强身”的功效作用。“招才引智”包含“招才”和“引智”两个部分。

所谓“招才”，就是把真正具有能力和潜力的各类人才招引到手，为我所用。“招才”又分招引国内人才和国际人才两部分。所谓“引智”，相对于“招才”而言，可以人不来或间断来，借助人才的智慧为我所用。“引智”又分引进国内智力和国外智力两部分，“内智”包括国内专家、技术开发人才和管理人才等，“外智”包括外国专家、海外专家和海外留学人员等。

二、“招才引智”的特点分析

（一）长期性

“招才引智”不是一项阶段性工作，而是一项长期坚持的战略任务。经济活动是长期的发展过程，经济活动中所涉及的资金、技术、人才、管理等要素在一定程度上依赖“招才引智”活动的引入。

（二）系统性

“招才引智”工作是一个复杂的系统，从管理的角度看，“招才引智”项目是由人才、技术、资源、时间等多种要素构成，为实现一个特定的项目而形成的有机复合整体。同时，“招才引智”系统与外部密切联系，与外部环境之间不断有资源和信息的交换，并受外部环境的影响。

三、“招才引智”的基本原则

在“招才引智”工作中，政府的定位是主导者，企业的定位是主体。政府的作用具体体现在：塑造当地对外形象、营造有优势的人才环境、搭建人才平台、提供鼓励政策、组织重大“招才引智”活动等。企业的定位和角色是：寻找人才、直接参与人才项目谈判、签定人才项目合同、运营和管理“招才引智”项目、反馈人才的要求与建议等。

为降低“招才引智”成本，提高成功率，追求实效，在“招才引智”工作中应该遵循以下几个原则：

第一，知己知彼原则。既要弄清自己的优劣势（如省情、市情、县情、区情、局情和企情等），也要把握人才的优劣势，找到双方的兴趣点和利益结合点，做到引才有针对性。

第二，领导重视原则。要加大领导工作力度，列为政府的工作重点之一，组织一些重点“招才引智”活动，每年力争使引才数量、引才质量、引才方式和引才领域均出现新的突破。

第三，“招才引智”机构化原则。设立专门机构，安排专门人员，常年负责“招才引智”业务。“招才引智”的落脚点是企业，政府的“招才引智”机构应该发挥组织协调、推介人才项目、搭建平台和营造“招才引智”环境等作用。

第四，“活留招三结合”原则。“活”即搞活、办好当地现有企业、用好当地人才，“留”即尽可能留住当地的优质项目和人才，“招”即在以上两点基础上，尽最大努力从城市外引进项目和人才。

第五，重点突破原则。“移栽大树”与“育苗造林”并重，要追踪跟进重点人才项目，并且要确保人才项目成功。重点人才项目是指已经达成初步协议的人才项目、属于当地政府要重点发展的主导人才项目。

第六，营造氛围原则。要通过广告、宣传、人才项目洽谈会、考察、参观、交流等，营造“招才引智”的氛围，进行公关宣传和联络，树立城市良好的对外形象，提高美誉度、知名度和成功度。

四、“招才引智”的顶层设计

绘制全球顶尖人才地图和产业发展地图，分类摸清重点产业领域国际国内最顶尖人才布局，为精准引才、提升产业夯实人才信息基础，使人才引进工作少走弯路。

（一）竞争情报系统

建立自己的对外“招才引智”竞争情报系统，才能动态跟踪和监测其他地区引入人才的状况，学习其他地方政府吸引人才的举措，同时针对本地区存在的不足之处及时制定和调整自己的战略，不断提升本地区的竞争力。

（二）人才产业设计

结合目标产业的国内外市场需求和行业技术走向，围绕链条化、集群化、集聚化发展制定“招才引智图谱”，委托全国权威专业机构编制专项“招才引智图谱”，收集、梳理、整合“招才引智”资源，实行精准“招才引智”，打造“招才引智优等生俱乐部”。

（三）错位发展设计

错位，就是运用逆向思维来取得竞争优势，防止“招才引智”“撞车”。一是错时间。区域性、全国性乃至国际性的“招才引智”活动令人眼花缭乱。但并不是所有的“节”“会”都适合每一个地方，与其与强者面对面地争城夺地，不如错开时间，在“节”前“会”后多下功夫。二是错地点。避开“一窝蜂”走向先进发达地区，在别人尚未发现或发掘不够的地方，先人一步，深挖一层，势必会吸引到慧眼识珠的人才。三是错手段。打破常规，出奇制胜，别人夸夸其谈，许下承诺，我们或许只需要用一份严谨的、数据翔实的科研报告就会吸引人才等。手段不仅要人无我有、人有我优，还要因人而异，注重细节，以情动人，往往一个出人意料的高招，就能打破僵局，走向成功。

（四）精细化服务设计

一是"招才引智"前的精心准备。准备工作越充分，"招才引智"的成功率就越高。首先要根据本地规划清理产业，列出产业鼓励清单和否定列表；其次要根据本地土地控制情况，清出土地，画出"招才引智"地图，做到"一个萝卜一个坑"；最后要清查政策，梳理各个部门与"招才引智"相关的政策，去除落伍、打架、重复的政策，做到"招才引智"政策一个出口，坚决杜绝政出多门、互相扯皮的现象。

二是"招才引智"中的精致服务。深入践行"保姆式、跑步式、精准式"服务，坚决防止"门难进、脸难看、话难听、事难办"的现象发生。建立重点项目"绿色通道"，专人服务，盯住人才项目信息洽谈、签约、投产、经营全过程，全程帮助解决人才的疑问。

三是投产后的跟踪服务。"招才引智"成功的标志不是企业和人才的投产，而是投产后的企业及人才的发展和对当地经济的贡献。要对重大"招才引智"项目的建设情况定期通报，对服务不到位的部门、个人，实行问责制度。

五、"招才引智"机构的运作机制

实行一个项目、一个联系领导、一个专职服务小组，一抓到底，做到"保姆式态度，零距离跟踪，一条龙服务"。

一是要建立"招才引智"组织机制，没有健全的组织机制，"招才引智"活动就无从有序开展，达不到预期效果。"招才引智"的组织机制，必须做好"招才引智"组织机构和组织行为两个方面。

二是要建立健全"招才引智"决策机制，"招才引智"决策必须依据一定的程序来进行，注重决策要素，讲究一定的原则和艺术，必须符合"招才引智"总目标，顺应经济社会发展方向。

三是建立“招才引智”管理机制，根据“招才引智”工作开展的时间顺序，主要做好目标管理、过程管理和绩效管理，为提高“招才引智”的工作效率和工作秩序，形成后续优势，提高“招才引智”的综合潜力。

四是建立行之有效的“招才引智”激励机制，调动各方面“招才引智”的积极性，促使目标效果最大化。

六、“招才引智”的策略

（一）“招才引智”条件：找准“痛点”瞄准“靶心”，实现从粗放型向精细型的转变。瞄准以往“招才引智”中存在的人才资源浪费、投入产出不对等的痛点，打造平台实现人才聚集发展。

（二）“招才引智”项目策划：强化“单体项目策划”与“产业集群‘招才引智’策划”有机结合，实现从单项策划到产业策划的深化，提出产业集群“招才引智”和产业链“招才引智”理念，配合单体项目推介，并根据要求，对人才项目策划实行动态实时策划和管理。

（三）“招才引智”决策：变“数字”为“数据”，在“招才引智”决策上实现“纸上谈兵”到“按图索骥”的深化，实行人才项目备案制、合同制管理等多项工作举措、项目审查把关、统计档案管理等。

（四）“招才引智”整合：实现由“招才引智”造势向借势“招才引智”的深化，抓住机遇，借势出击，提前整合区域资源，强化前期组织策划，强化后期的重点跟踪。

（五）“招才引智”运作：化“单打”为“组合”，实现从单兵作战到组团“招才引智”的深化。“招才引智”成员单位力量整合，通过区域信息整合集并，强化整体作战，力量相对集中。

（六）“招才引智”接触方式：变“加法”为“乘法”，实现从对接个体到对接组织的深化，对“招才引智”对象进行调整，实现从找企业个体向找行业组织的突破。

（七）“招才引智”力度：实现由领导上阵向领导挂帅的深化，根据外出的方向和任务要求，亲自组织策划，亲自带队外出，将每次“招才引智”活动的具体任务细化、量化和明确化。

（八）“招才引智”方式：以“真心”换“真情”，实现由利益“招才引智”向情感“招才引智”的深化，坚持“先交朋友再招才引智”，平时强化交流勾通，强化情感联系。

（九）“招才引智”深度：实现由全面撒网向重点突破的深化，在保证全局“招才引智”势头不减的同时，对一些重点领域和区域，强化“死盯”的精神。

（十）“招才引智”时效：实现由突击“招才引智”向常态“招才引智”的深化，根据形势的需要，开展“招才引智百日会战”活动，并将领导每月外出“招才引智”等良好的“招才引智”制度固定下来。

（十一）“招才引智”服务：实现被动服务到主动担责的深化，以“保姆”方式全程服务人才，以“家长”角色关注人才成长，实行人才服务团制度。

七、“招才引智”的路径方式

面对激烈的竞争，“招才引智”要“观势—识势—化势—借势—造势—运势—结势”，要突出特色，实现“资源优势 + 产业优势 + 环境优势 + 服务优势 + 区位优势 + 政策优势”，不同优势因素不同组合的叠加效应和特色。

（一）会议“招才引智”：举办人才洽谈会、博览会、人才项目推介会等各种会、节、展、坛。

（二）机构“招才引智”：成立“招才引智”局、“招才引智”办公室、人才促进中心等，确保专业性和持续性。

（三）环境“招才引智”：包括硬环境、软环境和产业配套环境。硬环境指城市基础设施建设状况；软环境指人才政策与法规完善程度、税收优惠程度、市场公平竞争状况、行政办事效率；产业配套环境包括产业配套能力、产业链、产业集聚、企业群、经济圈、人才圈等。

（四）政策“招才引智”：包括各层次人才及项目的财政、优惠鼓励政策和生活事业配套政策。

（五）产业链“招才引智”：围绕某个产业的上下游行业进行“招才引智”，形成人才链条的优势互补与倍增集聚效应。

（六）产权“招才引智”：出售企业的全部或部分产权，借以实现“招才引智”。

（七）网上“招才引智”：常年性、内容多、更新快、省费用。

（八）服务“招才引智”：“零障碍”与“全覆盖”服务，成立人才政务超市、一条龙审核等。

（九）品牌“招才引智”：要形成城市品牌、企业品牌、产品品牌，促进“招才引智”有力实施。

（十）“筑巢引凤”“招才引智”：兴办各种区、园、谷等，建好载体，构筑人才发展空间。

（十一）联谊“招才引智”：与现实或潜在的人才搞联谊活动，联络感情，如召开座谈会，组织考察活动，增进了解和信任，吸引加盟。

（十二）“委托招才引智或中介招才引智”：请代理机构帮助“招才引智”，制定“招才引智”引资奖励办法及管理办法。

（十三）“顾问招才引智”：包括当地在外的企业家、领导干部、学者名人、科技专家、影视明星、海外侨胞等。

（十四）“走出去”“招才引智”：包括人员“走出去”和机构“走出去”，即到国内沿海地区、境外举办“招才引智”会、“招才引智”说明会、项目推介会等活动。

（十五）吸引本地能人回乡“招才引智”：采取吸引鼓励政策，让本地能人回乡办企业。

（十六）驻点“招才引智”：利用在“招才引智”目的地设立办事处的形式，成立一个专门团队，长期负责在当地进行“招才引智”。

（十七）主题“招才引智”：突出某一主题概念开展的“招才引智”活动。

（十八）稀缺资源“招才引智”：用特色资源、政府特许经营权资源、企业特许资源进行的“招才引智”活动。

（十九）营造比较优势“招才引智”：利用本地区在资源优势、优惠政策等方面的比较优势开展“招才引智”。

（二十）联合“招才引智”模式：联手引进重大人才，合作双方风险共担、利润共享。

（二十一）飞地“招才引智”模式：打破行政区划限制，通过跨空间的行政管理和人才开发实现协同发展。

（二十二）孵化“招才引智”模式：建立人才孵化基地，促进科技成果转化。

（二十三）基金“招才引智”模式：引导社会资本建立股权投资基金，实现资本、项目与人才的有效对接。

八、“招才引智”的升级（将“筑巢引凤”升级为“引凤筑巢”）

所谓“筑巢引凤”，是强调先搞好以设施建设和条件为主的硬件环境，以此招引人才。而“引凤筑巢”，靠的是不可替代的优势特色和机制等软条件，培育和吸引人才创业、兴业，让高端人才带领一批创新团队，支撑一批优势学科，带动一批富民产业的良性态势。

从“筑巢引凤”到“引凤筑巢”，是创新人才引进工作思维方式的一个飞跃。首先，建立“引凤”机制。人才的有无决定着事业的兴衰。聚住人才就是聚住财富。对人才的吸引要靠感情、政策、利益、事业，而更重要的是事业。没有事业的吸引，即使“巢”再好，真正的“凤”也难飞来。其次，开阔“引凤”思路。要“刚柔相济”，不拘一格引人才。最后，开发好“留凤”软环境。不仅要加强“硬”环境建设，更要注重软环境改善。

由“筑巢引凤”到“引凤筑巢”，就必须着力营造令人放心的安全环境、令人安心的服务环境、令人舒心的生态环境、令人追求的效率环境、令人奋发的文化环境等。事业发展，硬件环境与软件环境缺一不可。硬环境要求软环境与之配套，软环境则对硬环境进一步优化。有一流的硬环境，又有一流的软环境，既能形成“引凤筑巢”的吸引力，又能实现“筑巢引凤”的感召力。“筑巢引凤”是社会发展的必由之路，“引凤筑巢”是社会发展的必然方向。产业是基础、城市是载体、人才是关键。以“高精尖缺”为导向，形成人才引育的链式效应。

九、“招才引智”的项目包装

（一）项目包装的观念革新

项目包装不仅是简单的编写和制作过程，更包含大量的、专业性的、需要一定的人力、财力投入的调研工作和项目的前期推进工作。项目包装从形式到内容要适应新形势，要符合国际惯例，符合区域核心优势资料。根据招商方式和渠道的不同，包装形式要多样化（目录式、简介式、可研报告式；录像带、幻灯片和多媒体光盘等），要突出重点，回答投资者最关心的问题（项目单位自身情况、项目的未来前景、项目前期推进情况），既要有定性分析，又要有定量的说明，具备说服力。

（二）项目包装的内容

1. 在项目概况方面，应着重介绍实施该项目的目的、必要性依据、拥有的资源状况和拟选址情况。

2. 在项目建设内容上，应该说明项目准备建设多大的生产规模、投资额多大。

3. 在效益分析上，应着重分析实施该项目的年产值有多大、投资利润率有多大、带来的社会效益如何。

4. 在市场前景方面，应分析包括国际国内对该产品的需要情况、现有产能、市场空间有多大以及未来的发展状况如何。

（三）项目包装的关键环节

1. 要搞好市场调研。提高项目的对接成功率，要确立“市场导向”的科学发展观，深入实际进行调研，采取市场咨询、委托专业中介机构、企业自身策划投资调查等，按科学、节资、省时的原则有机结合起来。

2. 项目资料要精雕细琢。项目包装要做到项目的内在与外在的和谐统一。要对每个项目资料进行精雕细琢，对项目的技术含量、市场预计、效益预算等主要内容说透彻、说全面、说准确，最好是要具备权威部门的论证材料。在文字表述上，要因不同招才形式而异，总体要求准确、全面、具体、流畅，逻辑性强，富有表现力和感染力。

3. 项目发布的渠道要广泛。一要积极开展招商选资和招才引智活动。二要注重项目网络建设。三要加强与国家高层机关、驻外机构和跨国公司的合作与联系，通过牵线搭桥，从而提高项目洽谈合作的针对性和成功率。

第二节 "招才引智"引领传统"招商引资"创新发展，拉开城市"二次创业"大幕

一、招商选资与"招才引智"相结合是促进城市可持续发展和提升核心竞争力的必然选择

（一）招商选资与"招才引智"相结合是城市经济转型升级阶段选择

随着我国知识产权保护力度的不断加大，人才智力的商品化属性日益显现，知识技术的价值被量化和认可。在这一背景下，工作重点就应由单纯货币资本朝货币资本与人才资本并举的方向转变，从而形成"团队＋技术＋资本"的创新招商引智模式。

（二）招商选资与"招才引智"相结合是提升城市竞争力的迫切需要

城市竞争优势不仅依靠其区位、资源等自然禀赋，更体现在人文环境和人才智力集聚度方面。只有注重软、硬环境的同步提升，才能在依靠区位优势以及经济基础强形成的资本净流入的基础上，实现城市人才、智力方面的净流入。在加强招商选资工作的同时，积极实施"招才引智"战略，将有助于树立良好的城市形象，扩大城市软环境影响力，并促进货币资本的净流入，实现二者互动互融。

（三）招商选资与“招才引智”相结合是破解人才引进“瓶颈”的有效途径

目前全国各地都在大力实施各类人才引进、培育、资助计划，争夺人才资源。在区位、环境、经济等方面优势并不突出的情况，面对创新型、紧缺型人才和各类高端人才引进比较困难的情形下，实现招商选资与招才引智的紧密结合，通过优质产业和项目的引进实现高端人才的引进，将能够从根本上使这一问题得到有效缓解。

二、“招才引智”和“招商选资”融合策略

（一）提升“资”与“智”相结合的理念

加强招商选资与“招才引智”相结合，就是要从单纯引才、单纯“招才引智”向“人、财、项目”打包引进模式转变，从零星人才引进向技术团队引进转变，让引进的人才更适应产业发展需要，让新兴产业发展有更强大的人才支撑。

（二）建立“资”与“智”互推合作联盟

部门间要建立沟通联系机制，定期互通相关信息资料，出台招商选资或人才引进相关政策，应互相征求意见、政策互相推介。

（三）要能耐得住寂寞，容忍“人、财、项目”结合的静默期和培育期

“人、财、项目”结合往往表现为“技术领先，人财分离”、项目“周期长、风险大”等特征，但从产业发展深层次和长远发展利益来看，“引智”相较于单纯“引资”更具有战略意义，是一种“投入少，产出大”的低成本运作，能达到事倍功半的成效。引进具备一定影响力的开拓型、创造型、领军型的人才，往往会对地区产业升级发展带来可预期的变革。

（四）依托资源，实现“三型”人才的大引进

在持之以恒抓招商选资的同时，依托资源，挖掘潜力，找准优势，创新方法，实现“三型”人才的“招才引智”。一是依托优势资源，培育大

项目，引进一批市场经济的“领军型”人才。为实现项目强市、人才兴市战略，推动市域经济持续、快速发展。二是依托存量资产，放活经营方式，引进一批精明能干的“经营型”人才。三是依托引进的企业，打造人才“洼地”，大力引进一批素质较高的“专家型”人才。

第二章 政府与用人单位做好高端人才引进“基础性、先导性”工作

第一节 树观念、调思路，善创新、得人才

一、把企业作为高端人才发挥聪明才智的主战场

树立重才观念，尤其是要抓住高端人才这一关键。要突出“引领”观念，把高端人才，尤其是国际领军型人才作为经济社会发展的主力军，把企业作为高端人才发挥聪明才智的主战场。

二、要意识到资金是跟着人跑的

要意识到资金是跟着人跑的，而不是人跟着资金跑。如果有优秀的管理和技术人才，资金投入就能实现高效产出，从而吸引更多人才、资金的聚集；反之，则可能亏损，人才也会流失。

三、树立招聘的营销理念

招聘过程是应聘者了解城市/企业的一个窗口，通过招聘中表现出来的城市/企业形象其实就是人力资源管理状况和城市/企业整体面貌的一个缩影，成为定格在求职者心中的该城市/企业的“城市/企业形象”，也是求职者衡量该城市/企业的基本起点。因此，招聘人员在招聘活动中应该在可能的情况下向外部人员宣传自己的城市/企业，妥善处理好与应聘者的关系。在招聘活动中，友善地对待每一位应聘者，尊重每一位应聘者，

不过分吹嘘和承诺做不到的事情。

四、像重视招商选资一样重视招才引智

要突出“服务”意识，像重视招商选资一样重视招才引智，像优化经济发展环境一样优化人才工作环境，努力营造优良的人才工作氛围。建立以招才为突破口的“人才 + 众筹资本 + 优势产业”的招商新体系，成立由组织部、商务局、发改局等部门为成员单位的产业转型升级人才支撑引智组，将人才引进同工业转型升级、产业招商引资等工作同步推进。

第二节　明确高端人才队伍建设“战略目标”

吸引高端人才，一是要有足够消化他们的土壤；二是稀、缺、少的人才引进，绝对不是为引进而引进。用人单位的包容性和施展个人才华的巨大空间，才是能否吸引并敢于吸引大批跨国高级人才最根本的保障。

一、做好城市高端人才发展规划

做好城市高端人才发展规划之前，先全面盘点，进行 SWOT 分析（S、W、O、T分别代表优势、弱势、机会、风险，其中优势和弱势是针对城市内部环境的分析，机会和风险是针对城市外部环境的分析）。

一是定位准确。凡是市场能够发挥决定性作用的领域或事项，原则上不制定人才发展规划。

二是体系协调。高端人才发展规划要服从国民经济和社会发展总体规划，充分考虑教育、科技、文化、卫生、经济等相关领域规划，高端人才队伍和人才开发专项规划要服从人才发展总体规划。

三是指标合理。设置定量指标必须经过严格测算，要与规划期相匹配，与发展需求相契合，与总体规划和中长期规划指标相衔接。

四是任务明确。重大政策要具体可行，重大项目要明确覆盖对象和配套资金。

五是分工清晰。规划中的每项任务都要有明确的承担主体，还要出台

配套的任务分工方案，将任务落实到具体承担单位或部门。

六是保障有力。其包括组织领导、财政投入、统计监测、评估考核、科研宣传等方面。

七是论证充分。规划编制要以深入的研究论证为基础，可委托第三方研究机构开展前期研究工作，规划报批前应当组织专家论证并出具论证意见，充分发挥“智库”和“外脑”的作用，提升规划编制的科学化水平。

二、做好城市高端人才需求名录工作

城市产业转型升级、创新发展，离不开人才在创新性生产过程中所发挥的重要作用。为此，需要掌握城市重点产业紧缺人才需求现状，明确重点产业发展对紧缺人才的需求状况，内容包括岗位名称、岗位职责、岗位类型、专业要求、学历要求、相关工作年限要求、任职能力要求、岗位年薪等基本信息，为重点产业紧缺人才的引进、培养等提供参考，有效实现人才开发与产业结构、岗位需求的紧密对接。建立人才目录，为精准引才、定向引才提供支持。

高端人才资源需求名录调查工作，要突出重点领域、重点产业、重点单位、重点项目、重点岗位。

第一部分调查企业对技术项目需求情况。包括现有哪些技术难题和解决渠道，技术项目合作情况和国际技术交流情况。第二部分调查企业对人力资源（人才）的需求情况。包括现有人力资源结构，企业人力资源（人才）需求的岗位分布，在人力资源开发、紧缺职业（工种）类别设置和人才引进方面对政府有何建议和意见。第三部分调查企业员工培训需求及意向。包括岗位培训的形式、时间安排、内容选择，学历教育的层次和对象等。

三、做好城市高端人才需求预测工作

加强高端人才开发的产业导向，一定要建立产业人才需求的预测预报制度。从区域产业发展对人才的需求来看，一是需要扩大专业人才规模。二是需要集聚和造就一批具有战略思维和国际视野、熟悉国际商务运行规则、具有跨文化沟通能力的高层次经营管理人才。三是需要一大批具有较高知识层次和创新能力、具有较强适应能力、掌握精湛技艺的高技能人才。紧扣产业发展布局，促进人才结构优化以支撑产业结构升级，进而使产业高地与人才高地相辅相成、交相辉映。

（一）建立人才需求预测长效工作机制

研究制定人才需求预测工作实施办法，确立人才需求预测工作的基本原则、适用范围、指标体系、预测模式以及预测结果反馈与应用机制。建立人才需求预测体系动态调整机制。加强工作协调，强化人才需求预测工作的社会动员机制，激励各方面有关专家参与人才需求预测工作。

（二）明确人才需求预测的主体

由人才工作领导小组牵头，联合有关部门成立人才需求预测工作决策管理机构，主要负责规划人才需求预测体系发展战略、决定体系建设和发展过程中的重大事项、统一调度人才需求预测体系建设中的各种资源和决定建设资金的规划使用等。建立通过"第三方"对人才需求情况进行预测、预报、预警的有效办法，授权、委托、项目资助或购买服务等多种"第三方"人才需求预测服务方式。

（三）建立人才需求预测体系框架

人才需求预测分为综合预测、区域预测和专项预测。综合预测主要是研究人才需求数量与质量对 GDP 增长以及三次产业结构调整和就业结构变动的影响。区域预测主要是研究用工聘用量变化，区域人才需求量与区域 GDP、第三产业增加值、PMI 指数的相关性。专项预测主要是研究重点行业、重点领域、战略性新兴产业人才的需求数量、结构和特点。

（四）建立人才需求预测大数据共享与应用平台

有效应用互联网、大数据、云计算、O2O（从线上到线下）、人工智能等先进技术手段，建立人才需求预测大数据共享与应用平台。加强城市人才需求预测基础数据收集和整理工作，不断丰富完善现有数据库内容，加快数据库更新周期。建立数据核查反馈机制，加强对原始数据材料的审查。

第三节 搭建高端人才集聚能力“舞台”载体

一、产业：升级转型传统产业、发展主导新兴产业

围绕做大做强主导产业、改造提升传统产业、培育发展新兴产业，抓龙头、铸链条、建集群，构筑平台，促进融合，着力打造城市产业升级版。着眼于技术改造、品牌质量提升，应用“新技术、新工艺、新材料”，推进传统产业创新转型。围绕经济社会发展重大需求，从“技术链、价值链和产业链”出发，加快关键技术突破，促进战略性新兴产业规模化。

二、平台：培育高端人才创新平台载体

高端人才队伍的发展需要创新平台载体的支撑，要重点培育“科技创新平台、人才创业支撑平台、金融服务平台”，打通产业、科技、人才、金融之间的通道，着重打造集“决策咨询、建言献策、成果转化”于一体的高端人才交流平台、集“增进友情、共谋事业、服务城市”于一体的温馨家园、集“内聚外联、智力输入、项目引进”于一体的高端智力和项目输入桥梁。

三、项目：因地制宜引进特色优势产业项目

围绕产业链核心环节，加强与世界500强及我国台湾地区百强企业、全国民企500强企业沟通对接，加强协同联动，做好投资环境推介，做好项目核准备案服务工作，做好建设过程专项服务，推动特色优势产业等一批高端项目落地，形成高端项目储备、实施滚动推进的良性循环，提升城市对高端人才的“吸引力”。

第四节 搭建高端人才集聚效应“宜居”工程

以人才需求为导向，牢牢抓住“硬设施 + 软服务”建设主线，积极创造高端人士宜居宜业优环境，加快人才的集聚。在城市交通、教育、医

疗、文化、住房、生活等功能与高端人士对环境需求的匹配上，对内加大资金投入、加快设施建设，对外积极引进优质资源，全力创造高端人士居住"第一选择"环境。

在交通改善方面，加快推进交通基础设施建设，增强高端人士的"城市感"；在教育均衡方面，引入"好品牌、好校长、好教师"，让每个落户城市的高端人士子女"上好学"；在医卫提升方面，加大优质医疗资源引进力度，解决高端人士"看病难"的问题；在文化引领方面，积极搭建宣传文化平台，竭力为高端人士提供补足"精神之钙"；在住房保障方面，建设"高端人才居所"，引入高端服务式公寓运营品牌，为高端人士提供一个舒适的居家场所；在生活便民方面，启动"菜篮子互联网+产地直供"惠民工程，通过手机APP、微信商城等终端，提供产地直供蔬菜配送服务，以节约高端人士的"时间成本"。

第五节　构建高端人才集聚能力与人才发展的"系统环境"

一、提升城市人才"创新、创业、创客、创投"服务能力

把创新环境、创业计划、创投资金和创客活动联合起来，形成创新、创业、创客、创投"四创联动"综合创新生态系统，最大限度地聚合资源，并使其在链条中流动，让创新不再是"单打独斗"，促使产业结构上一个更高的层次，构建高端人才集聚的经济生态体系。

以"四创"主体融合，促进创新链整合与联动发展，鼓励行业协会、龙头企业、科研院所和个人等各类主体参与建设创客空间，推动各类创新、创业平台与创业投资的融合发展，发展信用体系、知识产权评估、知识产权交易等中介服务体系的建设，完善"四创"主体融合发展的环境。

二、以城市"合伙人"心态建立长效机制

"城市合伙人"核心在于合伙，彼此之间建立起平等互惠、开发包容的伙伴关系，在共同愿景下结成奋斗共同体、利益共同体和命运共同体。

合伙人之间，需承担各自的职责问题，创业者需做好“企业的创新、市场拓展、商业模式、管理模式等”，政府需做好“营造良好的外部环境，进行制度创新，提高办事效果”，双方彼此互补、互助、互利。

对真正顶尖的人才，需要以超常规的胆略、决心和魄力来加大引进力度，以城市“合伙人”心态，参照国际惯例，从“情、礼、利”三方面着力营造优越的工作环境和生活待遇，形成综合配套体系，真正做到能够吸引、留住和用好顶尖人才。

三、完善产业发展之相适的产业链、人才链、政策链等相关配套能力

产业发展的相关配套包含政策服务体系、金融服务体系、中介服务体系、技术服务体系、信息服务体系、教育培训体系、产业资源体系、人才资源体系、生活配套资源体系等方面的内容。

（一）政策服务体系链接

政策服务体系建设的主要任务是以“方便、快捷”为目标，充分依托政府资源，协调企业与政府各部门关系，构建“支持创新、服务创业”的政策服务平台。主要涵盖工商、税务、财政、人事、公安、劳动等政府有关职能部门的服务整合。

（二）金融服务体系链接

金融服务体系是指以政府扶持资金、风险投资、金融信贷、融资担保、证券支持等多种形式的服务。

（三）中介服务体系链接

中介服务体系建设是以提高企业核心竞争力为目标，网络科技中介和专业服务机构聚合社会资源，构建开放式、社会化的中介服务体系：通过创业服务中心和孵化器等机构对城市科技资源进行整合，支持和培育科技中介机构专业化、配套化发展，实现“门类齐全、机制灵活、功能完备”的科技中介服务网络，逐步构建城市创新科技中介服务体系。

（四）技术服务体系链接

技术服务体系建设要充分利用高校及科研院所等科技智力资源，为企

业搭建技术服务平台，为企业提供研发支持。技术服务体系建设要利用科技力量集中优势，充分利用科技企业孵化器和创业服务中心等服务平台，为企业生产的产品进行测试、检验创造条件。

（五）信息服务体系链接

信息服务体系是充分利用城市完善的高等院校教育体系、浓厚的文化科技氛围和丰富的科技信息资源等优势，加强信息交流、技术服务、技术培训，通过搭建城市科技信息交流平台、行业信息交流、技术成果推广平台，为企业提供市场调研及技术、经济分析信息，联系申报项目、申请贷款、寻找配套合作伙伴等服务，强化科技信息资源获取的便利性，大幅降低企业对信息获取的成本，最大限度地推动企业开展技术创新工作。

（六）教育培训体系链接

基于培育创新创业人才这一整体思路，研发创建科学化、规范化的创新创业人才培训课程体系和培育人才支持网络，通过平台积极为城市经济建设和社会发展服务。

（七）产业资源体系链接

产业配套指城市经济发展方面的相关产业条件，是指围绕该城市主导产业和龙头企业，与企业生产、经营、销售过程具有内在经济联系的上游和下游的相关产业、产品、人力资源、技术资源、消费市场主体等因素的支持情况。

（八）人才资源体系链接

根据企业对人才的需求，组织企业专场招聘会，为企业输送优秀人才，包含产业创新领军人才、创新创业投资者、草根创新创业者等各类人才的引进。同时，组织企业家、专家、行业资深人士等举办公开课，开展借智活动。

（九）生活配套资源体系链接

打造“1 公里生活圈”，如配备餐厅、超市和必要的室内外活动设施，建设人才公寓，为创新创业人才提供便捷宜居的生活服务和就近化、多样化、快捷化的交通保障；提供户籍落户、人事关系代管、人才优惠政策申请等服务。

第六节　实施“招才引智”，打造人才集聚“圣地”

一、坚持“招才引智”工程费用优先投资策略

按照“专款专用、及时拨付”的原则，坚持“招才引智”工程费用优先投资，加强人才资金使用的管理和监督，切实发挥人才发展资金使用效益，确保城市人才事业的有序发展。

一是强化政策落实。落实关于人才工作发展的各项政策，统筹运用财政资金政策资源，优先保障“招才引智”人才工作领域重点培训支出，逐步加大保障力度。

二是强化资金保障。做好人才引进培养工作的资金保障，科学测算财政负担额度，对人才经费给予重点安排。

三是强化资金监管。按照“资金投到哪里、制度就建到哪里、监控就到达哪里”原则和城市人才资金管理要求，采取“事前预审、事后清算、台帐备案”的管理模式，对人才专项经费事前、事中、事后全过程进行监督管理，有效地规范收支行为，确保资金安全、高效运行。

二、坚持优质资源优先聚焦优质人才策略

集中主要精力、聚焦“中心”资源，坚持优质资源优先聚焦优质人才，着力加快高端资源集聚、高端人才汇集、高端服务提升、高端产业培育。

注重按照“分类指导、引智引才”的原则，加大对重点高端人才的重点投资力度。在培训方面，重点组织外出学习提升，赴经济发达地区、城市、经验成熟的大型企业、高等院校、科研院所等机构实施高端人才培训工程。通过邀请专家学者授课、各行业成功企业家传授经验等多种形式，开展专家大讲堂活动，丰富高端人才的知识结构。在政策方面，针对高端人才引进出台专门的优惠政策，在住房、户籍、教育、卫生、社保等方面予以政策性保障，吸引人才创业、发展。

三、坚持“一人一策”“一企一策”定制投资策略

围绕人才需要，对于引进的高端人才，坚持“一人一策”“一企一策”定制投资策略，量身定制“招才项目”，“一人一策”提供个性化、人性化服务。制定一流的招才引智系列配套政策，营造引才留才用才的生态环境，破除体制机制的障碍和壁垒，为人才“松绑”，让人才迸发出创新创造活力。

第七节　实施“城市品牌”，展示人才“磁场”魅力

一、文化铺垫，塑造鲜明城市形象

文化是一个城市的气质和灵魂，文化品位赋予一个城市活力与魅力。围绕城市资源特色和优势，有针对性地通过举办大型活动，以及系统的大力度、高密度宣传推介活动，塑造鲜明城市形象，升华为城市的文化气质，绽放吸引人才的“磁场”魅力。

二、活动支撑，提升城市知名度、影响力

通过抓“注意力经济”，举办有影响力和震撼力的大型节庆赛事活动，在“短时间内”“大幅度”提升城市国内国际知名度、美誉度、影响力和吸引力。

三、品牌牵引，提升城市核心竞争力

城市“一把手”主抓城市品牌建设，全力打造城市品牌，整合多方资源，形成和提升城市核心竞争力和“软实力”，增强城市经济实力和竞争力。

四、媒体放大，提升城市美誉度

确立“小现场，大媒体”的传播理念和操作原则，加大宣传推广投入，加强与“传统＋新兴媒体”在各种层面上的“针对性”合作，通过媒体的放大作用，将活动本身及其平台推向全国、推向世界，避免“为办活动而办活动”的误区，对城市进行系统的整合传播和营销，提升美誉度。

五、高效组织，展示城市执行力

通过高效的对外组织活动和完美的活动效果，展示城市系统化和高强度的执行力以及政策制定落实的能力。

六、创新策略，展示城市活跃力

通过差异化创新的活动、宣传、政策、制度等，全面展示城市对创新的渴求以及城市所具有的创造活跃力。

七、项目推进，拉动城市经济发展

城市品牌建设发展是一项综合性工作，不仅需要形象塑造和宣传推广等“软性”工程，还需要夯实产业基础，创新项目落地等“硬件”支撑。

第八节　统筹政策全局，聚焦人才重心，敢于创新拟定人才“事业编制”

一、统筹政策全局，聚焦人才重心

加强对人才政策的统筹整合和有机衔接，破解人才政策“碎片化”问题。制定人才工作的“纲领性文件”和相应的人才政策配套，为各类人才量身定做相应的引进、培养、使用、激励等系统性的政策支持，建立“普遍性人才政策+个性化人才政策+不同行业、企业人才政策+特殊人才政策”的科学规范、完善高效的人才政策体系，充分发挥人才政策的合力作用。同时，确立人才优先发展战略布局，把人才列为各类资源开发之首，使人才优先发展具体化、政策化、项目化，促使人才资源优先开发、人才结构优先调整、人才投入优先保证、人才制度优先创新。在聚焦高端人才为核心的基础上，统筹推进各类人才队伍建设，形成整体推进的局面。

二、敢于创新拟定人才“事业编制”

立足城市发展需求，营造“感恩之心”的城市氛围，对真正推动城市跨越式发展、为城市做出杰出贡献者、对于累计缴纳税收过一定数额的企业家或精英等，敢于出台相应的政策和奖项，给予“终身成就特别奖”（变现的事业编制），激励其全力以赴拼搏奋进，保障其无后顾之忧，老有所托！

第九节　政府着力打造“城市人才竞争力工程”

政府需立足顶层设计和差异化、集中优势资源聚焦策略，从“法治环境、市场环境、生活环境、人文环境、学术环境、服务环境、体制机制、政策引领”方面，着力打造“城市人才竞争力工程”。

一、法治环境：有章可循、有法可依

法治环境是英才辈出的沃土。优化法制环境把人才开发工作全过程的关键环节和关键节点都提到法律层面上，构建公正高效的纠纷解决机制和权利保障机制，妥善解决人才工作中出现的各种问题，有效保护人才的合法权益。

二、市场环境：人才辈出，人尽其才

优化市场环境，贯彻“尊重劳动、尊重知识、尊重人才、尊重创造”的重大方针，坚持以“事业留人、感情留人、待遇留人”的基本原则，营造一种“以事业凝聚人心、以感情温暖人心、以待遇安定人心”的良好氛围，创造出人才辈出、人尽其才的和谐生态。

三、生活环境：安居乐业，才尽其用

优化人居环境，大力推进城市化进程，完善城市功能，优化城市环境，健全社会保障制度（如医疗保障、失业保障和养老保障、家属的工作和子女求学等），增加城市对人才的吸引力。

四、人文环境：新城市人，成就荣誉

积极推荐各类人才参选参评党代表、人大代表、劳动模范、荣誉市民

“美丽城市人”“三个文明”建设先进个人等社会荣誉，使外来人才享有实现自身价值的自豪感、贡献社会的成就感、得到社会承认的荣誉感。

五、学术环境：交流学习，经验研讨

进一步完善专家活动中心服务功能，为高层次人才提供优质的学术交流条件，探索成立城市职业经理人协会，为职业经理人和高层次人才提供一个分享经验、沟通交流、进行学术研讨的平台。

六、服务环境：体系联动，提高效率

完善市领导联系挂钩优秀人才制度，成立市、镇两级人才工作领导小组，并在行业协会和产业集群核心企业设立人才工作联系点，构筑市、镇、企业（行业协会）三级联动，横纵贯通的人才服务体系。健全市委人才工作领导小组各成员单位议事决策、协作落实、挂钩联系等各项工作制度，统筹抓好人才工作。

七、体制机制：突破樊篱，激活潜力

深化体制创新，理顺政府、市场、用人主体关系，明确各自的功能定位，加快转变政府人才管理职能，完善市场化、社会化的人才管理服务体系。推行理事会领导、学术委员会指导、主任委员会执行的管理体制，保障用人主体自主权，充分释放人才创新活力。

深化机制创新，健全人才引进、培养、使用、评价、流动、激励、服务机制，加快构建以集聚实体产业人才为核心的人才制度体系。在城市编制存量内单列“机动编”，打造高端人才编制“蓄水池”，用于急需紧缺人才的引进。鼓励用股权期权激励人才，制定促进科技成果转化股权和分红激励实施办法，引导技术、管理等生产要素按贡献参与分配。

八、政策引领：对标先进、补足短板

针对城市发展规律和趋势，集中力量深入研究，加大人才政策的突破和创新力度，加大对人才工作的投入力度，坚持问题导向、需求导向，全面清理和打破妨碍人才流动的制度障碍，不断创新和完善人才政策，形成符合人才成长和发展规律、具有城市特色的良好制度环境，从而提升城市人才吸引力。

第十节　用人单位着力打造"人才竞争力体系"

用人单位需立足"过去经验、现在状况、未来需求"三个维度，从雇主品牌、工作环境、事业环境、生活环境、激励模式方面，打造"人才竞争力体系"。

一、雇主品牌：竞争优势性

用人单位需建立"雇主品牌"，通过"雇主品牌"留住关键员工，吸引同业优秀人才，提升员工忠诚度和工作满意度，帮助组织形成竞争优势，提升企业绩效，实现盈利。为此，需要明确企业发展目标与经营战略，关注企业核心人才的需要和驱动力，提供满足目标人才需要的工作体验，开展雇主品牌的宣传和推广。

（一）雇主品牌建设的具体策略

1. 明确企业发展目标与经营战略

企业任何经营活动的实现都必须与企业的经营战略相结合，只有企业发展目标才能达成，雇主品牌建设也不例外。所以，在进行雇主品牌建设时，首先需要明确企业的发展目标是什么，以及达成目标的关键成功因素有哪些；其次就要弄清楚哪些人才可以帮助企业实现这样的发展和经营目标。

2. 关注企业核心人才的需要和驱动力

对于企业而言，人才是创造一切价值的源泉，只有吸引和留住核心员工才能帮助企业获得竞争优势。因此企业应该考虑在诸多影响员工工作满意度的因素中，什么是员工工作的主要驱动力，现状是否满足其需求，继而在此基础上制定求才、留才策略。

3. 提供满足目标人才需要的工作体验

如果企业仅仅能够提供高薪，但是却不能为员工提供长期发展机会，则会越来越难以留住人才。识别出目标人才的特征后，就需要为工作的雇员提供他们所需要的各种“产品”，唯有此，企业内的员工才能充分感到企业的强大魅力，增强对企业的认同感，提高员工工作的满意度和组织承诺，也增强了雇主的吸引力。

4. 雇主品牌的宣传和推广

企业的品牌需要进行营销，雇主品牌的建设也需要通过各种途径和渠道进行宣传和推广，让更多的人才能够认识企业，吸引大量优秀人才的眼球，从而招聘到符合企业价值观要求的杰出人才。

（二）“一把手”负责制的招聘战略

1. “一把手”负责制的人才招聘战略，要求企业“一把手”必须亲自制定招聘战略，并亲自推动人才战略的实施，这样就对企业业务“一把手”的选用提出了更高的要求。

2. “一把手”要有正确的“人才观”，能够认同并接受人才，不能嫉贤妒能。“一把手”要具备集贤聚能的品质、人格魅力和影响力，要一呼百应，千才归巢。

3. “一把手”要能够正确处理内外部人才的关系，既要让外招人才发挥作用，又不能给现有人才带来较大的冲击。

二、工作环境：舒心高效化

良好的工作环境，是吸引人才、留住人才和充分发挥人才聪明才智的重要保证。人才能否留住，取决于其能否得到重用、心情是否舒畅、能否实现自我价值和拥有好的发展前途。用人单位要想方设法帮助人才实现其人生目标，“满足他们自我的需求”。

三、事业环境：利益共同体

形成“能者上、平者让、庸者下”和“唯才是举、唯贤是用”的运行机制，建立科学、合理的考核、评价体系，根据人才的特点和专长，设计出中长期发展目标，为各层次人才提供广阔的发展空间。使人才在不同阶段有不同工作重点，不断追求新的工作目标，以满足其“职业发展”和

“事业成就”等高层次的需求。

四、生活环境：便捷生活圈

人才的生活条件是否具备，看似小事，实则对人才的成长和发展影响不小，为进一步降低人才的生活和创业成本，用人单位应尽心竭力解决人才吃、住、行、文化体育设施等生活中的实际困难。

五、激励模式：股权分红制

针对高端人才需求侧重点不同，实行“股权奖励、股权出售、股票期权、分红激励、绩效奖励、增值权奖励、科技成果入股奖励、科技成果收益分成”多种个性化组合。

（一）股权奖励，指企业无偿授予激励对象一定份额的股权或者一定数量的股份。

（二）股权出售，指企业参照股权评估价值的价格，以协议方式将企业股权（包括股份）有偿出售给激励对象。

（三）股票期权，指企业授予激励对象在未来一定期限内以预先确定的行权价格购买本企业一定数量股份的权利。

（四）分红激励，指企业以科技成果实施产业化、对外转让、合作转化、作价入股形成的净收益为标的，采取项目收益分成方式对激励对象实施激励。

（五）绩效奖励，指企业完成绩效考核目标后，将税后利润超额部分按规定比例计提激励总额，自批准之日起分年度匀速奖励给激励对象。

（六）增值权奖励，指企业给予激励对象一种权利，即在规定的有效期内，根据其持有增值权份额和所对应的账面价值的增加额度，作为由企业支付的行权收入。

（七）科技成果入股奖励，指高等院校和科研院所以职务科技成果向企业作价入股，按照科技成果评估作价金额的一定比例折算为股权奖励给激励对象。

（八）科技成果收益分成，指高等院校和科研院所将职务科技成果自行实施转化、与他人合作实施转化、作价入股或以技术转让方式提供他人实施转化的，从科技成果转让或实施所取得的净收益中提取一定比例奖励给激励对象。

第十一节 “人才经济”开发园着力打造“人才双创孵化服务体系”

“人才经济”开发园围绕企业和人才不同发展阶段的特点和需求，建立一套由“基地管理员＋项目经理＋创业导师＋专家咨询”构成的四级孵化服务体系，为企业和人才提供从基础性事务处理到个性化高端问题咨询、解决方案等多层次、全方位的服务，助推企业快速成长。

遴选一批成功的企业家、行业专家、投资专家形成“创业导师＋企业辅导员＋联络员”的创业辅导模式，通过创业培训、项目诊断、管理咨询、一对一辅导等多种方式为企业和人才提供全程保障。推动“创业导师＋专业孵化＋天使投资”特有模式和服务体系，遴选创业“种子”、实施“育苗造林”工程，通过提供研发空间、中试平台，通过技术嫁接、市场渠道和投融资服务等手段，促进科技成果转化、培育科技企业和企业家。

第十二节 推动企业真正成为引才、用才的“主人翁”

一、构建以企业为主体、市场为导向、产学研结合的人才开发体系

创新型人才的培养需要真实的科研创新和工程创新的环境。要鼓励和促进高校与企业从自发、松散式的合作，逐步发展成为政府引导下校企优势互补、资源共享、相互促进的有序合作，结合产业布局和功能定位，分门别类，建设一批创新型人才培训基地，促进高等教育、科技创新和产业发展的紧密结合，积极为相关人才参与真实的科技创新和工程创新提供平

台。例如，探索构建博士后研究项目与产业发展的对接机制。

二、以企业为主体，构建大科研机制

自主创新能力不足是导致众多企业缺乏核心竞争力的根源所在。针对创新型人才严重不足的现实，要进一步发挥政府的统筹和引导作用，力促创新要素向企业集聚，推动大型企业、高校、科研机构联手构建大科研机制。以大科研机制为抓手，积极盘活高校、研发机构等创新资源，汇聚各类人才的智力支持，包括高素质的原创型人才、善于在集成创新中系统管理的组织型人才、善于消化、吸收再创新的复合型人才，进而培育一批具有显著竞争优势的产学研联盟。引导主导产业、优势产业建成一批具有世界先进水平的研发机构，鼓励大型骨干企业建立研发机构，中小企业以参股、合资、合作等方式联合建立专业化的研发机构。同时，构建符合国际惯例的知识产权保护体系。进一步完善相关政策措施，如加大对职务发明成果转化的支持力度，职务成果完成人可根据不同的成果转化方式，获得与之相应的股权、收益和奖励；允许高新技术产业领域高端人才以知识产权、技术、管理等作为资本参股设立高新技术企业，允许人才本身作为资本参与企业设立等等。通过知识产权制度、知识产权文化和商业信用制度的结合，建立创新型人才的有效激励机制，激发创新创造的活力。

第十三节　及时精准做好产业配套组织体系，解决引进人才的后顾之忧

产业配套由于涉及不同企业、不同地域，仅凭企业的力量远远不够。要解决产业集群配套能力弱的问题，就一定要强化政府的引领作用。

一、充分认识推动产业配套的必要性和紧迫性，将产业配套纳入经济发展的规划体系中

由于产业配套在产业发展中处于配角地位，因此在思想认识上常常受到轻视或忽视，这是推动产业配套的最大障碍所在。政府应主动将产业配

套建设纳入经济发展的规划体系中，鼓励传统行业基础性产业配套，以此带动传统行业的改造和提升，重点扶持高新技术产业领域内的配套企业和产品，将它们置于支持和振兴城市高新技术产业发展同等重要的位置。

二、成立专门的产业配套指导协调机构，组织推动产业配套

由于区域产业配套涉及多个利益主体，利益关系错综复杂，为了加强对产业配套工作的组织、协调和指导工作，政府可以成立产业配套协作办公室，归口政府改革发展职能部门，做好支持本地企业与外商及大企业进行配套服务、解决配套中的难题（如技改和资金需求等），还可以建立与产业配套相关的专家咨询制度、联络员例会制度、定期协调制度、信息发布制度和检查督办制度等。

第三章 "十一定精准措施"，确保政府"招才引智"高端人才"选得对、引得进"

第一节 定需求：人才需求类型

引进人才要做到"两个结合、三个重点"，围绕城市产业与企业需求，通过集中开展人才"三清两送"（核清底数、摸清需求、查清问题，送政策、送服务）调研活动，准确把握人才需求，奠定精准引才的基础（见表3－1）。

"两个结合"，一是引进人才要和城市、企业发展战略相结合，围绕城市确定的主导产业，科学制定人才支持工作方案，为产业发展提供精准人才支撑。二是引进人才要和城市、企业确定的科研项目相结合，采取重点项目组织点题、特色项目自主申报的方式征集人才发展规划项目，规划产业人才支撑、高端人才对接等工程。"三个重点"，一是引才工作要瞄准前沿、基础和占领未来制高点；二是引才工作要瞄准城市、企业当前和未来一段时间发展面临的技术、工艺、软硬件等方面的"瓶颈"；三是巩固发挥城市、企业的专业优势。

突出企业主体地位，紧紧围绕企业发展，集中开展人才"三清两送"调研活动，准确把握人才需求，奠定精准引才的基础。

一方面，经常性调研掌握"缺什么"。联合科技、人社等职能部门成立专题调研组，面向城市所有规模以上企业开展问卷调查和实地调研，做到城市人才总量分布全口径统计分析、人才平台载体全覆盖统计、人才项目需求全产业调查，实现企业人才底数、人才需求、技术难题的底数清、情况明，多篇调研报告。

另一方面，科学编制人才发展规划确定“补什么”。采取重点项目组织点题、特色项目自主申报的方式征集人才发展规划项目，规划产业人才支撑、高端人才对接、技能人才振兴、平台提质增量等重点人才工程，加强人才需求分析预判，明确紧缺人才引进培养的重点和努力方向，为企业精准储备人才提供参考依据。

表 6-1　高端人才流动的主要影响因素

影响因素	具体描述
政治因素	国家的综合国力、国际地位、公共管理与安全、经济文化发展程度、政府的政治体制、外交战略、教育制度、人才战略、政府官员作风与办事效率
政策因素	政府人才评估、引进和使用机制、支持力度、移民以及出入境制度
经济因素	工作环境、就业选择、发展机遇、薪酬收入等
人文因素	社会对国际高端人才群体的认知、评价、尊重、信任，以及人文环境是否能够多元兼容等
服务因素	中介机构、服务平台、国际人才市场是否能够提供充足的交流与融入服务，相关协会与机关社团是否能够提供信息沟通渠道并保障他们的权益等
生活因素	居住环境、生活条件、服务设施、户籍制度、迁徙自由、子女教育、社会保障、配偶与父母的态度等
学术因素	科研支持、学术基础、创新氛围、经费保障、专利或科研成果的转化机制、知识产权保护等

资料来源：张瑾．我国吸引和有效发挥高端人才作用的对策研究［M］．北京：经济管理出版社，2014.

第二节　定标准：人才素质模型

依据产业与企业的市场大环境和相关发展定位，首先拟定人才标准，其次根据人才标准，再制定精准渠道和资源匹配。定标准的核心是“合适的才是最好的”，所谓“合适”，主要是从“软”和“硬”两个角度去衡量，“软”是指要认同企业文化，主要从应聘者的个人态度、个性、喜好、兴趣等方面来考察；“硬”是指要满足岗位要求，主要是从应聘者的学历、年龄、技能等方面来考察。

第三节　定策略：制定招聘策略

一、高端人才招聘的战略

在城市企业制定招聘战略时，应该把城市/企业的使命，愿景及城市的竞争战略考虑在内；因为城市/企业不同的战略将需要不同的人才、战略与之相匹配。

（一）如果采取低成本战略

那么在人才招聘和保留策略方面就应该有所体现：

1. 不是以高工资来吸引顶级人才，而是以合适的或较低的工资来吸引可以胜任职位的工作人员。

2. 在招聘上注意效率和招聘成本，是以低成本高效率的方式来招聘选拔人才。

3. 尽可能保留原有人才以减少招聘的成本及新员工不熟练而导致的差错率上升。

4. 招聘可以立即上岗、可以立即胜任的工作人员。

5. 减少培训成本。

（二）如果采用差异化战略

1. 以高报酬吸引同行业的高尖人才或创新性人才。

2. 想方设法在平时就要注重行业顶尖人才，或用猎头来达到对所需人才的吸引。

3. 对于部门内关键岗位的关键员工平时积极进行沟通，了解需求，保留人才。

4. 对于部门所需要的已在工作的人才，可以对潜在的有能力员工进行培训投资。

（三）如果采用多元化战略

1. 首先考虑在制定新业务扩张的时候，应该根据新业务的需求，考虑如何获得适应新业务需求的工作人员。

2. 积极从内部调整人员，以获得新业务人员的要求，或者积极从外部了解新业务所需人才的目标群，以便快速、准确地雇佣到合适的人员。

3. 如果新业务是目前少有的业务，还要积极地进行培训准备，同时，为新业务的开展进行必要的人才储备。

二、高端人才招聘的“4P 策略”运用

建立以战略为导向的招聘流程，在清楚城市/企业战略之后，再开始进行基于战略的人才规划，在做规划时有三点要特别注意：一要清晰组织、部门、岗位的职能设计；二要做未来 5 年的人力资源预测；三要思考招聘选拔的策略与原则。

（一）产品（Product）

招聘中的产品自然就是职位，但是除表述清楚职位名称、岗位职责、工作环境/条件、任职资格等基本内容之外，还需要对这个“产品”进行适当的包装。如要描述职业发展的远景，让求职者能对这个“产品”产生向往。

（二）价格（Price）

招聘中的价格自然是指薪酬和福利等方面。招聘目标希望招聘到什么样的人才，就需要提供什么样的薪酬待遇。价格越高，当然越具有吸引力。当然，空缺职位的价格不能随意拟定，应与其在整个用人单位中的价值相对应。确定空缺职位的价格需要进行工作分析、工作评价，同时还需要从人才市场上了解各种人才的供应情况，综合评定后再制定相应的价格策略。有时候受到招聘成本和招聘收益的限制，招聘价格不具备竞争力时，还需要考虑职业发展的机会。通过职业发展的机会吸引应聘者也是一种不错的手段。

（三）推广（Promotion）

招聘同样需要推广。推广需要根据推广预算和招聘人才的属性和定位，进行有针对性的推广。推广也不一定是做广告，还包括形象的包装，通过包括宣传册、录像资料等素材来展示企业的实力和发展前景。此外，

还可以通过招聘人员的专业形象来展示专业与实力。

（四）渠道（Place）

渠道的选择也是招聘工作中非常重要的一环。在了解招聘要求和空缺岗位任职资格的前提下，招聘者对于在什么地方、什么时间可以获得什么样的人才要非常清楚。选对了招聘渠道，会让招聘工作达到事半功倍的效果。不同招聘网站所储存的人才库都有差异，在招聘前要做好调查研究。

第四节　定渠道：线上线下布局

一个好的人才引进渠道应具备“目的性、经济性和可行性”，应结合城市、产业、企业自身特点，包括财务状况、紧迫性、招聘人员素质等，同时考虑招聘职位的类型、层次、能力要求等，来选择适当的人才渠道。坚持“线上+线下”“请进来+走出去”“内部+外部”相结合，确保人才的有效甄选。

人才招聘有内部渠道（内部招聘，内部员工推荐）和外部渠道（人才交流中心，劳动力中介，人才招聘洽谈会，报纸、期刊、杂志、广播和电视等传统媒介，专业媒介，网络招聘，猎头招聘，圈子招聘，商会团体推荐等）之分。

第五节　定模式：综合导向引才

根据现实情况，拟定产业模式、用人单位商业模式、治理模式等，并综合制定引才模式、激励模式等相关模式，促进人才选得对，匹配得好，引得进。创新引才模式（见表6-2）、引进方式（见表6-3），千方百计选才引才，将“人才红利”释放为“创新能力”，进而转化为“发展动力”。

表 6－2　人才引进模式（参考）

类别	引才模式	说明
企业主导	“筑巢引凤”模式	通过设置企业研究中心或建立重点实验室，以研发环境的改善为企业招徕高层人才
	柔性引智模式	通过提高高层人才待遇、通过“重金”为企业引才
		中小型企业到大型企业租赁技术顾问、高级技工，或者到高校和科研院所租赁项目完成人以及聘请专家和顾问
		企业通过在高校设立企业研究院，积极开展企业与高校之间的人才与技术信息交流
		企业博士后工作站的设置是企业柔性引智的一种有效模式
		高校或者科研院所高层人才在企业设立实验室是企业柔性引智的一种模式
		企业到国外设立研发中心或者设计室，也是企业以柔性引智方式为企业发展提供人才保障和智力支持的一种模式
政府搭台	搭台引才模式	为特定区域企业的成长和发展提供政策优惠，通过政府政策和资金的支持和引导，促进人才向这一地区的企业集聚
		通过在企业建立院士专家工作站的形式为企业招徕高层次人才
	派送智囊模式	政府通过特定方案、计划的制定和实施，为企业派送适当的高层人才，支持高层人才以柔性方式为企业科技创新服务
人才集聚	创业集聚模式	高层人才创业集聚模式，是高层人才主动向企业集聚的一种企业人才集聚模式

资料来源：张惠娜．科技人才向企业集聚模式与政策需求分析［J］．时代经贸，2012（5）：210－212.

表 6－3　人才引进方式（参考）

序号	引才方式	说明
1	站点式引才	充分发挥院士（专家）工作站、博士后科研工作站吸纳高端人才
2	项目式引才	依托产学研信息平台，吸引企业、科研单位和高等院校实施科技产业化项目，鼓励海内外人才以技术成果、知识产权等无形资产入股的方式，实现海内外人才的柔性引入
3	咨询式引才	以发展规划、重大课题的咨询论证为契机，组建服务业专家团队“借脑用智”，为决策献计献策

续表

序号	引才方式	说明
4	兼职式引才	通过“兼职引才”模式，引进专才、博士作为企业发展顾问，帮助解决技术难题，为区域经济发展提供必要的高端智力支持
5	返聘式引才	建起“银色人才库”，收集整理城市退休专业技术人员专业特长和返聘工作意向等信息并定期发布，促使本土高端人才的再次引入使用
6	乡情式引才	充分利用好亲情、友情、乡情纽带所联结的人才资源，挖掘和发挥在外人才的潜力
7	按需式引才	实行“三张菜单”柔性引才：一张“大菜单”列出城市引才方向；一张“中菜单”列出重点攻关高校院所；一张“小菜单”列出企业重点需求，有的放矢，提升柔性引才的针对性
8	挂职式引才	每年遴选一批人才，到市机关事业单位开展为期一年的柔性挂职工作，促使挂职人才变“挂”为“留”
9	“人才+高校”定向引才	举办校企合作对接洽谈会，并由院校根据企业“需求菜单”设立“订单班”，精准培育企业所需人才
10	“人才+团队”精准引才	注重发挥“团队”在引才工作中的导引作用，“打包”引进人才、项目，让人才带着团队来
11	“人才+人才”以才引才	通过人才“现身说法”宣传推介市人才发展环境
12	“论坛+园区”载体式引才	通过举办论坛，搭建特色科技园区，吸引领军型产业人才集聚创新创业
13	“整团队成建制”引才	整团队成建制，具有一致性和互补性，能够充分发挥人才的集聚效应，形成强大的合力，实现早出成果、出大成果
14	人才、技术、项目、资本“四位一体”引才	借助知名创业投资机构的眼光，通过风险投资的资本把关，发现和评价优秀的创业人才
15	腾笼换鸟式引才	通过对行政机关、事业单位使用编制、科级职数进行导向性控制（临时性冻结）等手段，腾挪出人才引进专用事业编制，用于引进人才
16	“交换生”式引才	从发达地区引进一定数量的高端人才到落后区域“交换”几个月，请他们根据落后区域的实际问题开展科研指导和项目研究

续表

序号	引才方式	说明
17	其他引才方式	建设高新技术产业带“筑巢引才”；通过高交会“搭台引才”；技术领导岗位向国内外招聘，即“腾岗引才”；人才聘用国际化，一身兼数职，即“共享式引才”；联合培养、共同使用的“合作式引才”；通过网络使人才身体与头脑“分离”的“虚拟式引才”

资料来源：根据网络新闻资料整理。

案例：山东淄博有个村办企业，生产神舟飞船用的硅胶。这个村办企业现在已经成为中国氟硅行业的龙头企业，是中国石油化工的百强企业。他们的人才战略“以价值体现价值，以财富回报财富”。该企业以柔性流动的方式吸引高层次人才前来创新创业，其工资标准一律按照上海、北京等大城市工资标准的5倍执行，同时对这些人才实行期权股权制度。十几年来，他们一共引进了数百位北大、清华、中国科学院的高层次人才。

第六节　定政策：“安身、安家、安心”

一、坚持人才政策与经济新常态的“多挑战”相适应

“新常态”下风险挑战的实质在于其不确定性，应对这种不确定性，需要我们在制定人才政策时保持状态、保持定力。要辩证看待风险，新常态下我国经济发展的基本面没有变坏，发展仍处于重要战略机遇期。我们应该保持发展信心，在技术创新集中爆发的前夜，保持重才的态度不变、引才的力度不减，才能保证在新一轮产业革命中占得头筹，及时把“抽屉”中的技术更加迅捷地转化为现实生产力，在竞争格局的重新洗牌中赢得优势。要突出需求导向，准确把握企业转型发展趋势，进一步创新完善人才政策，助力企业做大做强。要坚持底线思维，面对各种边际变化，采取有效方法应对和化解，防止“硬着陆”是新常态的“底线”，而人才工作的底线，就是要保证企业发展、结构转型的人才需求，避免人才“瓶颈”成为转型发展的“短板”。

同时，在设计“人本性”的招聘政策方面，一切要从人的真正本性需

求出发，既要充分考虑人才的市场价值、移位成本，也要考虑对其家人身心的影响以及移位可能带来的潜在风险等，只有从这一方面进行设计，才能真正把人才吸引过来。制定的政策要被人才认同才能起作用，在制定招聘政策时一定要结合本单位的经营政策和企业文化实现三者的有机统一。

二、坚持“一人一策”“一企一策”创新政策原则

只有了解了大多数候选人的实际需求（见表6－4）和期望值，制定的政策才能有吸引力。破除阻碍高端人才发挥作用的各种樊篱，在高新技术成果认定、成果转化、知识产权保护、产学研合作、商务楼租赁、政府采购及落户、医疗待遇、社会保险、配偶安置、子女入学等方面，为高端人才“量身定制”相应措施，特事特办，实现引进高端人才入驻城市“零障碍”，让高端人才，“安身”——来有满足感，“安家”——住有幸福感，“安心”——居有归属感。

表6－4　读懂高端人才的需求

高技能人才希望政府提供服务	高层次管理人员希望政府提供服务	理想区域的优越条件	最不愿意去的地方	吸引人才前的3项要素	最不满意的前4项	高技能人才在乎的	高层次管理人员在乎的
A. 科研立项资助； B. 人才进修深造资助； C. 完善项目审批和评选制度； D. 配偶调动和安置支持； E. 提供知识产权保护力度； F. 提供人才公寓； G. 搭建高端人才交流平台； H. 职称晋升通道加速计划	A. 科技研发资助； B. 经营场地支持； C. 举办高管研修学习班； D. 融资渠道支持； E. 加强产业联盟建设； F. 组织高管外派考察； G. 搭建企业对外推介平台； H. 专家教授对接服务	A. 基础设施（科教文卫）更加完善； B. 提供的待遇更好； C. 人才引进政策更加完善； D. 职业发展空间大； E. 经济发展前景更好	A. 整体工资水平低； B. 自然宜居环境差； C. 医疗卫生环境差； D. 文化教育环境差； E. 物价上涨幅度高； F. 政府办事效率低； G. 经济发展前景不明朗或乐观	A. 经济前景带来好的发展机会； B. 完善的基础设施带来的便利和舒适的生活； C. 广阔的职业发展前景满足于人才尊严与社会地位的需要	A. 整体工资水平低； B. 自然宜居环境差； C. 医疗卫生环境不足； D. 文化教育环境不足； E. 基础设施不完善	A. 提供人才公寓修建； B. 人才进修深造资助； C. 搭建高端人才交流平台； D. 职称晋升通道加速计划不足	A. 科技研发资助； B. 经营场地支持； C. 举办高管研修学习班； D. 融资渠道支持； E. 加强产业联盟建设

资源来源：张瑾．我国吸引和有效发挥高端人才作用的对策研究［M］．北京：经济管理出版社，2014.

第七节　定媒介：精准动态传播

针对传播受众目标，整合“内部+外部”的“线上+线下”平台和资源，构建资源通融、内容兼融、宣传互融、利益共融的融媒体平台，围绕全局性人才工作，创新工作思路，扩宽宣传渠道，加大宣传力度，通过“拓展媒介宣传+借助活动宣传+举办论坛宣传”，以及开辟专栏、专题报道、人物专访等形式，通过联盟网站，官微、官博、展会、会议与宣传员等途径，通过精英人才对接峰会、留学生交流会、人才峰会等活动及论坛，全方位、多层次、立体式宣传推广人才工作中的成功经验和先进典型。

用好现有人才，这是做好人才工作的一个重要方面。有些地方常常抱怨没有人才，不惜物力、财力到外地引进人才，却对本地区、本单位的人才视而不见。这种舍近求远的“灯下黑”，不仅造成了人力资源的浪费，还压抑了现有人才的积极性、创造性，甚至出现“人心思走”的现象。用好现有人才可以为引才工作打造“口碑营销”，进一步吸引人才集聚。

第八节　定评委：“专家、东家、大家”

建立、完善以专业共同体和市场主体来评价人才的体制机制（专家来评、东家来评、大家来评），避免人才评价的目的、手段和结果相脱节，减少管理者的主观臆断和“行政认定”。推动人才评价的多元化、社会化，建立形成包括社会专业机构评价、中介组织评价、学会社团评价、市场评价和政府评价在内的职称职业资格多元化人才评价方式，提高专业技术人才职称评价的社会化、专业化、公开性和公正性。增强人才评价与人才专业属性、职业特点和岗位要求的匹配性。

第九节　定评题：维度匹配模型

人才评价要走出“学历崇拜”“论文导向”等误区，重点要“看能力、看实绩、看德行”，通过品德、能力和业绩来评出“可用之才”。同时，要提高评价标准的针对性、评价方法的调适性，针对人才不同的层次和类型，注重从学术、经历和同行等多方面开展评价，避免“一把尺子量到底”。

一、构建“适应性”与“匹配度”，聚焦最合适的人才

（一）企业文化适应性

领导者应该考虑应聘者与组织及其价值观的匹配程度。

1. 细微面谈法：通过随意轻松的谈话引导应聘者畅所欲言，追溯其人生经历中的心理发展与行为习惯的形成，从中探测其匹配度状况。

2. 试卷测评法：采用精心设计的选择性题目，通过众多相关维度来测评应聘者匹配度倾向性。

（二）岗位匹配及岗位工作适应性

首先与岗位匹配，入围的应聘者必须符合所聘岗位的技术要求。但这只是“入场费”而已。其次岗位工作适应性主要是考察应聘者是否具有胜任岗位工作的知识、能力、经验等，这是在一般招聘面试中重点考察的内容。

（三）领导（团队）风格适应性

领导（团队）风格适应性主要是考察应聘者的特质、个性与未来的领导者个性以及团队作风是否适应。

1. 与领导匹配

虽然领导者很清楚，应该聘用与自己不同、能够与自己特质形成互补的人，但他们一般会要求所有聘用者具备两三种核心特质，如应变能力和智慧，或创造力和出色的判断力。

2. 与团队匹配

在某种情况下，团队匹配至关重要，因此，领导者需要考察应聘者的“合作度”，在需要的时候，个人利益能否服从于共同事业。

第十节　定方式：刚性、柔性定制

经过上述的全面综合分析之后，再议定人才引进究竟采取刚性或柔性方式，其中刚性引才采取调动、聘用等方式，将户口和人事关系等转到工作地；柔性引才采取兼职、咨询、讲学、科研和技术合作、技术（专利）入股、合作经营、利润分成、聘请顾问等灵活多样的方式。

针对自身企业文化的不同，选择最佳引进方式空降可以规避新人与旧人矛盾，以便于新人开展工作，规避新人使用风险（见表6－5）。

表6－5　空降方式

序	空降方式	说明
1	完全低调法	让高管无声无息地进入，而且职位低于预期职位，这样便于高管从多种角度掌握企业的现状
2	高调进入法	在外管没入职之前就替其通过各种渠道造势，让企业内部管理人员认为此人上位必然会大干一场，做好心理上的准备
3	顺其自然法	让外管自己去适应企业，不是很推荐此种方法，尤其是在内部关系复杂的企业中，毕竟任何企业家都不希望高薪聘请的外管马上流失
4	高层带动法	由高层亲自带高管接触各个部门、熟悉内外部环境和企业文化氛围等
5	外部顾问法	由外部顾问到内部高管。甄选的时候，应该特别慎重。可以先将目标人员聘为外部顾问。做顾问时，与企业之间加强磨合，事实证明确实可用，再由外部顾问转化为企业内部的高管
6	分步法	企业对引进来的空降兵可以先放到管理技术岗位上过渡一段时间，待其认同企业、融入企业之后再委以重任

资料来源：陈艳，常思炜．空降不“阵亡”［J］．AMT 前沿论丛，2008（1）．

第十一节　定风控：确保人才“选得对，引得进”

一、加强风险意识，管控人才引进风险

加强风险意识，对人才引进风险进行剖析、识别、分类和管理，在人才引进的中长期总体规划、管理机制、引进方式、人才继任计划等方面进行综合管控，并采取积极的措施进行防范，才能切实保证人才引进工作的效率和质量（见表6-6）。

表6-6　人才引进风险

序	类别	说明
1	人才引进的操作风险	人才引进的操作风险是指在人才引进决策阶段的主要表现形式，即决策失误而导致的引进风险。主要体现在人才引进总体规划偏离社会需求，人才考评指标体系科学性缺失，项目团队建设弱化，过度依赖项目首席人才，人才继任计划缺失等
2	人才引进的组织风险	人才引进的组织风险是在人才引进规划阶段或者是在人才引进后在人才管理部门和用人单位进行人才资源的具体配置阶段时，对人才资源的配置不当而存在的风险，表现在人才闲置、流动缓慢、结构优化、专业岗位匹配和专业文化层次差距等方面
3	人才引进的再流失风险	人才引进再流失风险，是指人才引进后由于工作环境、生活待遇及管理水平等因素而造成的离职跳槽风险
4	人才引进的质量风险	人才的素质、能力和品质等关系到行业科研水平、产业创新水平，引进的人才未必能完全符合预设的标准，这样就使人才引进面临巨大的质量风险。主要表现在引进人才的令业研究领域和政府重点发展的产业需求相矛盾，导致其“孤掌难鸣”，缺乏施展才华的创业平台；因受主客观因素的影响，引进人才前后表现差异巨大，引进前成果丰富，引进后难出成果；引进人才固然业务素质不错，但协同能力差，与现有团队格格不入，难以适应新环境
5	人才引进投资收益风险	因急缺各层次人才，在引进人才时往往使出浑身解数，投入大量的人力、物力、财力和时间成本，以望获得更大的收益。人才引进时可能存在的流失和质量风险，会引发无收益或收益率低的风险
6	人才引进的说服风险	遇到合适的候选人却未能采取有力的说服术，导致人才流失

续表

序	类别	说明
7	人才引进的队伍风险	对引进的人才高看一眼，厚爱三分，对现有人才却缺少相应的关注和政策支持，导致“招来女婿、气走儿子”或缺乏人才队伍结构的整体开发现象的出现

资源来源：刘景爱．人才引进风险及对策研究［J］．湖北科技学院学报，2015（7）：46－48.

二、实施背景调查，减低风险系数

背景调查是招聘单位或猎头咨询机构通过对求职者工作经历、工作业绩、职业操守等进行核实的行为，是一种直接证明求职者相关信息的有效方法。其目的是要确保员工具备组织所需要的入职条件和胜任能力，同时要确保在将来员工和领导之间建立一份能力发展的档案。

1. 通过背景调查，可以考察求职者在过去的工作表现、职业经历的真实性和职业道德的好坏，可以有效地把一些编造假简历、损害单位利益的职业素质低下者拒之门外，可以进一步提高单位聘用成功率，降低用人单位风险。

2. 通过对企业的核心岗位应聘者进行背景调查，充分了解拟录用员工的过往经历，核实员工工作履历和情况，了解员工的诚信程度，降低公司在资金、技术秘密、人员流动等方面的潜在风险。

3. 通过对拟录用员工的工作经历、学历、工作能力以及诚信等进行背景调查，提高企业对招聘需求的聘用成功率，防止录用员工过于草率，增强人岗匹配程度，节省企业的人力资源成本。

4. 首先规避员工的胜任力风险，如候选人的工作能力与岗位需求是否匹配、企业文化是否有差异等；其次是规避法律风险和成本风险，如时间成本、商业机密泄露等。

三、科学说服候选人选，减低人才“难以引进”和“轻易流失”风险

古人云：“千军易得，一将难求。”这句话说明，一个是人才资源比人

力资源对组织来说更重要；另一个是人才工作不容易，首先是要找到人，找到人后如何劝说、游说候选人跳槽是一个关键环节。

（一）动之以情

“人非草木，孰能无情？”通过动之以情的方式来沟通双方心灵，不仅能激起对方愉悦的心情，更能引起感情的共鸣，最终增强说服的效果。

首先，要在语言上精心推敲。要表现出亲切、友好的态度；尽量使用柔和、欢快的词语。其次，凡事多从被说服者的角度考虑，仔细分析其内心的需要，包括他的喜好、希望、恐惧等种种心理，做到有的放矢，对症下药。最后，尽可能引用权威的第三方正面证词。这是利用从众心理和对权威的崇拜心理，增强说服的客观性和真实性。

（二）晓之以理

具体来讲，就是将说服者表达的观念，用丰富的事例和严密的科学逻辑推理，深入浅出、系统地向被说服者阐明，最终使其产生认同感，达到说服的效果和目的。

首先，不可以简单地用单纯逻辑推理来进行说服工作。如果单纯地用抽象的道理来说明，就会大大增加对方理解的难度，而一个恰到好处的简单例子则可以大大降低这种难度。其次，要注意诱发、引导被说服者自身的积极思考。说服实际上是双向的沟通交流，因此说服应该利用一切时机，鼓励被说服者进行思考，让其提出自己的疑问乃至截然不同的看法，这样说服者才有可能抓住要点，逐一解决被说服者心中的困惑，最终使其接受说服者的观点。

（三）引之以利

人是理性的，趋利避害是人类的本性，所以“利”的引导是非常重要的。

第一，不要将前景描述得有百利而无一害。这是看问题非常片面、简单化的一个典型，凡事有利则必然有弊，这是正常人都知道的道理。过犹不及，将前景描绘得光明一片，只会让人产生不真实、不可信的感觉。

第二，将说服者自身打扮成完全的利他主义者。这是一个极端的做法，也容易导致说服者的不信任感。正确的做法是非常坦诚地告诉对方自己会从中获得多大的收益，强调通过双方的合作，可以达到互利互惠的双赢结果。

四、实施“盯人”的组织保障风险控制

“盯人”是指通过搭建科学的管理体系，保障每项招聘计划都有专人执行、每位候选招聘人才都有专人负责，通过时间、情感、物质及社会资源等方面的充分投入，可以感化招聘对象，吸引人才加盟企业。

（一）紧盯人才所处环境

人才所处环境是指与人才密切相关的人际、生活和工作环境，人才对熟悉的环境有依赖性，同时对未知的环境又充满了好奇和担忧。对于人才来说，当他所熟悉的环境发生变化，并让其感到不适时，就有可能萌生换一个环境的想法，此时便是招聘出击的最佳时机。

1. 紧盯人才所处的工作环境，包括办公环境、单位周边环境设施等。对人才来说，工作环境既是影响其工作效率的重要因素，也是影响其心情的重要因素，环境不舒心，会导致人才对企业产生排斥心理。如果抓住人才对环境不满意的时机，以新单位、新环境的优越条件加以吸引，招聘成功率就会随之提升。

2. 紧盯人才所处的人际环境。关注人才与同事、上下级的关系是否融洽，随时了解在其工作当中是否存在文化不包容、人才性格比较特别等因素导致的难以融入人际环境的现象。无法融入就会导致工作难以开展、工作不被认同及个人价值无法实现等问题，通过各种途径了解人才的难处，通过击中要害的对话沟通，引导其考虑离职并选择新职位。

3. 紧盯人才所处的社会环境。包括关注国家政策变化对行业的影响及行业本身的变化，以上两者的变化都关系着企业的发展前景，进而影响企业的人力资源政策。

（二）紧盯与人才生活、工作密切相关的人

1. 紧盯人才的家属。人才在放弃原来工作、准备加盟新企业的时候，

家人的意见非常重要。因此，与人才家人沟通好，使其家人消除顾虑并坚定支持人才的选择，如家属担心的人才的工作适应性、子女的教育、照顾老人、户口、住房等，应为之一一解决，让家人放心，使人才尽快做好加入的决定。

2. 紧盯人才的朋友。有时，朋友的意见和倾向也会对人才的去向产生重要的影响。因此，通过各种途径，以人才朋友为突破口对人才加以说服和引导，也是一种较好的方式。

3. 紧盯人才的领导。一个好的领导能够把每一位组织成员的作用发挥到最大化并把整个组织的效率聚合起来发挥到最大化。这样的团队是稳固的，人才是很难选择离职的；反之，则会带来人才的不稳定。作为招聘主管，需要对目标人才的领导进行必要的了解和分析，针对其领导的能力风格及对人才的影响力来说服人才。

第四章 “五大跟进措施”，确保政府“刚性引进”高端人才“发展好、留得住”

第一节 营环境：避免“水土不服”（协调员）

海外高端人才往往对国内情况并不熟悉，对一个地区的产业发展环境、人才政策等缺乏深入了解，对自己的高端技术和项目在当地是否有优势心中没底，对处理国内复杂的人际关系、在现有体制和机制内进行技术和管理创新、适应国内市场环境等不能得心应手，这些因素都会导致海外高端人才“水土不服”。

通过促进海外高端人才和本土企业联姻，把海外高端人才的技术特长与本土企业的资源优势相结合，既可以发挥本土企业在资本、管理、市场开发等方面的优势，破解海外高端人才创业水土不服、资源不足的难题，加速创新成果的产业化；同时又可以发挥高端人才在技术、视野、信息等方面的优势，补齐本土企业转型升级缺信息、缺人才、缺方向的短板。

第二节 补短板：重视“模式调入”（顾问）

高端人才带着高端项目来创业，并不意味着他们就什么都懂，事实证明，这其中有很大一部分人才只懂得自己的技术，其他则一窍不通，为此，需要重视“模式调入”，补短板。

一是传授管理经验。创业的实质就是办企业，将产品产出再售出，体现更多的是管理能力和经验。事实上70%左右的高端人才没有在国外企业里担任过管理职务，而是高校、科研单位从事研究的教授。因此，要采取“导师制”，让当地的成功企业家与领军人才结成“创业对子”，由企业家在实战中传授管理经验，促使高端人才实现从CTO向CEO的转变。

二是加强专业培训。办企业，技术只是一部分。其他诸如金融、人力资源、法律等知识都是必不可少的。而许多高端人才及其团队只注重产品研发，忽视了其他专业人员的培养。要加强内部专业人士的培养，同时，对于初创期，可以安排集中辅导和管理。

三是加强队伍建设。要引导高端人才制定内部员工培养规划，建立职务、职称晋升制度，形成人才梯队和多样性，为企业发展培养一支自己的人才队伍。

第三节 促服务："一站式+个性化"（保姆）

牢固树立“人才强则企业强，企业强则城市强”的理念，着力营造“亲才、重才、惜才”的社会环境，为增强人才归属感，要致力于打造“一站式+个性化”集成式人才服务体系，提升人才发展软环境。努力将服务变被动为主动，变阶段节点式为全程无缝隙，切实搞好对人才的贴心服务，解决他们的后顾之忧，帮助他们创业成长。

一是开设快速响应窗口，为高端人才创业提供包括工商注册、税务登记等手续在内的全过程“一站式”服务，精准对接人才的个性化服务需求，实行私人定制式服务，同时积极培育市场化服务主体，实现政务服务与市场服务有序分工、良性互动。

二是提升人才发展成长服务的持续度。在服务人才创业过程中不仅要“扶上马”，而且要“推一把”“送全程”。通过建设创业创新学院、股权交易中心，发展天使投资、风险投资和科技信贷融资，布局建设各类众创空间、孵化器、加速器，为人才提供持续性的服务保障。同时，定期举办互动会，建立市领导联系重大人才平台（重要人才项目）和重点专家人才制度，帮助人才初创企业跨越成长发展的“达尔文之海”（现实生活中在介于科研部门和公司企业的两岸之间，存在一个技术供给与商业需求的生死之海）。市场化运作创新创业学院，为创业者量身定制系统化、多样化的创业课程，并组织风投资本等资源对接活动，帮助创业者“学到手、交到友、融到资、创成业”。

三是提升家庭生活服务的贴心度。从人才最基础、最需要的服务着手，实施以住房、家庭、健康为重点的“3H 工程”，解决人才的住房保障、医疗待遇、子女入学、家属就业、户籍管理等问题。

第四节　链资源：“全产业链模式”（红娘）

按照全产业链模式，横向联合、纵向集聚，构建包括生产和贸易供应链、金融供应链、基础设施供应链、人才供应链、公共服务供应链，让产业链、供应链、资金链、人才链、创新链、价值链协同发展，同频共振。将“产业、资金、科技”不断与人才相融合，以“人才 +”的形式催生出乘法的效应，从而推动区域经济实现质的飞跃。

第五节　提能力：“延伸发展”体系（老师）

围绕用人单位的近期中心工作和未来发展战略，在拓宽高端人才视野的同时，延伸公司高端人才培养渠道，有计划地为用人单位储备一批专业型、技术性强的高端人才后备梯队，持续推进公司的战略实施。倡导并坚持“三高”（高素质、高品质、高绩效）战略，为引进和培养高端人才建立一整套培训和发展体系，让高端人才在此平台上实现“无风险”的创业和成功梦想。

第五章 “六大服务措施”，确保政府“柔性引进”的高端人才“有价值、深合作”

当前“院士经济”占据着产业上游的高端核心技术，引领着产业未来的发展方向。城市看重的是院士的优质项目带来的直接经济效益，更重要的是城市对产业聚集和升级的迫切需要。同时，院士也能利用城市的资源平台进行研究成果的转化。院士及其团队的加入，会进一步放大其价值，形成“鲶鱼效应”，激活城市产业能级的快速提升。

在如今院士争夺激烈的背景下，如何进行选择以及如何将院士资源转化成地方经济发展动力和效益，也考验着地方政府的智慧。一般有两种路径：一种是布局未来产业，实现在某一高精尖领域从无到有的突破；另一种路径是选择强势产业，以进一步巩固该产业在全国的领先优势。

“院士经济”是一项系统工程，首先，地方政府要根据本地的资源禀赋和科技人才基础，对院士所在的相关领域进行有针对性的选择和引进；其次，院士及其团队在融入地方产业发展过程中也需要一个适应的过程，包括地方政府软硬环境的打造、城市的便利程度等。

第一节 订计划：协议辅导计划

用人单位应及时与柔性引进的人才本人或其所在工作单位签订柔性引进协议，明确各方的权利、责任和义务。协议主要内容包括：柔性引才的工作时限、工作目标和相关要求；保密、知识产权保护等方面的要求；柔性引进期间的劳务报酬；柔性引进期间创造产生的专利成果的使用、归属和转让等事宜；双方需约定的其他事项。

第二节 做配置：周边配套事宜

用人单位应为柔性引进的人才提供相应的周边配置，在科技项目立项、科技成果奖励等方面，享受城市同类人员待遇；免费或以优惠价格入住人才公寓；在指定医疗卫生机构享受就医绿色通道服务；按计税报酬一定比例，给予柔性引进人才个人或团队带头人一次性财政补贴；对做出重大贡献的人才，给予奖励，市政府颁发“城市特聘专家”证书，授予“荣誉市民”称号。

第三节 定激励：利益回报机制

完善柔性人才创新创业利益回报机制，吸收借鉴人才全球定价模式，建立健全以股权激励等方式分享利益的长效机制，或以管理、技术、资金等生产要素参与分配。同时，创新高端人才编制管理，建立高层次创新创业人才动态管理机制，完善柔性引进人才和高端人才短期工作机制，鼓励其以专利、技术、资金等入股方式与企业和研发机构合作。

第四节 早生产：成果转化对接

使创新在“对接”中落地生根。强调“四个对接”，即强化科技同经济对接、创新成果同产业对接、创新项目同现实生产力对接和高端人才创新劳动同其利益收入对接。

强化科技同经济对接，加强科技、经济、社会等方面的政策、规划和举措的统筹协调和有效衔接，完善创新驱动导向评价体系等；强化创新成果同产业对接，改进新技术新产品新商业模式的准入管理，健全产业技术政策和管理制度等；强化创新项目同现实生产力对接，构建更加高效的科研体系，在建立高等学校和科研院所技术转移机制等方面下功夫；强化高端人才创新劳动同其利益收入对接，完善成果转化激励政策，强化尊重知识、尊重创新，充分体现智力劳动价值的分配导向，让高端人才在创新活动中得到合理回报等。

第五节　定考核：人才项目绩效（仅柔性引进考核事项）

实施人才项目绩效评价，建立一套正式的结构化制度，用来衡量、评价并影响与人才工作有关的特性、行为和结果，考察人才项目的实际绩效，了解人才的发展潜力，以期获得人才与组织的共同发展。

人才项目绩效要素，主要包括考核人才或团队的经济效益指标、社会效益指标、科技效益指标，考核用才单位如企事业单位的推进成效指标以及政府有关职能部门的保障成效指标等。同时，还要考虑创新类人才和创业类人才的不同特征予以区分。

第六节　送温馨：和谐融洽荣誉

柔性人才同样需要优秀用人单位文化的吸引，需要良好的人才生态环境，从而使他们产生认同感，增强归属感，以便更好地挖掘柔性人才的价值与潜能，建立长期互动互利机制。

除了为引进的柔性人才营造良好的工作、生活环境外，还必须注重营造宽松、活跃的学术环境，使人才能够潜心教学、科研工作；营造宽容个性、鼓励创新、宽容失败的用人环境，使他们感受到作为主人的荣誉感；营造和谐的人际交往环境，让大家在一个彼此尊重、相互信任、和谐融洽的人际环境中愉快地工作。积极宣传柔性人才在推动产业发展中的特殊地位、重要贡献和先进事迹，进一步增强柔性人才的归属感和荣誉感。

第六章　“六大协助措施”，确保用人单位引进高端人才“用得好、留得住”

第一节　排除困惑

综合了解高端人才进入用人单位所产生的“融入的困惑、期望值的困惑、个人成长的困惑、个人能力的困惑、价值观的困惑”，制定相应的对策，促进其更好地融入组织。首先是文化灌输和感受，明确用人单位的行为模式和风格，挖掘用人单位的文化要素与高端人才个人价值观的匹配度。其次是人际关系的引导，加强人文关怀和心理疏导。再次是归属感的培养，通过参与具体的某些活动，具体感受该如何融入这个环境。最后是结合实习机制，确保成功融入。

第二节　打开局面

当高端人才成功进入用人单位后，需协助其建立全局观：认同企业，不妄想去改变系统；明确角色，了解责权利；懂得进退艺术；在没有清晰了解各种问题与平衡矛盾之前，不轻易实施变革；有效地与周围人员的沟通极为关键，尤其是与自己的老板沟通；懂得“法、术、势”手段的使用。通过一系列行动指导，协助其打开事业局面。

第三节　组"心团队"

高端人才在新的用人单位，要想成就一番事业，就需要组建一支"新团队"，在此过程中，需协助其构建团队的机制，团队结构、团队激励、团队文化、团队作战能力等，建立竞争机制、建立奖惩机制、明确职责和制度流程，打造一支"攻必取，战必胜"的"心团队"。通过系统化的方法和工具统一员工价值观和行为方式，打造目标一致、理念一致、步调一致、行为一致的团队。

第四节　沟通无限

协助用人单位建立有效的沟通体系及方式，从"情感沟通，操作性业务信息沟通，责任、权利、利益沟通，决策性业务信息沟通，制度沟通，企业战略沟通，企业文化沟通，企业外部沟通"等层面，拟定相应的对策，实现高端人才在新用人单位的"沟通无限"。

第五节　创新激励

协助用人单位针对高端人才的需求，建立创新激励模式，实施战略目标、经营目标、岗位目标的目标激励机制；实施及时激励和持续驱动的个体利益驱动机制；实施目标一致、行动一致的共同利益趋同机制；实施文化驱动机制；实施人才发展机制。通过创新激励，让高端人才形成一个强大的企业磁场，推进用人单位"核聚变"发展。

第六节 留人风控

一、协助用人单位建立科学留人预警和管理机制

一是建立一套针对高端人才流失的预警机制和危机处理机制。经常性地对用人单位员工的工作状态进行调查和分析，了解人才对环境的满意程度，及时地发现和解决人才使用中的问题，并加强人才储备，形成人才的梯队性和层次性。二是建立以绩效考核制度和薪酬福利制度为核心的人才管理和激励机制，正确地评估人才的价值，正确地评价人才对企业的贡献值，以此为依据，制定在行业内有竞争力、对人才有激励性的薪酬。三是建立学习型组织和创业型组织，用优秀的企业文化留住人才。要给人才提供学习和接受培训的机会，提升人才的层次和人才质量。四是企业家和企业管理人员自身要加强学习，提高认知水平和管理水平；要树立科学的人才观，学会尊重人才，要对人才的重要性有足够的认识，要有大胆使用人才的胆识和魄力。

二、作为政府和用人单位一定要正确处理好三种关系

（一）处理好“引进外来人才”和“用好现有人才”的关系

二者是新时期做好人才工作的两个重要方面，是辩证统一的关系，缺一不可。应该在培养和引进人才上下功夫，但不可忽视发现和使用现有人才。避免“外来的和尚会念经”和“招来女婿，气跑儿子”的误区。

一方面，“大力培养领军人物和专业人才”，“建立完善科学的人才激励评价机制，千方百计创造条件，形成高端人才团队和人才辈出局面”。但引进人才的成本远远大于现有人才的开发利用，而且还会“水土不服”。另一方面，现有人才是最宝贵的资源，具有明显而独特的优势：熟知情况，他们对本地区、本部门情况熟悉，工作中可以避免走弯路以及由此造成的人力、物力、财力的浪费和损失，使用中具有到位快、进入角色快的优势。

（二）处理好“尊重个性”与“严格管理”的关系

“金无足赤，人无完人。”如果只看一时一事，对人才求全责备，或以偏概全，就会埋没人才，关键要用当其才。人才来自五湖四海，不能用一把尺子、一个模式去衡量人才，而是要充分尊重人才的个性，按照各类人才的成长规律和不同特点，识别和使用人才。对人才要用其所长，在尊重个性的前提下加强管理，使个性突出的人才融入团队当中，做到“感情留人”“事业留人”，即所谓的既要坚持用人标准，又要不拘一格。

（三）处理好“培养”与“使用”的关系

培养人才和使用人才是一个有机整体。培养人才的目的是更好地使用人才，使之发挥作用。这样在使用中才能发现和培养人才，才能为人才创造更大的舞台。要善于利用内、外两种人才资源，做好现有人才的开发和提高工作，做到精心培养和大胆使用并重。这样一来，才能为各类人才提供施展抱负的机会和条件，真正做到人尽其才、才尽其用。

第七部分

人才经济开发的抓手②

——人才回归“归雁经济”工程：支撑产业转型升级的“新引擎”

第一章　人才回归“归雁经济”工程的内涵

一、归雁经济的背景

相较于沿海发达城市，对于大部分内陆城市而言，经济发展的内生动力天生不足（经济基础薄弱、配套能力差、思维局限性、管理体制不顺畅、行政审批效率低下、招商引资政策的连续性和继承性不强等），导致招商引资存在“招不进，留不住”和“考察多、落户少，协议多、落实少”等现象，进而使经济指标增幅难以实现，短期、长期发展目标也难以实现。

思想决定意识，思路决定出路。山不转水转，内陆城市要另辟蹊径，变“招商引资”为先“招才引智”再带动“招商引资”，把“身在他乡”的“术业有专攻”的“本籍人士”视为经济发展的宝贵资源，围绕承接产业转移和沿产业链引进，以“乡情感召、政策感奋、机遇感劝”精准“回引”本籍创新创业人才，营造亲切感，激活兴奋点，提升成就感，强化归属感。把“归雁经济”作为招商引资的突破口、发展城市经济的重要抓手，以“雁”引“凤”，形成“回引人才—落实项目—吸引人才”的连锁反应，促进资金、技术、项目、管理和人才的综合集聚，驱动城市经济持续增长。

二、归雁经济的内涵

所谓归雁经济，实质上是指大量本籍人员外出务工事业有成后携带项目、资金、资源、技术等回乡创新创业，实现个人事业与地区经济互动共赢的一种经济发展模式。

这些“身在他乡”的“术业有专攻”的“本籍人士”包含：第一，

具有副高级以上专业技术职务的领军型人才及研发型人才；第二，创办经济实体企业或担任国内外知名企业中高级职务的管理型人才及骨干型人才；第三，掌握一定人才、项目、技能的实用型人才；第四，高层次海外大学生、农民工匠、技术工匠、手艺人等精英人才。

三、归雁经济的效应

归雁经济是产业和经济转型升级最为活跃的重要力量，是驱动经济持续发展的新引擎，可实现由“输出一人致富一家”的外出打工经济，向“一人创业造福一方”的返乡创业经济转变，实现“能人回乡创业、资金回流引擎、技术回乡发展”的非公经济强势崛起，以创业带动就业，撬动脱贫攻坚战，实现“发展共谋、资源共享、利益共赢”的产业链致富“雁阵效应”。

四、归雁经济的系统

归雁经济是一项系统过程，是人才个体从接受回归刺激、激发回归动因，到回归决策与回归行为的一个心理和行为过程。

（一）接受回归刺激是来自于外部人才回归的初始启动因素，来自于人才流入地政府、企业或者个人等。

（二）激发回归动因主要有人才的经济价值驱动因素、自我发展价值驱动因素和人才的社会价值驱动因素等。

（三）回归决策是人才通过对流入地和流出地各方面因素（经济环境、自然环境、观念环境、科技教育环境、制度环境、创业环境因素等）综合考虑，对回归成本与效益进行综合分析比较之后作出最终的回与不回的决定。

（四）回归行为是实现人才回归的具体结果。如“带土移植式”“科技联姻式”“智力嫁接式”“专家会诊式”“人才租赁式”等形式，既可以是人才实体的回归，也可以只是知识智慧资源的回归。

五、归雁经济的要素

（一）动机：故乡情结和党委政府的感召，故乡情结是创业创新、团结兴业、报效桑梓的精神。党委政府的感召是“招商先招心”，促使政治上有荣誉、经济上有实惠、社会上有地位、乡亲面前有荣光。

（二）条件：包罗“天时地利人和”，要有资源、商机、政策扶持、科学规划、项目推荐、服务引导等回乡投资兴业的机遇条件。

（三）产业：依托本地资源和产业优势，围绕主导产业及战略性新兴产业，搭建创业载体培育，建立创新创业项目储备库。

（四）路径：依托“头雁效应”精准招才引智、带动招商引资，借助龙头企业和核心技术形成“产业链”和创业“生态链”。

六、归雁经济的“三项”顶层设计

（一）三目标：“人回乡、钱回流、企回迁”。

（二）三主体：“输出打工者、引回创业者、带动就业者”。

（三）三步伐：“先摸清、再引领、后留驻”。

（四）三调查：将“市情”（本市实际情况和不同时期的目标任务）与“上情”（不同时期中央、省工作部署和要求）、“外情”（国内外经济社会发展趋势和成功经验）有机结合。

（五）三体系：健全政策体系、完善服务体系、强化保障体系。

（六）三计划：为“归雁”筑“暖巢”，以“雁”引“凤”，“引凤筑巢”。

（七）三策略：“情（故土之情）、利（共同的利益）、义（责任与道义）”。

（八）三要求：引进“高、精、特”的项目。

（九）三融合：打通“人才＋资本＋项目”链条。

（十）三效果：“引得回、留得住、干得成”。

第二章　科学发展“归雁经济”，打造城市经济发展的“新引擎”

第一节　发达城市实施“高端回归 + 总部回归”回归策略，打造城市经济发展“引擎”

一、积极引导高端产业回归

围绕城市的发展定位，引导回归进入城市战略新兴产业等领域。在项目审批、登记注册、土地供应、工程建设、项目融资等方面给予重点支持，支持采用 PPP 模式参与基础设施及公共服务项目建设。

二、大力促进资本回归

积极引导将自我积累或吸引集聚的资金，以股权形式直接参与城市实体企业、金融机构的新设或增资扩股，以债权形式直接购买市内企业发行的各类债券，通过认购公募、私募投资基金份额及其他金融产品间接进行城市投资，以股权、债权或股债结合方式参与城市基础设施建设、民生事业等。

三、鼓励企业总部回归

大力支持将企业总部回迁至城市，或在城市设立区域性企业总部和管理中心、研发中心、采购中心、营销中心、结算中心、物流中心等功能性总部。重点支持实体经济类企业将总部回迁至城市，在享受本政策的同时按照“一企一策”原则，给予各方面最大限度的优惠和激励。建设总部大楼或整体租赁现有楼宇，专项用于设立企业总部、区域总部、功能性机构及产品展示中心等，统筹财税、科技、人才等各类政策，支持重点、优势总部企业科技研发创新、自主品牌创建、高素质人才引进和市场营销网络建设。

第二节　欠发达城市实施“领头雁工程 + 逐级回归”回归策略，打造城市经济发展“助推器”

发挥“领头雁”在回归中的模范带头作用，通过“回归投资、以商招商、以商招才、以商引资”等多种形式，拓宽回归引进渠道，树立典型标杆。

一、回归投资

带头回归创业创新，重点投资信息经济等新兴产业领域，以及传统优势产业转型提升领域。有条件的，可将企业总部迁回城市，或在本市设立区域总部。

二、以商招商

牵线引进具有项目投资能力的产业资本，带动城市重点产业及其关联产业发展，积极引进产业链同类项目、上下游项目和配套项目，吸引生产基地项目落户。

三、以商招才

牵线引进国家级、省级研发中心和大院名校，引进掌握核心科技、具有创新引领作用、能够显著提升带动产业转型、增强产业核心竞争力的项目或团队，以及拥有创新成果、掌握先进技术的科研人员，集聚人才、技术等生产要素。

四、以商引资

利用联系面广、信息量大、人脉资源丰富等优势，积极提供信息资源，为城市以商引商提供信息支撑。重点引进国内外500强企业、央企、军企、国企、上市公司等大企业、大集团、大财团，以及创新型企业、高科技企业、金融企业落户城市。

第三章 “互联网 + ”时代，开启便捷、低成本“轻创业”，缔造“归雁经济”可能性

“互联网 + ”代表一种新的经济形态，即充分发挥互联网在生产要素配置中的优化和集成作用，将互联网的创新成果深度融合于经济社会各领域之中，提升实体经济的创新力和生产力，形成更广泛的以互联网为基础设施和实现工具的经济发展新形态。

“互联网 + ”时代改变了人们对于成本的理解。第一，互联网技术的应用极大地降低了人们在物质和时间两方面的试错成本；第二，互联网时代的很多产品，真正进入了边际成本近趋于 0 的时代。

因为试错成本的降低和经济结构的变革，我们迎来了一个创新创业的黄金时代，也迎来了一个“草根”逆袭的时代。过去人们不敢去做创新和创业是因为失败的成本概率太高，付出的成本太高，而现在的“互联网 + ”时代能够让试错的成本大幅降低。以前创业机会不足，是因为资源配置的相对扭曲，生产结构必须是大规模、重资本的，而现在的“互联网 + ”时代，只要产品够新、够好，想创业的人都可以通过互联网的手段找到市场，只要在某一个细分领域获得成功就能够生存。“互联网 + ”时代，开启便捷、低成本“轻创业”，从而缔造“人才回归”的可能性。

第四章 “纯职业经理人”时代没落，“泛合伙人团队”时代来临，提供“新型归雁经济”发展路径

一、“纯职业经理人”时代没落

职业经理人是为了解决企业所有人经营能力不足而诞生的，并且成为一种稳定的企业内在契约。但是，它的严重问题在于，职业经理人的身份依旧是“打工者”，只是拥有企业某方面的经营管理权，并不拥有所有权。试问，哪一个职业经理人会用“养儿子的心态”来经营企业？只要不解决职业经理人的心灵归宿，职业经理人就只会用“养猪的心态”来看待经营。

在“互联网 +”时代，企业必须将内部建设成一个孵化平台，让职业经理人变成内部的创业者。让职业经理人成为平台的拥有者，解决其心灵归宿，这才是互联网时代企业发展的最大未来。

二、“泛合伙人团队”时代来临

“互联网 +”时代，企业需要改变员工的职业经理人身份，从雇佣与被雇佣的劳资关系转变为共同创业的合伙关系，给职业经理人提供更好的机会与资源，身份转换、完全放权、独立运营、内部市场化、利益共享、风险共担，让人才变身为合伙人，让人才借助企业平台创业，实现人才的人生价值与创富梦想。

合伙企业是指由两个或两个以上合伙人拥有公司并分享公司利润，合伙人即为公司主人或股东的组织形式。其主要特点是：合伙人共享企业经

营所得，并对经营亏损共同承担无限责任；它既可以由所有合伙人共同参与经营，也可以由部分合伙人经营，其他合伙人仅出资并自负盈亏；合伙人的组成规模可大可小。

实施合伙人制（见表7-1），一方面体现为对人才贡献和价值的一种认可，并建立给予人才合理回报的机制；另一方面对于企业来说，通过合伙人制能更大地激发人才创造力，并将企业经营行为下放给合伙人团队，从而实现吸引和保有优秀人才的目的；通过企业组织形态、经营形态的转变，实现从产品型企业向平台型企业的过渡。

表7-1　常见的合伙人机制分类

类别	常见形式	典型企业	优点	不足
商业合伙	侧重于项目，股权集中，业务决策集中，可以没有实物投资	绝大多数创业团队	商业性强，规则清晰，适合早期创业	过于看重利益，行为往往有短期效应
事业合伙	侧重于行业，股权相对分散，业务决策民主集中化	新东方、万科、京东	执行力强，有更强的环境适应性	对个人视野和格局要求高，存在个人能力“瓶颈”
价值合伙	侧重于产业，股权更均衡，业务决策更理性	阿里巴巴、复星、小米	生命力强，有战略预见性	对产业认识、战略、运营和文化管理的要求高

资源来源：包敢宏，沈柏锋．中国式股权：股权合伙、股权众筹、股权激励一本通［M］．北京：中国铁道出版社，2016.

第五章　“归雁经济”的主力军：“英雄迟暮”的“45 岁 +”职业经理人的危机与机遇、守望与远方

或许是同龄“同频共振”的缘故，或许是行业生命周期“波荡起伏”“快速变更”的缘由，又或许是“严酷寒冬”的大环境“压垮”企业的生存命脉的原因，总而言之，在多方因素作用之下，最近看到、听到、聊到最多的话题是，曾经在行业辉煌期屹立鼎盛巅峰的职业经理人，在踏入“45 岁 +”，蓦然感到前所未有的“危机四伏”，面对突如其来的“中年危机”，未来的出路在哪里？如何“踢”好人生的“下半场”？

一、科学定义中年危机

中年危机，也叫“灰色中年”，是指所有迈入或即将迈入中年的人，在事业、健康、家庭、婚姻等各种方面所面临的危机和挑战。中年危机作为一个社会心理学上的概念，年龄的划分从来不是机械、固定的，一般在 45 ~ 55 岁浮动。它描述的是一种状态——你所拥有的一切，家庭、工作、财富，看似美好坚固，但你已有些力不从心；你怀疑人生前半场的意义，却得不到答案，你感到虚无。对这个世界的无力感，以及对老去的感知与恐惧。

二、科学看待中年危机

严格来讲，“45 岁 +”的人士是上班工作的最好时间、黄金阶段。因为这时无论是专业知识、技能、经验还是人际关系、资源、魄力等，都是处于最好的顶峰状态。

中年危机，归根结底还是心灵危机，是心态危机。面对中年危机，只有勇敢地去面对并解决危机，通过深刻的灵魂拷问，才能实现我们人生的

一次涅槃和再生，找到下一阶段的目标，整装待发，重新上路。

应对中年危机最好的解决方式，无疑是拓展自己的视野和生活领域，古人云，“读万卷书、行万里路”，面对中年危机我们可以通过“阅读、运动、旅行、分享”4个途径来进行自我调节和自我疏导。

三、如何看清自我和趋势

似乎一夜之间，大大小小的公司里已经满是年轻人的身影：特立独行的“80后”，更加前卫开放的“90后”。而“45岁+”职业经理人已然成为职场中的“大叔/大妈”，对“疲惫不堪、停滞不前”的职场深感无奈，想要改变，却发现“有一种无能为力的感觉”。“45岁+”职业经理人上有老下有小，自己在职场被挤压，身体也逐渐在走下坡路，但生活的责任却越来越重。更令“45岁+”职业经理人焦灼的现实是：一方面稳定的饭碗越来越少；另一方面不甘心“稳定地穷着”，不愿意“稳定地苟且着”。同时“人工智能”时代走近，高科技企业“被离职”人群日益年轻化，人才的“职业生涯”日益缩短危机四伏等。

“45岁+”职业经理人历经沧桑，阅尽繁华。但如今却陷入“职场尴尬”，上不去，下不来，迷茫失措的“夹心层”，患得患失的“事业者”。尽管拥有广泛的资源，但资源要转化为企业的生产力，需要过程，要有成本，需要很多附加条件，需要环境的配套。尽管“经验丰富，关键时刻能顶上”，但现实往往是超越经验的。尽管身体健康，但也不能支撑在许多场合冲锋陷阵了。

在互联网时代，信息万变，组织环境也正在快速变化。因此，仅仅依靠之前的经验和知识已经无法应对新环境的挑战。在一个快速变化的年代里，快速学习能力和灵活应对能力才是“45岁+”职业经理人应对变化的重要法宝。

要避免人到中年再就业的问题，根本办法是未雨绸缪，及早进行长期的职业发展规划，并且经常进行反馈和修正，顺应产业演进的基本趋势，不断学习充电，以求永不落伍。

属于“45 岁 +”职业经理人这个年龄段的黄金时代与沸腾岁月正在绝尘而去，现在需要调整心态，重新审视自己，不要总想着怎么去“做平台、做大、做强”，而是应该沉下心来，思考怎么去“做专、做小、做精”。要有匠人精神，要保持专注和耐心。

四、“45 岁 +”职业经理人的选择

“45 岁 +”是职场发展的“瓶颈”期，前有元老敲山震虎，后有新秀虎视眈眈，因为长年累月的重复劳动，对工作已丧失激情，还要承受各种压力……

对于“45 岁 +”职业经理人来说，即使是一个领域的专业人士或高层管理，在本领域有一定的话语权，如果没有强大的可迁移能力或跨界能力，行业的变化就有可能将你打入深渊。尤其是大型组织的高级螺丝钉，越资深越定制化，一个大机构的总监级甚至中国区总部总经理级人物，如果遇到行业或公司的重大变革，找工作的难度不一定会小于一个刚毕业的大学生。

“45 岁 +”职业经理人在谋求职场“新出路”时也应该因人、因时、因地分析自身情况，扬长避短。例如，有商业资源和机遇的可以选择自己创业；有一技之长的可以选择再就业。

“45 岁 +”职业经理人转型最为现实的方法是兼职，找到自己的职业兴趣后斜杠一段时间，当斜杠能力取得的职业兴趣收入超过主业收入的时候，就可以转型切入。还有一个是夫妻之间可以相互扶持，如果两个人都面临转型的话，在家庭经济条件允许的条件下，一个人先辞职走在转型路上，1 ~ 2 年之后转型成功的话可以换另一个人走在转型路上。

是创业还是再就业？先思考自己的优势是什么，然后放大优势，路也就开了。“45 岁 +”职业经理人其实优势不少，主要看怎么利用。“45 岁 +”正是一个恰到好处的年龄，技术的深度和广度都达到了一个较高的水平，人际、家庭等很多关系也趋于平稳，还有很多人脉和社会对其的认可度，正是挑起社会发展大梁的时候。专业技能沉淀、人脉资源沉淀、阅历判断力

的沉淀等，这些都是创业成功必需的因素。只需要再具备一定的营销能力，那么成功是可以被预见的。

（一）知识资源方面

很多有工作经验的人会发现，教育中的知识永远没有工作中学到的知识多而全，而且对以后的工作的作用更大。何况是创业，各种各样的生活常识、工作行业的知识等都对创业有着很重要的帮助。

（二）人脉资源方面

人脉对创业来说，有着不可或缺的作用，有时甚至会成为关键的要点。“45 岁 +”职业经理人工作那么多，社会经历多，打交道的人也多，认识的朋友自然也多，其中总有几个在不同行业中有着丰富的经验或成就，这些都是宝贵的人脉资源。

（三）行业资源方面

“45 岁 +”职业经理人一般都有较长的职业生涯，对某个行业有充分的了解，同时也掌握了这个行业的各种关系网，如供货商、经销商、客户、行业管理部门等。所以，“45 岁 +”职业经理人创业的一个成功类型，就是做自己熟悉的行业。

（四）资金资源方面

白手起家的成功率并不高，而且这些白手起家的成功人士几乎都是赚到第一桶金才有了现在的事业，事实说明，在创业路上，资金对创业的重要性。而“45 岁 +”职业经理人经过多年的积累，有了一定的积蓄，这对创业起着一个很重要的作用。

总而言之，从职业生涯向自我创业“过渡”是“45 岁 +”职业经理人的黄金时代！在中国应该掀起一股“45 岁 +”职业经理人创业的热潮！同时希望中国新一代企业家们革新思想，大胆启用“45 岁 +”职业经理人来创造大价值。

五、“45 岁 +”职业经理人创业策略

（一）慎重考虑再决定

如果自己有一个稳定的工作，还有一份不错的收入，如果只是为了满足自己创业的欲望而去创业，建议还是慎重一点再下决定，不能因为一时冲动就辞职，开始了创业路，这是不明智的。创业之前，需先自我叩问：

（1）到目前为止，会有什么可能？

从兴趣出发，回顾自己的工作，看看目前的本职工作之外还有什么可能？创业的时候不能光凭喜欢就进入，还得评估有没有这个能力，是不是社会需要的。

（2）假如能创业成功，是因为什么资源和能力？

资源包括人脉资源、能力资源、经验资源等。其中人脉，一定要分清楚是个人人脉还是公司人脉。

（3）创业是为了什么？

是为了实现梦想吗？还是仅仅是想要逃避目前的工作，还是为了什么？

（二）提高信心和勇气坚持下去

“45 岁 +”职业经理人创业需要信心，更需要勇气，既然考虑清楚想创业，就要相信自己有这个能力，付出自己的行动，不管遇到什么样的困难，都要努力去克服，不能瞻前顾后，犹豫不决，畏首畏尾，“45 岁 +”职业经理人是经不起折腾的，不能今天想做这个，明天想做那个，那样是不会成功的，认准了目标，就要坚持下去。

（三）家人协商取得支持

“45 岁 +”职业经理人毕竟不如年轻人，没有那么多的顾虑负担，“45 岁 +”职业经理人一般都是上有老，下有小，都需要自己去照顾，担子很重，所以想创业，就要和家人沟通好、商量好，尤其是要得到自己另一半的支持，这样才不会因创业意见不同而影响到夫妻感情，家庭和睦。

（四）咨询朋友利用人脉

“45 岁 +”职业经理人一般都有比较强的人脉资源，在某个领域摸爬

滚打了多年，积累了很多宝贵的资源和人脉资源，一定要利用好，多向创业成功的朋友咨询，多听听他们的意见和建议，有了他们的支持帮助，成功的概率会更大一些。

（五）求稳不求险

“45 岁 +”职业经理人创业不比年轻人，经不起大的挫折和失败，因此在创业项目选择上不要追求时尚，过于追求利润的获取，还是稳妥一点比较好，稳扎稳打让自己的家庭生活有保障，不要让生活陷入经济危机。

（六）结合身体情况

“45 岁 +”职业经理人一般都比较发福，也伴随有不同的疾病，身体没有年轻人那样健康，没有年轻人那样充满朝气和活力，在创业中要考虑到这一点，自己所选择的创业项目自身情况是否允许，避免那些劳动强度大的创业项目，选择一些相对不用太大体力、体能的项目。

（七）发挥优势

“45 岁 +”职业经理人创业最好选择一些自己喜欢的项目，自身有优势的项目，对项目本身就比较了解、熟悉、精通，这样，做起来也得心应手，成功的概率就比较大；如果选择不喜欢的、不了解的项目，还需要重新学习，风险也比较大。

（八）合作创业

“45 岁 +”职业经理人创业建议不要单枪匹马，一人奋斗，最好和朋友合作创业，这样可以发挥各自优势，互相补充，在遇到困难时可以互相商量，彼此鼓励，让自己不至于心力交瘁，倍感劳累，同时能降低创业风险，成功机会也会增加。同时老、中、青结合更易形成团队优势，“45 岁 +”资深员工可以给予“长江后浪”们充分的经验传递、思维引导与价值观影响，提升团队的稳健风格。

（九）选择加盟

“45 岁 +”职业经理人一般在创业中不用担心资金情况，已经积累了人生的第一桶金，不妨选择加盟方式创业，很多服务业都做得已经比较成功，有很多的连锁机构，可以加盟进去，缩短创业时间，同样这些项目也不会太劳累，风险系数相对比较低。

六、故乡，梦重新开始的地方

（一）“停泊大城市”或“回归故乡里”的纠结

“他乡”时代正在向广度和深度演进，社会固化结构早已打破，人口的自由流动取代了身份与户籍的约束，生活在“他乡”，努力打拼把“他乡”活成“故乡”。但随着时代的发展和岁月的洗礼，“他乡”时代的“他乡人”不可避免地陷入了“停泊大城市”或“回归故乡里”的纠结中……

面对“停泊大城市”，一方面是大城市服务业发展水平、市场发育水平、就业创业环境、法治环境和社会人文环境上的优越性，缔造出一个“爱拼就会赢”的机制；另一方面是“大城市情结”的松动，“户口指标收缩、地域歧视、高房价等经济压力”，对人才自动过滤筛选，还有“自身价值无法全面施展”的困惑。高房价、高消费、高强度工作、拥挤的交通、“醇厚”的雾霾，是大城市挥之不去的痛。大城市就像是围城，承载着机会与梦想，却也充满了辛酸与泪水。

面对“回归故里”，一方面是“小地方拼关系”“小地方教育投入严重不足”“科技文化水平跟不上”“错综复杂的人际关系”；另一方面是“风土人情和生活习惯的故土情结”“子女抚育、照料父母的家庭因素”的精神牵动和“政策优惠、服务优势”“施展才华、贡献价值”的事业空间。

尽管他乡是荣光与梦想的抛光机，却也是精力和激情的压榨机！

是停泊大城市，继续委曲求全、维艰纠结？还是回归故里，重新出发、再度施展才华？

（二）消费升级在“下沉”，回到三、四线城市寻找蓝海

根据国家统计局相关数据显示，我国三线城市人口基数大，且近 10 年来人口增速明显高于一、二线城市。目前，三线城市的人口规模是一线城市的 6 倍左右。这意味着，未来消费升级的核心群体，必然会出现在人口规模更大的三、四线城市。消费升级在“下沉”，创业者瞄准三、四线城

市才是新关键。

三、四线城市能不能长出企业，实际上决定了中国未来30年的命运。这些中小城市的创新企业，正是中国万众创新创业的基石。如何吸引更多的“凤还巢”，让更多人才回到三、四线城市寻找蓝海，“回乡创业，大有可为”，将成为新的时代课题与机会。

（三）家乡“新技术、新产业、新业态、新模式”的新发展

随着时代跨越发展，家乡早已不再是记忆中“落后的小地方”。

家乡“新技术、新产业、新业态、新模式”的新发展培育回归的“土壤”，开辟施展才华的丰富载体平台。

互联网、智能化等科技发展铸就回归的“桥梁”，打通多元化的“线上线下”参与途径和“科技联姻式”“智力嫁接式”“专家会诊式”“人才租赁式”等协作方式。

当地政府越发开放，不仅“扶上马送一程”，为回乡创业再“添把火”，还创造良好的氛围，用欣赏的眼光看待创业者的激情四射，用有限的投入帮助创业者启动梦想，创造未来，努力为创业者打造一个完整的生态系统，包括企业、投资、律师、公关、技术、营销等机构、组织，让创业者在这个过程中，快速找到自己需要的资源，完成匹配。发展政府控股、参股的融资担保机构，设立天使投资基金，打造科技金融服务平台等，为创业者解决“第一笔资金”。同时提供一系列综合服务，让创业者获得创业空间和各项公共服务支撑，降低风险和成本，提高成功率。

以上种种，在天时、地利、人和方面，万事俱备，只欠“人才回归”（东风），回归故里，不再当他乡的“游子”，重新做回故乡的“主人”，在政治上有荣誉、经济上有实惠、社会上有地位、乡亲面前有荣光，听乡音未改，看乡情不变，在家乡：

畅享宽松氛围，宽广时机，海阔天空凭鱼跃而直飞龙门！

尊享精准政策，精心服务，三顾茅庐礼贤士而群英荟萃！

在故乡，来一场梦的重新开始！焕发人生与事业“第二春”！

（四）假如因为我们拥有了辉煌的过去，而错失了未来，那才是真正令人可悲的事情

当今是一个寻求个性化、自由和责任感组合的新混合体，这意味着，有更多的新机会会诞生出来，这是从未有过的机会爆发的时代。个人的持续发展一定要基于两个最主要的驱动力量，一个是顺应环境，和环境保持一致；另一个是内在驱动力。

假如因为我们拥有了辉煌的过去，而错失了未来，那才是真正令人可悲的事情。乔布斯说过，人这一辈子无法做太多的事情，所以每一件都要做得精彩绝伦。你的时间有限，所以不要为他人而活。不要被教条所限，不要活在他人的观念里。不要让别人的意见左右自己内心的声音。最重要的是，勇敢地去追随自己的心灵和直觉，只有自己的心灵和直觉才知道你自己的真实想法，其他一切都是次要的。

第六章 “归雁经济”创业方式：创业不仅是精英人才的游戏，更是优秀结构化合伙团队的游戏

创业本质上是一门生意，创业的资本属性是它和小生意的最大不同，小本生意是自负盈亏、靠天吃饭，分得社会中的一小笔财富，但是创业就不得不靠资本的驱动来进行快速发展。

创业并不是所有人都可以参与，而是精英人才的游戏，精英们具备的不只是资源和经验，还有敢于冒险的性格和长远的视野思维，往往更容易成功。如今创业再也不是以前那个“单打独斗”的年代了，而是讲究团队配合、团队协作的年代。一个人的力量已经不足以去与别的公司或者团队抗衡，所以需要一个有组织、有纪律、有共同目标的精英团队。团队成员的组建需要团队创始人用心去发现，形成优势互补能力，最大化地发挥出每个人最强的一面，为共同的发展愿景而努力。

第七章 “归雁经济”创业基本条件：创业者必须做好“两洞悉”（洞悉创业的真相、洞悉行业的逻辑）、“三找”（找对人、找融资、找项目）、“两定”（定模式、定股权）、“一推”（谋推广）

第一节 洞悉创业的真相

创业是一项复杂的系统工程，要面对的不仅仅是招人、用人、管理人、开除人，还必须面对研发、制造、销售、代理商、供应商……同时也躲不开工商、税务、融资……

创业路上是无穷无尽的挑战，所有的路都是没有走过的路。即便是对于连续创业者，一次新的创业也是一次全新的征程。设计得再好的商业模式也需要随机应变，根据市场情况随时作出调整。一切都充满未知，比的是耐力、智慧和运气，这也正是创业的魅力所在。

创业是从零到一，从无到有，是一个不断试错的过程，要把一个原来没有的公司建立起来，并且让这个公司能够生存下去、发展下去，甚至成为行业里数一数二的，能够产生大量的销售额并赚取利润，其实是非常难的一件事。

第二节 洞悉行业的逻辑

洞悉行业的逻辑，一是对所处行业或产业的认知，要明确自身处在产业链的哪个位置，与其他竞争者的关系；二是对社会的认知，包括个人与时代、社会的关系，要努力具备时代感、责任感，尽量使历史的传承和创业目标融合；三是对合作伙伴的认知，寻找志同道合、梦想一致的合伙人。

创业要想取得成功，必须具备3个核心要素，即靠谱的人、到位的钱和合适的事。一个创业项目的启动，必须至少符合2个要素，然而最为关键的还是要寻找到靠谱的创业合伙人，组建出一支优秀的创业团队。

第三节　找对人

一、创业团队建设原则

（一）高端引领效应律

高端引领效应律，是指在一个人才群体中，通过高端人才的引领作用，使该人才群体的成长和发展达到整体较高的水平。高端人才的引领作用具体表现在多方面，包括方向的引领、观念的引领、目标的引领、核心技术的引领、组织管理的引领等。高端人才引领的主要条件就是让他们担任组织的领导，通过职权和自身的权威而发挥引领作用。

（二）共同愿景凝聚效应律

共同愿景凝聚效应律是指人才群体一旦形成共同愿景，就会产生强大的向心力和凝聚力，聚焦于目标实现，从而使该群体得以成长和发展。共同愿景要经历共同认识与共同行动才能实现，首先要经过集体讨论才能形成共同认识，其次是共同行动，共同愿景要经过共同体成员的共同努力，才能实现，因此只有愿景是不行的，还必须齐心协力、全体一致才有可能实现组织的愿景。

（三）互补优化效应律

互补优化效应律，是指人才群体内组成该群体结构诸要素处于互补状态，从而使群体结构优化，则有利于人才群体成长和发展。互补可形成整体优势。首先，每个人都有自己的个体优势和特点，群体中的个体越是差异性大，则相互学习的可能性越大，生产新的信息与事物的可能性也就越大。其次，团队中的交互记忆和共享心智模式对群体绩效有重要促进作用。所谓交互记忆是团队成员之间形成的彼此依赖，用于编码、储存和提取不同领域知识的合作分工系统，共享心智模式是团队成员在群体任务、各成员的能力与责任、群体运作环境等方面达成的共识。

二、寻找合伙人

（一）合伙人需要满足的条件

要成为公司的合伙人，必须要满足以下3个条件：

第一，必须有能力，这样才能在创业过程中发挥出巨大的能量。

第二，必须有创业的心态，这样才能够放弃平稳的生活投入到未知的奋斗中去。

第三，必须要有时间，这样才能在相当长的时间内全情投入到创业中去。

（二）如何选择合伙人（见表7－2）

表7－2　如何选择合伙人

序	维度	说明
1	了解他的品性	一个人的性格脾气是会伴随他一生的，很多行为都与个人品性有着密切的联系
2	了解他的爱好	了解一个人应该从多方面进行观察，个人爱好与日常作风也是一方面，那些沉溺于喝酒、赌博的人自然是不能入选的
3	了解他对事业的看法	虽然有些人做事很认真，也比较负责，但是如果他没胆量、视野狭小，是不适合作为合作伙伴的
4	了解他的成长经历	每个人都有着自己独特的经历，从一个人的经历中能够看出他是否具备某方面的能力及品性，可以留意他是否有过从商的相关经验及其处事能力
5	从他的朋友那里间接了解他	通过认识他的朋友、探寻身边人对他的看法及态度，能够更加全面地去认识一个人的为人及与人相处的能力。除了朋友之外，如果可以，也应该了解一下他的竞争对手对其所持的看法与态度，这种态度更加客观一些
6	了解其日常消费行为，掌握他对理财的观点	如果知道一个人在日常生活中的消费习惯，就能了解他是如何对待财产的，那些花钱一点都不知道节制的人不应该与之合作共同创业

续表

序	维度	说明
7	了解他对家庭是否负责	中国人向来重视对家庭的态度，如果一个人对家庭不够关心，甚至不负责，在考虑他是否可以作为自己的合作伙伴时就要谨慎。如果一个人在道德方面有问题，即使其办事能力很强，长期合作的话，也有很大的潜在危机
8	探测他能否在合作路上风雨同舟	创业不仅需要能力，也需要与合作伙伴一起承担风险、风雨同舟。如果一个人贪图富贵，就不应当将其列入考虑范围
9	考察他的文化涵养及独立承担的能力	当然，一个人的文化水平在创业过程中并不是十分关键的因素，不过，也不能忽视考察合作者的文化涵养。另外，这个人能否独立承担一些事情，也是重要的衡量因素
10	从整体上把握这个人的能力，进行最终决策	要综合考虑这个人的品性、能力、日常行为等多方面的因素

资料来源：包啟宏，沈柏锋．中国式股权：股权合伙、股权众筹、股权激励一本通［M］．北京：中国铁道出版社，2016.

三、如何招聘优秀人才

人找对了，事情就成了一半。在创业早期，创业公司最头疼的问题是招聘。在此阶段，公司没有知名度，资源非常有限，甚至产品可能还在研发阶段，有竞争力的薪资往往只是个“口号”，而每一个创业者都很清楚，只有与优秀人才一起，才有可能成就伟大的事。

（一）谁是“优秀”的人才？每家企业都有自己的优秀标准，而作为创业公司这个群体，所谓优秀的人应当具备 5 个标准，即专业能力、潜力、情商、领导力和可移植性。可移植性是基础，专业能力是核心，潜力决定成长性，情商决定合作，而领导力决定他所负责业务的成败，5 个维度缺一不可！

（二）谁来招募优秀人才？在公司起步阶段，招聘应该全民皆兵，要不遗余力地鼓励内推，让每个人都参与其中，绝大部分入选的人才就在整个公司成员的社交圈三度人脉当中。同时管理层应冲在第一线，在 100 人以内的时候，管理层应该亲自面试每一个候选人，甄别保证人员质量。

（三）用什么吸引候选人？创业公司 CEO 常常认为吸引候选人的最大

杀器是股票期权，但即使愿意做出大量的股权牺牲，候选人也不愿意为此埋单。事实上，愿意考虑创业公司的候选人都愿意做赌徒，最后没能与你合作，唯一的原因就是他觉得跟你一起胜算不够高。而候选人判断胜算的高低，一个是创始团队是否符合他对靠谱的定义，另一个是所做的项目是否符合他对靠谱的定义，且前者所占的比例要更高一些。

第四节　找融资

对于积极的创业者来说，有很多合理的融资方案可以选择，关键是计划，融资策略必须对创业者和将来的贷方来说都是合理有意义的。

一、确定需求

估计一下需要多少资金来启动和维持公司——设备和原料、存货、办公或生产场地、特许经营费等。然后，考虑自己可以提供多少资金（如个人储蓄、家人或朋友的捐助等）。

二、考虑各种选择

商业银行对于小企业来说是最常见的贷方，可以提供很多常规性贷款，还有小企业管理局授权的贷款。还可以找风险投资公司、商业金融公司、合伙经营等。一定要尽可能多地了解每一种方案的评估标准和还贷要求。

三、建立自己的档案

大多数贷款机构都要求提交一份商业计划，一份详细描述自己的教育和商业操作经历等信息的简历和一份附有证明人的信用记录以及具体的贷款文件等。制订商业计划时要分成很多部分，分别描述公司的性质和类型、可以获得的资源、如何利用这些资源实现特定目标、时间安排、财务目标、对竞争对手的分析以及公司如何在市场上生存。

四、填写表格

贷款机构可能还会要求现金流量预测，以显示新公司的发展能力和还款能力。记住对数据的预测一定要比较现实，要有事实来支持估计和预测。

五、练习融资计划

对于新公司来说，要求贷款融资总是需要演讲介绍。要组织自己的思路，找那些能够提供客观反馈意见的人来听演讲，以作为练习。

六、提问再提问

与潜在贷款机构进行交谈，了解他们的贷款步骤和期望值。

第五节　找项目

一、创业商机的“五大来源”

（一）问题

企业的根本是满足顾客需求，而顾客需求没有得到满足就是问题。寻找创业机会的重要途径，就是善于去发现和体会自己和他人在需求方面的问题或生活中的难处。

（二）变化

产业结构变动、消费结构升级、城市化加速、人们观念改变、政府改革、人口结构变动、居民收入水平提高、全球化趋势等这些都是变化，其中都蕴藏着大量的商机，关键在于要善于发现和利用。

（三）创造发明

创造发明提供了新产品、新服务，更好地满足顾客的需求，同时也带来了创业机会。例如，随着电脑的诞生，电脑维修、软件开发、电脑操作的培训、图文制作、信息服务、网上开店等创业机会随之而来。

（四）竞争

商场竞争非常残酷，但既是挑战，也是机会。如果看出了同行业竞争对手的问题，并能弥补竞争对手的缺陷和不足，这就将成为创业机会。

（五）新知识、新技术

知识经济的一个重要特征，就是信息爆炸，技术不断更新替代，这其中蕴藏着大量的商机。

二、如何识别创业商机

《21 世纪创业》的作者杰夫里·第莫斯教授提出，好的商业机会具有以下 4 个特征：第一，它很能吸引顾客；第二，它能在你的商业环境中行得通；第三，它必须在竞争对手想到之前及时推出，并有足够的市场推广时间；第四，你必须有与之相关的资源，包括人、财、物、信息、时间以及技能。

创业者创业需借势，与实体经济相结合。既要仰望星空又要脚踏实地，既要有梦想又要有实干精神。一是要顺势，主要指一行业势，什么行业是未来生活必需的。二是要与实体经济相结合，对接国家省市具体产业战略和发展方向，要聚焦一些具体的产业，特别是具体的产品，精心地研究、精心地研制，把企业的特色发挥出来，找到企业能融入经济大潮的一个切入点。三是要结合自己的地域和企业特点，运用市场规则发挥作用。要结合自己的人力、物力、技术、资源的实际状况，从行业来说要规避“退二”（传统制造业和房地产）挺进“进三”（战略性新兴产业、服务业和现代制造业），顺应时代发展方向，开创事业，成就个人和企业，回馈社会。

第六节　定模式

在当今的竞争环境里，企业之间的竞争不再是单一产品、渠道、营销、供应链等之间的某个环节的竞争，而是由这些价值活动所构成的价值链之间的竞争，是系统的竞争，即商业模式的竞争。要想使企业有生存空间并能持续地盈利，必须依靠系统的安排、整体的力量。成功的商业模式创新不仅为企业提供了生存和发展的机会，改写了整个行业的竞争格局，甚至会影响整个行业的发展方向。商业模式设计与创新将是包括企业领导人在内的企业高管团队所必须掌握的一门科学和艺术，有效解决了商业模式的问题，就解决了企业生存、发展、壮大的根本。商业模式是实现客户价值最大化的整体解决方案；商业模式是支撑一家成功企业的基础，它描述了企业如何为客户创造价值、传递价值，以及如何帮助企业所有者获取其中的一部分价值（见表7－3）。

表7－3　商业模式的9个基本要素

客户细分： 企业所服务的特定的、不同的客户群体，也就是说，企业为之创造价值的特定客户	价值主张： 企业是如何解决用户问题、满足客户需求，并在此过程中创造价值的	渠道通路： 企业是如何找到客户并向他们传递价值的。例如，通过网络直销、零售分销渠道、增值经销商、公司店面或联盟计划等
收入来源： 钱从哪里来，企业如何从它提供给客户的价值主张中获得收入	核心资源： 为客户创造和传递价值主张所需的资产，例如，厂房、机器等实物资产和有特定技能的员工等人力资源	关键业务： 使企业的商业模式运作起来的活动，如发明、采购、建设、分配、运营等
重要伙伴： 使商业模式得以运作的外部组织，如供应商和合作者	成本结构： 商业模式运营中产生的成本	客户关系：企业如何接洽、联络并留存客户

资料来源：［美］戴维·罗斯．创业清单［M］．桂曙光，魏亦萌，等译．北京：中国人民大学出版社，2017.

同时，创业者还要拥有公司治理的新思维，一开始就进行公司治理设计很重要。企业除了要找到战略的发展方向，还要构建企业成长发展DNA，这个DNA就是公司治理体系。公司治理至少包括6个要素；一是产权结构优化；二是权利的分配与决策；三是货币资本与人力资本矛盾关系；四是管控模式；五是高管的激励约束；六是相关利益者价值平衡关系，这六大要素是公司治理的核心命题。

第七节　定股权

一、“人才 +”时代的股权概述

在合伙创业新时代，创始人靠单打独斗已心力难支，合伙人并肩作战共进退才能胜出。创始人需要寻找在产品、技术、运营或其他重要领域可以独当一面的同盟军。

进入人力贡献价值凸显的人才经济时代，公司的股权分配既要考虑股东的货币出资贡献，也要考虑股东的人力出资贡献。对于人力驱动型的企业，创业团队的人力出资占股甚至要超过货币出资占股。对于创业团队内部的股权分配而言，一方面要考虑创业团队早期货币出资的贡献，另一方面更要考虑创业团队未来全职人力出资的持续贡献。创业团队的主要贡献在于全职人力出资贡献，投资人的主要贡献在于货币出资贡献，创业团队与外部财务投资人应该按照不同的定价分配公司的股权。

在过去，股东分股权的核心甚至唯一依据是“出多少钱”，“钱”是最大的变量。现在，“人”是股权分配的最大变量，只出钱不干活的股东“掏大钱、占小股”已经成为常识。创业团队再套用传统的股权分配模式与现在社会发展趋势是不适应的，制度创新是这个伟大时代最急需的创新，“无限合伙人”这一基于人才是人才经济时代最核心竞争力的顶层制度设计，其实质是“公司搭台、骨干唱戏，资源共享、高效激励”。“无限合伙人”既要动态优化管理流程，更要形成正向积极的企业文化和动力机制，鼓励员工与公司长期共同发展。

二、合伙人股权设置

现在投资人谈投资的时候，会关注产品，关注情怀，关注进展，也一定会关注股权架构合不合理，如果是看到比较差的股权架构，他们肯定是不会投资的。同时，相信每个创业者的创业项目都有 IPO 目标，只要 IPO，资本市场就一定要求股权结构要明晰、合理。

以合伙人的能力与贡献为依据，在股权设置方面大体有着以下 3 种情况：

第一种情况，创始人是唯一的。这样的例子比较少，因为拥有“超能力”的“大神”级别的人物还是比较少的，典型的例子有京东的刘强东、58 同城的姚劲波、一嗨租车的章瑞平。

第二种情况，一位主要创始人以及一到两位联合创始人。这样的情况更符合“一个好汉三个帮”的俗话，例子也比较多，如途牛旅游、聚美优品、唯品会等。

第三种情况，三到四位联合创始人，他们之间没有明显突出的领路人。典型的例子如兰亭集势、淘米网等。

公司在决定经营策略等方面必须有一个能迅速作出判断并下达命令的领导者，这样其他人才能更迅速地去执行，有时候太过民主的决策程序反而会错过转瞬即逝的商机。

合理的股权结构是公司稳定的基石。股权分配问题在最开始如果没有处理好，就很可能为今后的创业失败埋下隐患。比较合理的股权架构是：创始人：50% ~60%；联合创始人：20% ~30%；期权池：10% ~20%。合伙创业的带头大哥最好是 CEO 或者创始人，要有比较大的股权，比如说按 6∶3∶1、7∶2∶1 这样明显的股权梯次，才能形成贡献度的考量以及掌握控制权、话语权，但同时也要有更多的担当。

三、股权分配的特别注意事项

（一）股权分配方面，第一，既要对钱定价，也要对人定价。第二，对钱定价是对股东历史贡献的认可，对人定价是对股东未来贡献的认可。第三，股权，特别是人力占的股权，既要有进入机制，也得有调整机制和退出机制。

（二）在创业的不同阶段，不同人的贡献是有变化的，需要综合考量。在创业初期，应该给股权调整预留空间，放在股权池里，在中后期（如 B 轮融资后）给员工发放激励股权，很可能 5% 股权就能解决 500 人的激励问题，且激励效果特好。

（三）在项目推进过程中，会遇到如合伙人离婚、犯罪、去世等情况，这些都会导致合伙人退出，创业团队应提前设计好法律应对方案，以减少对项目的影响。

1. 在离婚方面，一是确保离婚配偶不干涉影响到公司的经营决策管理；二是保障离婚配偶的经济性权利。

2. 在继承方面，公司章程可以约定合伙人的有权继承人不可以继承股东资格，只继承股权财产权益。

（四）在企业初创期，合伙人的股权分为资金股与人力股，资金股占小头（通常占10～20%），人力股占大头（80%～90%），人力股至少要和四年服务期限挂钩，甚至与核心业绩指标挂钩。

（五）如果合伙人离职，资金股与已经成熟的人力股，离职合伙人可以兑现，但未成熟的人力股应当被回购。

（六）鉴于国人“谈利益，伤感情”的观念，合伙人之间首先要就退出机制的公平合理性充分沟通理解到同一个波段，做好团队的预期管理；其次再做方案落地。

（七）当合伙人退出公司后，其所持的股权应该按照一定的形式退出。这一方面对于继续在公司里做事的其他合伙人更公平，另一方面也便于公司的持续稳定发展。对于如何确定具体的退出价格，一个是退出价格基数，另一个是溢价或折价倍数，也可以按照公司最近一轮融资估值的一定折扣价回购。

（八）公司章程与股东协议尽量不冲突，在股东协议中约定，如果公司章程与股东协议相冲突，以股东协议为准。

（九）拟定股权授予制度，事先约定，股权按4年授予来算，预估4年企业授予完成。

四、建立股权分配的公式（仅供参考，具体情况具体分析）

（一）初始（每人均分100份股权）

我们给每个创始人100份股权。有些初创企业从一开始就在迅速发展，所有的创始人一开始就加入了公司。如果加入公司现在有 3 个合伙人，那么一开始他们的股权分别为 100/100/100。

（二）召集人（股权增加 5%）

如果某些初创企业的联合创始人都是某个合伙人（召集人）牵头召集起来的。尽管这个合伙人可能是 CEO，也可能不是 CEO，但如果是他召集了大家一起来创业，他就应该多获得 5% 的股权。那么，现在的股权结构为 105/100/100。

（三）创业点子很重要，但执行更重要（股权增加 5%）

“点子毫无价值，执行才是根本。”这个说法虽然不是那么正确，但是与实际情况也差不多。如果创始人提供了最初的创业点子，那么他的股权可以增加 5%（如果你之前是 105，那增加 5% 之后就是 110. 25%）。注意，如果创业点子最后没有执行，或者没有形成有价值的技术专利，或者潜在地发挥作用，那么，实际上你不应该得到这个股权。

（四）迈出第一步最难（股权增加 5% ~25%）

为创业项目开辟一个难以复制的滩头阵地，可以为公司探索出发展的方向、建立市场的信誉，这些都有利于公司争取投资或贷款。如果某个创始人提出的概念已经着手实施，如已经开始申请专利、已经有一个演示原型、已经有一个产品的早期版本，或者其他对吸引投资或贷款有利的事情，那么这个创始人可以额外得到的股权为 5% ~25%。这个比例，取决于“创始人的贡献对公司争取投资或贷款有多大的作用”。

（五）CEO 应该持股更多（股权增加 5%）

通常大家都认为，如果股权五五对分，那么实际上公司是处于无人控制的状态。

如果某个创始人不信任 CEO，不能接受他持有多数股份，那么这个创始人就不应该和他一起创业。一个好的 CEO 对公司市场价值的作用，要大于一个好的 CTO，所以担任 CEO 职务的人股权应该多一点。虽然这样可能并不公平，因为 CTO 的工作并不见得比 CEO 更轻松，但是在对公司市场价值的作用上，CEO 确实更重要。

（六）全职创业是最有价值的（股权增加200%）

如果有的创始人全职工作，而有的联合创始人兼职工作，那么全职创始人更有价值。因为全职创始人工作量更大，而且在项目失败的情况下冒的风险也更大。

此外，在融资时，投资人很可能不喜欢有兼职工作的联合创始人。这可能会导致你在融资上遇到障碍。所以，所有全职工作的创始人都应当增加200%的股权。

（七）信誉是最重要的资产（股权增加50%～500%）

如果你的目标是获得投资，那么创始人中某些人的话，可能会使融资更容易。如果创始人是第一次创业，而他的合伙人里有人曾经参与过风投投资成功了的项目，那么这个合伙人就比创始人更有投资价值。

在某些极端情况下，某些创始人会让投资人觉得非常值得投资，如果他参与创业、为创业项目做背书，那么就会成为投资成功的保障。这些超级合伙人基本上消除了“创办阶段”的所有风险，所以最好让他们在这个阶段获得最多的股权。这种做法可能并不适用于所有的团队。不过，如果存在这种情况，那么这些超级合伙人应当增加50%～500%的股权，甚至可以更多。这个增加的比例取决于他的信誉比其他联合创始人高多少。

（八）现金投入参照投资人投资

先设定一个理想的情况，即每个合伙人都投入等量的资金到公司，然后加上他们投入的人力，构成了最初平均分配的“创始人股份”。但是，很可能是某个合伙人投入的资金相对而言较多，这样的投资应该获得较多的股权，因为最早期的投资，风险也往往最大。这样的投资应该获得多少股权呢？可以参照通常投资的估值算法，找一个好的创业企业律师来帮助你计算。例如，如果公司融资时的合理估值是50万美元，那么投资5万美元可以额外获得10%股权。

（九）最后进行计算

现在，如果最后计算的3个创始人的股份是200/150/250，那么将他们的股份数相加（为600份）作为总数，再计算他们每个人的持股比例，即33%/25%/42%。

第八节　谋推广

一、塑造公司形象，创造强势品牌，谋求精准推广

对于创业企业，品牌的重要性不言而喻。创造强势品牌是企业获得核心竞争优势的基础，也是创造产品附加值的关键。

1. 清晰定位，确立身份。明确创业企业的价值观是什么？与竞争对手的不同之处在哪里？是什么让创业企业独一无二？确定这些答案，并且在创业企业的每一个方面都如实反映出来。

2. 创造故事，用来分享。要想在媒体、投资人和目标客户的视线中脱颖而出，必须分享一个关于你是谁、你是如何开始的精彩故事。在访谈以及谈论创业企业的任何其他的机会过程中，将这种故事融入到社交媒体中，融入到消息报道中。

3. 确保首席执行官/创始人引人注目。首席执行官或创始人是创业企业的喉舌，在塑造公司形象、品牌与文化时发挥着重要的作用。因此，需要面向并且贴近公众，需要与媒体有着积极的关系，并且需要有完美无瑕地分享故事的能力。他们引人注目的程度，不仅会为创业企业建立信誉和领导地位，而且也会将这些信誉和领导地位呈现在合适的人面前，以拓展企业渠道。

4. 从一开始就制订一个社交媒体推广计划。要从一开始就创建一个有吸引力的社交媒体计划，以扩大创业企业的影响力。一个良好且有针对性的社交媒体的执行策略，将会让创业企业在行业中确立地位和信誉。分享创业企业的故事，将首席执行官定位为一个思想领袖和先驱，花时间直接与追随者进行接触，回答问题、共享信息，并且在谈话中把他们纳入进去。

5. 建立基本的推广渠道。网络媒体、社交媒体和公关活动是品牌宣传的最主要手段，其他的品牌宣传途径有官网、CEO 访谈、展会展览、行业评测等。

二、借助“孵化器”，连接资源及推广的“更多可能性”

孵化器对于创业团队的价值，首先应该从一个创业团队自身的需求出发。作为初创的创业项目，其需要的核心要素是资源，各种能够促成其快速成长的资源，这种资源突出表现在资本杠杆、经验指导方面，因此考量孵化器对于创业团队的价值主要落实到如下 3 点：一是否有引导基金？二是否有贴身的创业辅导？三是否有连接更多资源的可能性？

创业者寻找孵化器首先要帮自己解决的问题就是办公场地的问题，因为一般孵化器的场租成本比较低，寻找孵化器是一个不断“傍大腿”的过程，傍着大腿了就牢牢抓住，没傍着就不断寻找，不断地优化项目，最终会寻找到合适方。创业者寻找孵化器的时候还需要看孵化器的资源和自己是否匹配，这需要创业者花时间、花心思去了解，如果资源匹配，那么创业项目在后期进行的时候就会比较顺利，相反则会比较坎坷。

第八章　人才回归“归雁经济”新延伸：校友资智回归

围绕人才发展需求和城市发展目标，深度开发城市科教资源优势，用活、用好广大校友丰富的资本源、技术源、信息源和人才源，以情感为纽带、以共赢为目标、以服务为抓手，吸引大批校友为城市贡献智慧、汇聚资源、推动发展，让广大校友与城市结成奋斗共同体、利益共同体、命运共同体，促进校友个人事业发展与城市发展同频共振。

（一）打造高校特色，营造校友归属感

一要“打造‘校友’概念”，整合各高校校友资源，形成联动。二要“注重保护高校校友的精神家园”，在环境整治、工程建设等方面注意留住历史、留住回忆，使校友回来不仅能够故地重游，更能得到情感的共鸣；三要“用环境留住校友，用利润发展校友”，要通过后续的政策扶持、环境打造让校友企业家们不仅想留，更不想走。

（二）成立高校校友总会联盟

联盟的主要职责是建立城市与本市高校之间的沟通协调、合作共赢机制；商定联盟工作的目标任务、核心职责和年度计划；谋划推进“校友资智回归工程”；汇聚各种资源支持校友成长发展；协调解决高校校友总会遇到的共性问题和突出问题；统筹管理“校友资智回归产业引导基金”，支持校友在本市创新创业；对各校友总会的招才引智、招商引资成果，按照有关政策规定进行“一项一奖励”等。

（三）成立校友资智回归产业引导基金

校友基金按照“政府引导、市场运作、科学决策、防范风险”的原则，以及“项目选择市场化、资金使用规范化、融资服务专业化”的要求进行运作。校友基金选择市国资公司作为校友基金名义出资人，委托创投公司管理，负责校友基金投资运作。

（四）建设创新创业载体

聚焦校友，特别是校友企业家资源。政府要与大学校友总会、校友企业家联谊会建立定期沟通联络机制，共同发起成立创新天使基金、种子基金，积极引进知名创孵机构落户，助力校友、师生创新创业。

（五）建设科研成果转化平台

聚焦专家学者在校师生，特别是校友科学家资源，签订合作备忘录，合作推进高校科技成果转化工作，推进高校知识产权应用与保护，加快推进实用型科研成果产业化，推进专利技术型成果向市场转移转化。

（六）实施“校友资智回归工程”

“校友资智回归工程”包含“校友情系城市”“校友光耀城市”“校友立业城市”专项。

1. 实施“校友情系城市”专项，让广大校友记住城市乡情。从联络校友、探访校友、礼聘校友等方面着手，采取有力措施，推动城市与海内外校友们之间的联系更加紧密、更加精细。一是开展联络校友活动。创办“城市校友”主题联谊网站、城市校友微信公众号等，及时将市委、市政府的决策和举措、城市发展动态以及校友资讯推送给广大校友。二是开展探访校友活动。在境内外设立一批“城市校友工作站”，加强与海内外校友的广泛联系，在重要节假日，拜访探望城市校友。三是开展礼聘校友活动。聘请更多校友担任城市“招才顾问”“招才大使”“招商大使”，推动校友以才引才、以才引智、以才引资。

2. 实施“校友光耀城市”专项，让广大校友激发回归热情。一是开展“校友回家”活动，激发城市校友的“归属感”。定期举办“城市校友周”等活动，邀请海内外校友们走进重大项目、重点工程，共触城市发展脉搏。二是举办“校友论坛”活动，增强城市校友的“价值感”。联合各大高校品牌校友活动，创设“城市校友论坛”“全球城市校友峰会”，进一步织密全球校友招商招才网络。三是组织“校友之星”评选，提升城市校友的“荣誉感”。建立城市校友荣誉制度，集中推介优秀校友回归先进典型，评选“资智回归杰出校友”。

3. 实施“校友立业城市”专项，让广大校友创出一流成就。一是着力搭建创新发展平台。实施“创新岗位特聘专家计划”，鼓励校友“柔性回归”；建设企业和高校新型研发平台，支持校友参与打造环高校产业带、环高校众创圈和环高校创新街区。二是着力拓展创业承载平台。鼓励校友在信息技术、智能制造等战略性新兴产业领域投资创业，协力打造具有全球影响力的产业集群。三是着力打造资本支持平台。强化政府引导，推动商业银行开展“校友贷”，畅通城市校友回归投资创业融资渠道。四是着力完善服务保障平台。建立校友回归创新创业“绿色通道”，对校友回归投资的重大项目实行专人对接、跟踪服务；建设人才安居房，打造人才集中生活片区，为校友回归创新创业营造良好的环境。

第九章　案例：人才回归"归雁经济"工程系列活动（"层级+形式+路径+机制+对接会"）

一、AA籍精英回归的背景和意义

（一）AA籍精英回归的定义

AA籍精英回归是指可以自身的优质资源直接回归AA市，或利用广泛的人脉资源，帮助AA市引进和整合更多优质企业、优质要素的"身在他乡"的"术业有专攻"的"AA籍人士"的回归。AA籍精英包含：第一，具有副高级以上专业技术职务的领军型人才及研发型人才；第二，创办经济实体或担任国内外知名企业中高级职务的管理型人才及骨干型人才；第三，掌握一定人才、项目、技能的实用型人才；第四，高层次海外大学生、农民工匠等精英人才。

（二）AA籍精英回归的背景

在新形势下，在即将基本实现工业化的关键时刻，在区域及城市之间的竞争压力下，AA市经济需要转型，需要一个更高层次的提升，需要实现"四大转变"：第一，需要由自发地走向国内、国际市场向自觉地利用国内、全球资源获得新的发展后劲和竞争力转变；第二，需要由依靠一般的技能型人才支撑经济发展向依靠高、精、尖的智能型人才支撑经济更大、更强劲发展转变；第三，需要由依靠提升传统农业经济为基础向以建设现代农业实现农业现代化为基础转变；第四，需要由主要依靠第二产业发展向依靠第一产业、第二产业、第三产业协调发展并迅速做大、做强第三产业转变。

为此，AA市呼唤AA籍精英回归，借助AA籍精英手中的存量资金、人才、技术等来增进有效投入，振兴家乡实体经济，进而在AA市发展升级的需求与AA籍精英资本（含资金、人才、技术）的投资诉求中找到两者最佳的“回归”契合点。

（三）AA籍精英回归的意义

1. AA籍精英回归有助于助推城市转型升级，是AA市经济社会发展的一支生力军，能在AA市发展升级中发挥带动示范作用。

2. AA籍精英回归有助于倒逼环境优化，倒逼推进加强制度供给，优化政务环境，促进土地、金融等要素资源的高效使用，推动回归引进环境长效监测机制的完善。

3. AA籍精英回归有助于凝聚人气人心，推动浓郁“人才强市”氛围营造，对家乡的认同感、归属感不断增强。

4. AA籍精英回归有助于形成市外AA籍精英回归与市内精英投资良性互动的发展格局。

5. AA籍精英回归有助于增强“AA市经济”与“AA市人才经济”融合发展。

6. AA籍精英回归有助于营造广大AA籍精英“把根留住”的良好环境。

7. AA籍精英回归有助于给予在外AA籍精英更大的发展空间、更高的发展平台和更安全的发展机遇，同时也帮助他们实现叶落归根、回报桑梓的夙愿。

8. AA籍精英回归有助于培养更多的政策行家、招商里手、服务先锋。

AA籍精英回归并不是简单的资金、项目和人才的搬家，而是要形成新要素、新主体、新资源的融合，以引进前沿技术、高端人才和优秀团队，促进项目带动高端要素回流，实现人才、项目、资本、成果“四位一体”落地，进而打造出从乡情回归、信息回归、智力回归到项目回归、资本回归再到人才科技回归、总部回归、商贸市场回归、社会公益回归、抱团回归“十大回归”大格局。

二、AA 籍精英回归的层级

（一）乡情回归

乡情回归是指对乡情、乡音的一种原始归属感、自豪感，“羁鸟恋旧林，池鱼思故渊。”心系桑梓、回报家乡的渴望，是身心回归、意愿回归。通过舆论及政策引导，强化乡情，升华对 AA 籍精英回归家乡的强烈意愿。

（二）信息回归

信息回归是指 AA 籍精英通过与家乡建立信息沟通机制，及时有效地将相关有价值信息进行回传与落实，形成新思路、新改革，促进家乡经济发展。

（三）智力回归

智力回归是通过技术联姻、项目合作等形式，运用 AA 籍精英的学术能力和技术水平解决 AA 市发展中的相关问题，定向聘请 AA 籍精英担任顾问，按需邀请来 AA 市参加重大项目技术指导、研发及重大问题决策。

（四）项目回归

项目回归是围绕 AA 市传统产业的改造和战略性新兴产业的培育发展，通过建立项目合作关系或项目投资，借助 AA 籍精英的资金、先进设备、技术等共同开展项目规划、开发建设、科研攻关、落地实施等。

（五）资本回归

资本回归是指引导 AA 籍精英将自我积累或联系集聚的资金，以股权、债权形式直接投资，或通过各类金融、投资机构参与到市实体企业、金融机构的新设或增资扩股、基础设施项目融资等。

（六）人才科技回归

人才科技回归是指发挥 AA 籍精英人脉资源丰富、联系人才科技资源众多的优势，推动引资与引技、引智的有机结合，重点向产业集聚区等引进 AA 籍精英人才科技，推动更多科技资源、创新要素在 AA 市集聚。

（七）总部回归

总部回归是指引导 AA 籍精英在市境内新设立综合性总部、地区总部和功能性机构，提升 AA 籍精英对新总部所在地的经济贡献，进一步凝聚发展能量。

（八）商贸市场回归

商贸市场回归是指通过市内外商品市场的对接形成贸易的互动，引导资金、信息要素与人才充分回流，打造一个涵盖更广、内外联动、优势互补的升级版 AA 市市场。

（九）社会公益回归

社会公益回归是指全面形成 AA 籍精英参与公共服务、基础设施和公益事业建设的一整套政策体系，拓宽 AA 籍精英参与家乡公益事业的渠道。

（十）抱团回归

抱团回归是指依托重大产业项目，以延伸产业链为重点，吸引上下游环节的 AA 籍精英抱团回归。建立 AA 籍精英投资联盟，回乡开展考察、洽谈合作重大项目。

三、AA 籍精英回归的形式

以产业为依托，企业为主体、需求为基础、项目为载体、实效为根本，以“自身优势直接回归”为引导策略，以“利用广泛的人脉资源，帮助 AA 市引进和整合更多优质企业、优质要素”为鼓励策略，从感情、政策、产业等多方面密切与 AA 籍精英及其科研成果的对接，促进创新要素向家乡集聚。

（一）“衣锦还乡”式回归

对于有返乡意愿的 AA 籍精英，积极创造条件邀请回乡发展。特别鼓励有科研成果的 AA 籍精英带着项目、资金、团队回归，在家乡落地生根。

（二）“叶落归根”式回归

对于一些已退出原有工作岗位领导职务，但仍活跃在科研战线且掌握重要研究成果、核心技术和人才团队的海内外 AA 籍精英，发挥“山水 AA 市”的生态环境优势，结合浓浓的乡情和人文关怀，积极创造优越条件，邀请其回乡养老的同时发挥余热，依托各类机构，主持或参与重大课题及研究计划。

（三）“春回燕归”式回归

对于不便全职返乡发展的AA籍精英，通过举办各类高层次的智库峰会、发展论坛等，邀请其“常回家看看”。通过人才“柔性”流动，以“星期日工程师”“候鸟型人才”“周末专家”等方式，灵活吸引各类AA籍精英以项目合作、智力入股、兼职兼薪、成果推广转化、特聘岗位等多种形式来家乡开展专业服务。

（四）“千里共婵娟”式回归

对于远居海外或者因故不便经常返乡的AA籍精英，亦可通过网络等多种渠道主动对接，聘请为“发展参谋”“导师”等，并建立长期的联络关系。积极建设AA籍精英远程服务网站，请AA籍精英在网上进行远程指导、提供研究成果或参与课题，实现智力回归。

四、AA籍精英回归的路径

发展AA籍精英回归经济，关键在于探索创新回归路径，着力突破体制机制制约，全面构建促进AA籍精英回归的发展平台。

（一）政府铺路，构建通道

1. 营造发展环境

贯彻落实相关政策，营造有利于AA籍精英回归的创业创新发展环境，主动做好服务，构建回归通道，通过“AA籍精英大会”“AA人在北上广”“天下AA籍精英家乡行”等活动的开展，牵线铺路，帮助AA籍精英回归参与、投资市内重大项目建设。

2. 建立转型升级重大项目推介库

依托重大项目，实行市、县、镇三级项目联网，聚平台项目、产业项目、政府投资项目于一库，集洽谈、推介、储备、服务功能于一体，定期更新、动态管理，面向世界500强、央企、国内知名企业、AA籍精英，加强宣传推介，组织重大招商推介活动，加大招商选资、引智力度。

3. 制定完善产业引导和项目准入政策

制定出台市重点生产力布局规划和市产业结构调整指导目录，优化产业空间布局，明确产业重点布局、重大产业基地发展导向和鼓励、支持类产业。设定符合发展要求、促进转型升级的产业项目准入门槛。

4. 引导AA籍精英回归集聚发展

大力支持和引导市级产业集聚区、开发区（园区）、高新区适应产业转型升级需要，规划建设一批科技创新基地、新兴产业制造基地、科技人员创业基地和科技服务业产业基地、现代服务业基地、总部经济基地，为AA籍精英的创业创新提供一流服务，营造一流环境。依托重大产业项目，以延伸产业链为重点，吸引上下游环节的AA籍精英抱团回归。依托产业集聚区、开发区（园区），鼓励采取“政府引导、企业为主、市场运作”模式，联合兴办AA籍精英创新创业园并配套建设专项资金。

5. 完善激励性政策

修订完善AA籍精英回归激励、科技创新、人才引进、财政引导、税收优惠、生态环保等方面的支持政策。修订完善现有产业政策和产业导向目录，健全产业政策体系，加大对AA籍精英回归的产业发展及投资结构优化的引导力度和各项政策激励举措。

6. 兑现招商承诺

科学制定支持AA籍精英回乡创业创新的政策措施，主动公开承诺，推进招商、引智政策透明化、制度化。及时发布招商、引智信息，建立健全招商选资、引智的守信践约机制，积极兑现招商、引智承诺，推动项目落地。完善项目投诉机制，纠正失信行为，营造诚信的商务环境。

（二）组织搭桥，抱团回归

团体组织（商会、同学会、老乡会、同事会、校友会、研究会等）作为AA籍精英的公共交流组织，在整合各行各业的人才、资金、技术、信息，开展经济技术交流与合作上具有独特的优势，通过组织号召，可以放大AA籍精英万众回归的人才效应。

（三）产业延伸，企业升级

注重从传统产业的改造提升和产业链延伸中挖掘新发展空间、创造新投资机会，加强AA市产业、企业与AA籍精英的项目、技术、资金、智力、人才信息等对接，将发展人才回归经济与本地传统产业升级、特色产业打造相结合。

（四）个体联盟，协同合作

内外 AA 籍精英之间开展资源、技术、信息、人才的全面合作，充分发挥市场机制的调节作用，辅以政策引导，推动“走出去”与“引进来”相结合，实现强强联合、内外整合。

五、AA 籍精英回归的机制

（一）强化领导挂钩的组织保障

充分发挥 AA 籍精英创业创新工作领导小组的统筹协调作用，坚持“一把手负责制”，突出 AA 籍精英回归“经济转型升级‘组合拳’”地位。进一步健全 AA 籍精英创业创新工作网络，指导各级 AA 籍精英会科学化、规范化、制度化发展，在服务 AA 籍精英回归中发挥更加积极的作用。出台《“AA 籍精英领头雁”市领导挂钩联系制度》，确定市四套班子每位领导挂钩联系 1～2 名“AA 籍精英回归领头雁”，提供感情联络、投资洽谈及项目对接、推进、实施、督查等“一条龙”服务。

（二）实行“3＋X”引才的模式保障

通过“统一宣传推介、统一组织策划、统一招才引智和特色引才”的做法，形成“政府搭台，企业唱戏”的招才引智模式。同时，通过“特色引才”，针对 AA 市高层次急需紧缺人才，采取超常规、特事特办的方法进行专项引进。

（三）组建智囊服务团的智力保障

组建“AA 籍精英回归”智囊服务团，在科研产业合作、创业创新支持、企业科技培训、技术应用转移、人才引进培育使用评估、知识产权指导、法律服务（“AA 籍精英回归”重大项目的法律论证与评估，工作规范性文件、合同、协议及其他法律事务文书的法律服务）等领域展开相关指导工作，通过商务洽谈、研讨会和咨询会等方式来辅助“AA 籍精英回归”，提高 AA 籍精英回归后的附加值和市场竞争力。

（四）出台人才计划的政策保障

1. 实施人才计划

对AA籍精英回归实行高额奖励，对于AA籍精英回归科技成果、培训等减免相关税收。设立人才发展专项基金、科技基金等各种专项基金，对AA籍精英回归或项目给予重点扶持。

鼓励AA籍精英回归人员共创农民合作社、家庭农场、农业产业化龙头企业等新型农业经营主体，发展规模种养、农产品加工和农村服务业，发展休闲农业、林下经济和乡村旅游业。扶持农民工匠等返乡人员发展“一村一品”特色产业，对创业带头人在项目、资金、技术等方面给予重点支持。

2. 强化政策作用

全面清理支持粗放型发展的政策，重建支持转型升级的政策体系。形成统筹政策、发挥政策协同效应的合力，力求将产业政策、科技政策、人才政策、能源政策、土地政策、金融政策、财政政策等统筹使用，克服政策适用方面的低水平支持、分散重复支持、粗放式发展支持等方面的弊端，切实提高政策支持的绩效。加强政策的绩效评估和相对比较优势的综合评估，不断调整完善政策的支持种类、支持方式，创造政策的综合优势。出台AA籍精英回归经济激励政策、“一人一策”激励、科技创新政策、健全人才引进政策、优化财政引导政策、落实税收优惠政策、优化投融资政策、完善生态环保政策。

（五）加强要素供给保障

1. 强化用地保障

加大AA籍精英回归项目用地保障力度，切实满足“大、好、高”，AA籍精英回归项目用地需求符合市大产业项目申报和奖励标准的，在项目入库、用地指标奖励时，积极给予支持。加强对低效用地回收处置力度，加大对成长性、科技型中小规模回归项目用地保障的支持力度。探索“以租代售”工业用地政策，降低AA籍精英创新创业当期投资成本。

2. 强化金融保障

深化金融体制改革和投融资体制改革，引导AA籍精英以参与债券股权合作、认购基金等形式，有效搭建资本合作平台。依托AA籍精英服务中心，加快建立面向AA籍精英的融资对接平台，拓宽融资渠道。鼓励有条件的AA籍精英共同出资组建互助基金，促进互助合作融资。研究实施金融信息跨省市共享措施，加强省市内各商业银行与AA籍精英回归项目融资业务的洽谈对接。

针对金融支农，推出“劝耕贷”。“劝耕贷”采取“资源联手开发、信贷集合加工、风险共同管理、责任比例分担”的农业信贷担保模式，通过担保机构强有力的介入，淡化各类新型农业经营主体体量较小、流动性较差、稳定性不强、安全性较差等劣势，从而吸引商业银行自主决定为此提供信贷服务，形成财政与金融协同支农效应。

3. 强化人才科技保障

大力引进海内外高层次、高技能人才和海外创新团队，营造良好的创业创新环境。加强与海外有影响力、有号召力的侨领及海外高端人才的联系，建立海外引才机构、AA籍精英回归联络站，编制国内知名高校、科研院所人才工作联络图。加大高技术人才、高管等个人所得税优惠力度。强化知识产权保护，加大创新激励力度。

（六）构建全方位的工作保障

1. 健全规划执行约束机制

构建市、县、镇三级AA籍精英创业创新工作规划体系，并将规划纳入各级、各部门目标责任制内容。制订计划书、时间表、路线图，推动AA籍精英回归重大项目早签约、早落实。建立健全科学、规范的管理机制和规划实施的责任机制，加强规划任务的分解落实。建立规划实施的监督机制，重点项目巡查制度，实时监督各项任务进展，强化限期整改等约束措施，保障规划顺利实施。加强规划宣传，调动全市上下实施规划的主动性和积极性。

2. 形成分步分类推进机制

各地、各相关部门要分别制定各年度的具体实施方案。建立定期的阶段评估机制，制定针对规划实施情况的评价指标体系，通过定期评估、发布评估报告，监测规划实施的阶段成效，分析解决规划实施中存在的困难与问题，确保规划目标和任务的顺利实现。

3. 健全全程跟踪服务机制

按照“一个AA籍精英回归项目、一名领导、一套班子、一抓到底”的工作机制，建立专门联系协调机制，从项目的申报、立项到建设、投产等全程跟踪服务。建立“四个一”机制，即建立一个工作网络及制度，制定一个工作及活动方案，梳理一套产业政策，完善一个项目统筹协调推进制度。建立“五单工作法”，即指“年初承诺列清单、主题竞赛发考单、季度督查对账单、双向评议开药单、年终大考放榜单”的工作方法。建立“红绿黄”跟踪评价办法，即紧盯AA籍精英回归项目中的“四率”（履约率、开工率、进度到资率、投产率），通过督查来落实责任，倒逼政府服务升级。

4. 完善绩效考核评估机制

（1）优化评价体系。注重关注AA籍精英回归引进项目投资占产业项目投资比重等指标，科学评价AA籍精英对扩大有效投资的贡献度。注重关注AA籍精英回归引进项目与长期发展战略、与产业结构调整的契合程度，科学评价AA籍精英对经济转型升级的贡献度。注重关注AA籍精英对教育、卫生、文化等社会公益事业和社会福利、社会保障事业的投入力度、贡献程度以及慈善事业的参与度，科学评价AA籍精英对社会事业发展的贡献度。

（2）开展统计分析。完善AA籍精英回归引进工作管理信息系统，加强调研、信息和统计工作，建立和完善科学的调研、信息和统计制度。规范AA籍精英回归引进工作统计办法，确保按时、准确、真实、客观地反映AA籍精英回归引进工作的成果。用好统计成果，加强对AA籍精英回归引进工作发展情况和趋势的分析，以便为各级、各部门提供决策和工作参考。

(3) 实行督查通报。强化督查通报，继续开展AA籍精英回归引进工作季度实绩排名通报、年终综合考评和通报表扬，督促各级、各部门互看互促、比学赶超、奋勇争先。定期、不定期对AA籍精英回归引进重大项目服务推进工作情况进行督查，并在一定范围内通报。

(4) 强化考核激励。按照全市年度总体目标，分解落实到各县有关单位，按照突出重点、简便易行的原则，适时调整考核办法和考核细则，不断提高考核的科学性、可操作性、有效性。严格按照公平、公开、公正原则实施考核，确保考核结果客观、真实。加大考核和财政奖励、新增用地指标奖励等配套奖励力度，充分调动各级、各部门的积极性。

（七）创造人才回归的环境保障

1. 营造尊人才、亲人才氛围

建立领导联系重点AA籍精英制度，支持各地增加人大、政协的AA籍精英代表委员名额，引导在外AA籍精英积极为家乡发展献计、献策。引导创立俱乐部、联谊会、论坛等形式的沟通平台，营造有利于AA籍精英之间交流、讨论的环境。在制定与AA籍精英创业创新有关的重大经济政策、重大发展规划、重大经贸活动方案前，征求AA籍精英代表意见。

2. 营造乡情亲情氛围

继续突出乡情亲情氛围营造，组织召开年会、新春座谈会、片区交流会等活动。经常性赴省外实地走访AA籍精英，开展各类乡情联谊活动，走访慰问AA籍精英亲属。通过创造良好的工作氛围、生活氛围、文化氛围，使AA籍精英能够更好地安心创业创新。

3. 营造舆论宣传氛围

充分发挥新闻舆论的引导作用，全面宣传AA经济社会发展的战略举措和辉煌成就，持续做好投资形象的整体宣传、重点产业的专业化宣传、集聚区等重点区域的发展宣传、目标企业的针对性宣传。定期组织国内、省市新闻机构开展主题化、系列化、常态化宣传，运用电视、报纸期刊、电台、互联网等新闻媒体，坚持定期筛选整理一批 AA 籍精英回归的典型项目、典型企业、典型个人，有效发挥展示成果、总结经验、引领带动的作用。对于做出突出成绩的回归 AA 籍精英，要大张旗鼓地进行表彰和宣传。努力办好“AA 籍精英信息网站”，打造“宣传、展示、联络、发展”的重要平台，使其成为 AA 籍精英“了解 AA 市、投资 AA 市、发展 AA 市”的重要窗口。

（八）搭建高效精准化的服务保障

1. 优化前期审批服务

推行“一窗式”办证、“一表式”申报、“一线制”服务、“一程式”验收和“一卡通”办理的“五个一”审批服务新模式，建设 AA 籍精英回归引进项目审批“绿色通道”。

2. 优化中期协调服务

组织开展 AA 籍精英回归，引进重大人才项目“服务月”“互看互学”等活动，适时召开 AA 籍精英回归项目推进工作现场会，加强督促检查，推动 AA 籍精英回归项目重点突破、有序承接和成功落地。全程对接洽谈，制定个性化的政策措施；全程优质服务，解决实际问题，又快又实推进项目早注册、早进资、早投产和早见效。

3. 优化后期跟踪服务

把后期服务管理水平作为 AA 籍精英回归评估的重要内容，健全重大 AA 籍精英回归项目定期联络、动态监测、即时服务等长效机制。

4. 优化信息平台服务

加快推进 AA 籍精英创业创新网和信息库、项目库、数据库、政策库建设，发挥信息手段在大数据分析、大信息汇总中的作用。

5. 优化公共服务平台建设

（1）活动平台

①综合性平台

创办全球 AA 籍精英大会、开展“天下 AA 籍精英家乡行”活动。

②专题性平台

选择环渤海、长三角、珠三角以及境外 AA 籍精英集中地等重点地区，举办年度针对性引智活动。

③融入性平台

巩固扩大领导联系重点 AA 籍精英制度，针对性融入招引 AA 籍精英回归项目内容，支持各地节庆活动融入 AA 籍精英回归内容。

（2）承接平台

①互动引进平台

充分发挥 AA 籍精英总会组织凝聚的作用，完善各级 AA 籍精英会“引进办”“联络处”指导考核办法，强化“引进办”“联络处”AA 籍精英回归核心职能，定期举办 AA 籍精英回归项目对接活动。

②产业承接平台

加强市级、省级集聚区和国家级、省级高新园区或开发区的联动发展，按照园区产业定位着力引进重大及核心配套项目。推进开发区差异化、特色化发展和开发区品牌建设，高标准打造一批 AA 籍精英回归特色产业园区。

③专题承接平台

积极打造以市级、省级产业集聚区为依托的 AA 籍精英回归产业示范区，形成以市政府产业投资母基金为形式的 AA 籍精英创业创新的资本回归平台，以总部经济为特色的 AA 籍精英创业创新的总部回归基地平台，以特色小镇建设为契机的小镇特色产业平台，以公益基金等集聚方式为依托的社会公益回归平台。

（九）建立定期联系的沟通保障

1. 完善联系协调工作机制

建立市领导、县、镇乡（街道）和机关部门主要领导联系在外优秀人才制度。在国内 AA 籍精英集聚地区，分区域确定市级联系领导，负责 AA 籍精英的年度走访慰问、举办座谈会等重大活动。深化联系方式，市人社局每年要给 AA 籍精英寄送慰问信、贺年卡等，增进 AA 籍精英的乡土情结。主动关心回归人才子女就业、就学、住房保障等问题，定期开展 AA

籍精英亲属联谊活动。

2. 发挥 AA 籍精英会作用

完善 AA 籍精英会建设指导性意见，指导 AA 籍精英会实现科学化、规范化、制度化发展，在服务 AA 籍精英回归引进工作中发挥更积极的作用。充分发挥 AA 籍精英创业创新促进会功能，健全会长、秘书长例会制度，建立各级 AA 籍精英会会协作制度，加强信息库、项目库、数据库建设，提升 AA 籍精英会服务两地经济的能力。办好全国各省（区、市）会长培训班。探索筹建 AA 籍精英学院。筹建 AA 籍精英文化博物馆。以政府补贴和企业分担相结合的形式，充分利用知名高校、各级党校等教育资源，加强对 AA 籍精英文化素养、中小企业高管成长、社会责任以及现代企业制度等综合培训。

（十）制定人才回归的荣誉保障

开展优秀 AA 籍精英回归评选表彰活动，对回归经商办企业和支持家乡经济社会发展成绩突出的人士，市委、市政府召开表彰会，给予物质和精神奖励。对户籍不在 AA 市、回归成绩显著的人士，授予“荣誉市民”的称号。邀请回归人才列席市党代会、市人代会和市政协会议等有关会议。推荐贡献较大的回归人才为市咨询委员、市党代表、人大代表、政协委员人选。

（十一）增强创业创新的培训保障

依托高等院校、专业培训机构，联合举办创业创新工作专题培训班，多形式加强 AA 籍精英创业创新能力培训，增强创新创业带动就业的效应，逐步建立起培训主体多元化、培训模式多样化、培训内容多层次，能够有效覆盖创业创新活动不同阶段的创业创新培训体系。将 AA 籍精英及农民工匠，海外大学生、大学生村官等人员的职业技能培训、技能提升培训、创业创新培训列入政府购买培训成果的内容，按规定给予培训补贴。

六、AA 籍精英回归 SWOT 分析（略）

七、AA 籍精英回归的目标

（一）总体目标

通过年度规划实施，促进 AA 籍精英回归的理念更加稳固、制度更加健全、平台更加坚实、政策更加有力、领域更加广阔，全面形成 AA 籍精英回归与 AA 市经济转型升级紧密融合、互为支撑的良好格局，对 AA 市经济社会发展的贡献度进一步提高。

（二）具体目标

1. 数量目标

在规划时期，AA 籍精英回归总量增速年均增长不低于 10%，力争实现回归到位资金亿元，其中产业项目回归亿元，资本回归亿元。

2. 质量目标

进一步提高 AA 籍精英回归对经济转型升级的贡献度、对推动未来发展的支撑度，设定 AA 籍精英回归重大项目到位资金占比达到 75% 以上，AA 籍精英回归项目新增个以上。

3. 拓展目标

推动 AA 籍精英回归领域从乡情回归、信息回归、智力回归到项目回归、资本回归再到人才科技回归、总部回归、商贸市场回归、社会公益回归、抱团回归“十大回归”格局。AA 籍精英回归中的创新资源、创新要素比例大幅提高，市内外商贸市场互动对接形成常态化机制，社会公益事业回归实现规模化。

4. 环境目标

优化 AA 籍精英回归的政务服务与商务服务环境，提升要素保障力度，实现 AA 籍精英对服务环境满意度整体达 90% 以上，全市上下进一步形成“人才强市”的良好环境。

八、AA 籍精英回归的系列活动之“帮扶对接会”

（一）活动主题

“天下 AA 籍精英家乡行”暨“AA 籍精英回归”工程系列之一：《“术业有专攻”精英人才“燕归巢”精准“一对一”帮扶对接会》。

（二）活动目的

立足家乡产业发展状况，有针对性、分步骤、分批次寻回在异乡漂泊的成功专业精英人士，实现产业需求与人才供给的准确匹配，并实施人才与产业的精准“一对一”帮扶对接，参与治理、投资入股等，乃至启动筹建 AA 籍精英总部基金等，使 AA 籍精英回归从人才回归拓展为“人才、产业、资本”三位一体的新格局，促使“产业、人才、资本”深度融合。实施“产业首席专家”制度，围绕重点发展的产业及领域吸引精英人才，打造“一个主导产业、一位首席专家、一套扶持政策、一批示范项目”的产业培育机制，促进家乡产业“快、准、好”裂变式、跨越性发展。

（三）活动原则

立足 AA 市产业基础、区位优势、资源条件、环境承载能力等项目有资源需求意愿的，充分发挥 AA 市现有产业优势，依托现有工业园区，结合当地产业发展优势和园区产业升级需要，规划和建设一批 AA 籍精英回乡创业创新的特色产业示范基地（园区）。把握 AA 市经济社会转型发展趋势，发挥市场在资源配置中的决定性作用，尊重 AA 籍精英回归意愿选择，满足 AA 籍精英回归合理需求，保护 AA 籍精英回归创业创新热情。坚持项目引进，突出“大、好、高”回归项目主体地位，兼顾引进各类中小项目，实现全方位、多领域 AA 籍精英回归。

（注：工业“大、好、高”项目是指符合国家、省、市产业政策和导向目标，并达到节能环保要求的工业类项目。其中，“大”项目指的是固定资产投资须在 5 亿元以上，且设备投资占比超过 40%。“好”项目指的是固定资产投资 1 亿元以上，且是全球 500 强、中国制造业 500 强、上市公司等国内外知名企业直接投资，对 AA 市重点产业集聚发展带动明显的

龙头型项目。“高”项目指的是固定资产投资5000万元以上，符合国家、省、市战略性新兴产业规划，且具有自主知识产权，或技术处于国内领先，或有“国家高端人才特殊支撑计划”“国家千人计划”“省千人计划”领衔的人才团队支撑的项目。）

（四）活动对象

活动对象由供需双方（精英人士和优质企业）和活动组织（详见活动单位）共同组成，前期先聘请为“周末专家”，后期根据实际情况而定。

（注：“周末专家”主要是指各级各类专业技术人才、经营管理人才，通过事先联系利用星期天或节假日等业余时间，在完成本职工作、不侵害国家和单位技术、经济利益的前提下，为民营经济和各类企业提供各种无偿和有偿服务。）

精英人士：“AA籍精英”是指可以自身的优质资源直接回归AA市，或利用广泛的人脉资源，帮助AA市引进和整合更多优质企业、优质要素的身在他乡的“术业有专攻”的AA籍人士，包含：第一，具有副高级以上专业技术职务的领军型人才及研发型人才；第二，创办经济实体或担任国内外知名企业中高级职务的管理型人才和骨干型人才；第三，掌握一定人才、项目、技能的实用型人才；第四，高层次海外大学生、农民工匠等精英人才。

优质企业：第一期遴选10家作为试点单位。企业为当地特色或优质的产业，具体标准另附（需包含企业SWOT分析、企业家潜力、企业发展态势、企业核心竞争力、资源整合能力、市场容量、可持续性发展潜力、产业上中下游配套情况、人才配备优势等）。

（五）活动单位

主办方：当地各级相关政府部门

承办方：泉州成就你信息科技有限公司

执行方：“成就你”当地子公司

媒体方：当地第一媒体资源（电视、报纸、网络等）

1. 主办方职责

①对活动的整体指导、把关。

②对活动进行全面的领导、管理、监督和检查，不定期检查工作进度。

③对政府领导及友好单位出席相关活动进行协调联络。

④组织相关企业积极参与活动，对活动策划、法律事务、宣传报道等工作进行指导、把关。

⑤相关落地执行工作的组织保障、资源保障，活动经费保障。

2. 承办方职责

①负责活动的总体方案策划。

②负责活动相关资源的规划、调度、协调、落实。

③负责活动期间的组织协调工作，做好情况调度、统计分析，督导落实工作计划和工作进度。

④负责效果评估，建立工作制度和长效机制。

3. 执行方职责

①负责活动的细化执行方案与现场具体工作执行事宜。

②负责活动执行的统筹工作及相关人员安排协调工作。

③负责活动场地选择、谈判、搭建、制作及现场布置。

④负责活动现场媒体、酒店住宿、餐饮交通等工作安排及协调。

4. 媒体方职责

①负责活动的前、中、后期的立体式（电视、报纸、网络等）宣传报道，主要开展政策和活动的宣传报道工作，广泛宣传对接活动的主要意义和主要内容，宣传有关产业、企业、资本、人才联盟的典型事迹。

（六）活动时间

××××年××月××日上午9：00～17：00（暂拟定）。

（七）活动地点

当地政府接待会议室和人才交流大厅（具体待定）。

（八）活动内容

1. 会前准备工作

（1）组织调查各地特色产业、企业与人才、项目、资本对接的需求，将企业需求汇编成册，从中遴选出10个优秀项目推荐给对接会。制定和完善产业目录，明确AA市经济转型升级需要的鼓励和支持类产业。梳理产业方向和制定优质企业的标准（企业SWOT分析、企业家潜力、企业发展态势、企业核心竞争力、资源整合能力、市场容量、可持续性发展潜力、产业上中下游配套情况、人才配备优势等）。

（2）根据企业的需求初步匹配相应的人才资源、资本资源、项目资源等，初步确定人选及制定初步的合作方案。

2. 会中主要活动

活动流程

序号	时间	内容	主持人	地点
1	9：00～9：30	启动仪式及领导致辞	各方代表，政府	
2	9：31～10：30	“燕归巢”精英人士座谈会	当地政府“一把手”主持	
3	10：40～12：00	当地优质产业资源说明会	产业联盟代表主持	
4	12：01～12：20	合影（首届）	“成就你”当地子公司主持	
5	12：21～13：30	午宴	“成就你”当地子公司主持	
6	13：31～17：00	“术业有专攻”精英人才“燕归巢”精准“一对一”帮扶对接会	相关活动单位	
7	17：01～17：30	帮扶签约仪式	各方代表	
8	17：31～20：00	晚宴	“成就你”当地子公司主持	

3. 会后常态化活动

（1）专场项目路演对接会：根据企业人才项目的分类情况，不定期召开不同领域的专场项目路演对接会。

（2）由各市（县）申请，根据其地方特色产业的需求，组织相关产业的人才、项目、投融资机构及产业专家到当地开展诊断、咨询、对接等服务活动。

（九）活动进程

1. 安排部署阶段

时间：××××年××月××日前。制定实施方案，成立“AA籍精英回归工程”专班，配备相关的工作人员，明确相关责任单位、责任工作。

2. 调查摸底阶段

时间：××××年××月××日前。以县为单位，一方面厘清AA当地企业的情况，填写《优质企业推荐表》，汇总后建立企业资源信息库。另一方面摸清AA市在外成功人士的基本情况，填写《AA籍精英登记表》，汇总后建立人才资源信息库（市县人社局牵头，农业局、教育局、民政局、市总工会、团市委、市妇联等配合）。

3. 全面推开阶段

时间：××××年××月××日前。精准匹配产业企业需求与人才供给，并采取多种形式，定期或不定期地与确定的对象进行联系，并提前筹备相应的帮扶方案，大力促进回归（AAA牵头，BBB、CCC等配合）。

4. 会议召开阶段

时间：××××年××月××日。借精英人士节假日回乡省亲之机，营造“群燕归巢”人才大聚会氛围，洽谈、落实帮扶相关细案事宜，并进行现场签约合作（AAA牵头，BBB、CCC等配合）。

5. 总结深化阶段

时间：××××年××月××日前。对“AA籍精英回归工程”取得的成效进行全面总结，表彰先进，引才工作转入常态化、制度化新阶段（AAA牵头，BBB、CCC等配合）。

（十）活动支持

1. 产业保障

（1）相关内容：全面梳理产业，筛选优质企业，提供人才回归发挥的平台。

（2）支持单位：政府相关部门、“成就你”总公司、产业联盟。

(3) 时间节点：××月××日前。

2. 冠名保障

(1) 相关内容：由当地政府冠名支持、以政府名义对外公开宣传，增强人才回归号召力。

(2) 支持单位：政府相关部门。

(3) 时间节点：××月××日前。

3. 基金保障

(1) 相关内容：设立人才回归发展专项基金、产业升级基金等各种专项基金，对人才回归项目给予全力支持与重点扶持。

(2) 支持单位：政府相关部门、产业联盟。

(3) 时间节点：××月××日前。

4. 荣誉保障

(1) 相关内容：开展优秀回归人才评选表彰活动，对支持家乡经济社会发展成绩突出的人士，市委、市政府召开表彰会，给予物质和精神奖励。对户籍不在AA、市回归成绩显著的人士，授予“荣誉市民”的称号。邀请回归人才列席市党代会、市人代会和市政协会议等有关会议。推荐贡献较大的回归人才为市咨询委员、市党代表、人大代表、政协委员人选。

(2) 支持单位：政府相关部门、产业联盟。

(3) 时间节点：××月××日前。

5. 舆论保障

(1) 相关内容：运用电视、报刊、电台、互联网等新闻媒体，加大支持AA籍精英回归和创业创新工作的宣传力度，广泛宣传AA籍精英创业创新和回归引进工作重大成果、经验举措和先进典型。组织开展宣传AA籍精英的各类专题活动，对于做出突出成绩的回归AA籍精英，要大张旗鼓地进行表彰和宣传。积极在北上广投放人才回归广告，拟定出台《AA市人在北上广》杂志，《致AA市人一封信》的号召信等。

(2) 支持单位：政府相关部门、媒体。

(3) 时间节点：××月××日前。

6. 政策保障

（1）相关内容：出台 AA 籍精英回归经济激励政策、“一人一策”激励、科技创新政策、健全人才引进政策等。

（2）支持单位：政府相关部门、“成就你”总公司。

（3）时间节点：××月××日前。

7. 奖励保障

（1）相关内容

①兑现招商奖励。鼓励企事业单位、中介机构、外地商会及个人积极引荐 AA 在外各类人才回归创办企业或智力合作（行业专家、操盘手等）。回归企业（项目）落地投产后，对引荐人给予招商奖励。

②引进技术人才。回归企业引进的高层次优秀人才，可享受有关奖励或补助。引进的紧缺工种技师、高级技师、全国技术能手、享受政府特贴的高技能人才，每人每月给予一定补助，让回归人才能充分施展才华、实现抱负和安居乐业。

（2）支持单位：政府相关部门。

（3）时间节点：××月××日前。

8. 人才保障

（1）相关内容：根据当地相应的产业需求，遴选并匹配相应的人才，制定一套相应的人才保障制度。

（2）支持单位：“成就你”总公司。

（3）时间节点：××月××日前。

9. 资源保障

（1）相关内容：匹配企业需求，链接企业所欠缺的资本、技术等资源。

（2）支持单位：“成就你”总公司。

（3）时间节点：××月××日前。

10. 方案保障

（1）相关内容：根据当地需求，制定相匹配的对接方案细则和企业与人才协同发展的方案，“产业首席专家”制度方案。

（2）支持单位：“成就你”子公司。

（3）时间节点：××月××日前。

11. 激励保障

（1）相关内容：根据产业和人才的需求，制定相应的激励保障举措，保障人才持续帮扶的动力源，产业持续发展的核心力。

（2）支持单位：“成就你”总公司、“成就你”子公司。

（3）时间节点：××月××日前。

（十一）活动预算（略）

（十二）活动效果预测

1. 首届“术业有专攻”精英人才“燕归巢”精准“一对一”帮扶对接会成功举办。

2. 成功遴选10家作为试点单位。

3. 成功召回精英人才30名以上。

4. 帮扶对接会签约合作率预估60%。预计回归累计到位资金亿元。

5. 促使AA籍精英发挥扩投资、稳增长“主力军”的作用，成为调结构、促转型的“新血液”。

6. 全市上下进一步形成亲人才、安人才、兴人才的“人才强市”氛围。

（十三）活动奖励

1. 签约合作成功的企业需按照“周末专家”年薪的10%支付给“成就你”总公司。

2. 政府奖励给签约合作成功的“周末专家”一定比例的经济补贴和“成就你”总公司的人才引荐费用。

3. 政府奖励给“成就你”总公司成功策划及执行的奖励（满足活动效果预测的条件）。

4. 产业联盟或企业奖励给“成就你”总公司签约合作成功的资本、技术资源链接整合费用。

第八部分

人才经济开发的抓手③

——“创新人才培养”工程：助推产业转型升级的“基石”

第一章　推动创新型产业人才培养工程，打造城市竞争力“抓手”

拥有怎样的人才资源，决定一个城市的未来。人才结构的合理化，是提升产业结构的能动力量。今天的人才结构就是明天的产业结构。人才的层次决定产业的高度，没有充足的人才队伍、合理的人才结构，产业的创新、转型、升级将失去基本动力。

过去强势区域凭借经济实力，使职业教育向强势区域倾斜输送优质劳动力，推动强势区域经济发展。职业教育使强势区域劳动力素质结构得到了优化，保证了区域经济发展。区域经济的整体水平和综合能力在一定程度上更容易获得职业教育向区域输送优质劳动力，优化区域劳动力的素质结构，推动区域经济发展。

开展依托产业联盟，探索建立跨企业、跨专业的高端人才创新团队的“团队式”培养。有计划地安排各类高端人才主持或参与重大项目和重点课题的“项目式”培养。开展高端人才交流挂职、进修培训、联合研究等“联合式”培养。设立“高端人才个人培训账户”，制定个性化的培养方案，提供有针对性的培训和学术交流机会的“跟踪式”培养。实施高端人才接力工程，通过推行导师制，开展“一对一”结对子等活动，形成老中青结合的“梯队式”培养。

第一节　加强人才培养与经济新常态的“优结构”相磨合

“新常态”下的经济结构即将或者正在发生全面、深刻的变革。经济结构决定产业结构、决定市场的人才需求结构。在人才供需结构性矛盾本已非常突出的背景下，“优结构”对人才培养提出了更高的要求。科学破解结构矛盾，有效配置人才资源，根本出路还是在发挥市场的决定性作用、推动市场需求与人才供给在不断磨合中有效匹配。要将人才培养目光投向人才使用市场，通过市场杠杆来引导和调节人才培养工程或项目，发挥企业在人才引进中的主体性作用，切实解决人才短缺的问题。要用前瞻性的眼光培养适应“优结构”需要的人才，在稳定规模、提升质量、保证供给的前提下，结合本地主导产业转型的需要，及时拓展领域，吸引符合转型发展、绿色发展、创新发展的优质人才，将人才培养引入良性循环的轨道。

第二节　建立长效的高端人才培养机制

当前和今后一个时期，贯彻落实创新、协调、绿色、开放、共享的发展理念，协调推进“四个全面”战略布局，实现“两个一百年”奋斗目标，必须全面深化高端人才培养工程体制机制，最大限度地激发高端人才创新活力，推动改革发展事业更好地为经济社会发展和改革开放服务。

一、高端人才培养的原则

（一）坚持高端引领

高端引领是对高端人才的主要定位。要以全国高端人才培养工程为重要平台，培养造就一批知识结构优化、实践经验丰富、创新能力突出、职业道德高尚、具有国际视野和战略思维的高端人才，切实担当起行业领军的重任，发挥引领辐射作用，积极参与改革，服务经济社会发展。

（二）坚持服务发展

服务发展是培养高端人才的根本目的。要主动把握并积极适应经济发展新常态，把服务经济社会发展作为高端人才队伍建设的出发点和落脚点。坚持科学发展以人为本、人才发展以用为本，把用好、用活高端人才作为重要任务，积极为高端人才拓展事业和实现价值提供机会和条件，以便更好地发挥高端人才的作用。

（三）坚持改革创新

改革创新是高端人才培养工程持续发展的不竭动力。要强化高端人才培养工程组织管理体制，创新有利于科学发展的高端人才培养体制机制。

（四）坚持德才兼备

加强职业道德培养，提升高端人才职业道德水平；要坚持“德才兼备、以德为先”的选拔培养标准，加大培训考核力度，牢固树立诚信为本、操守为重、坚持准则的职业理念，塑造高端人才的良好职业形象。

（五）坚持统筹推进

加大城市高端人才培养工程的统筹整合管理力度，兼顾不同层次、不同类别高端人才的特点，适当统一选拔标准、培训机制和考核办法，按照分类培养、联合打造模式，搭建高端人才培养梯队，实现高端人才队伍的全面、协调、健康发展。

二、构建高端人才的培养机制

（一）坚持引才和育才并重

积极创新人才培养开发模式，采取“请进来”与“走出去”相结合的办法，通过与全国知名高校合作，建立国内人才外训基地、邀请知名专家教授，通过为企业高层管理人员进行辅导讲座、举办专业技术研讨培训班等多种形式，强化对本土人才的培养开发。在全市范围内培养储备一批党政人才、企业经营管理人才、专业技术人才和高技能人才，提升全市人才队伍的整体素质。在大力引进高端人才队伍的同时，针对不同人才的成长规律，建立多层次、多渠道、多形式的人才分类培养体系。

（二）改革完善科研项目招投标制度

健全竞争性经费和稳定支持经费相协调的投入机制，提高科研项目立项、评审、验收科学化水平。进一步改革科研经费管理制度，探索实行充分体现人才创新价值和特点的经费使用管理办法。下放科研项目部分经费预算调整审批权，推行有利于人才创新的经费审计方式。完善企业研发费用加计扣除政策。探索实行科学研究成果后期资助和事后奖励机制。

（三）遵循企业家成长规律，拓宽培养渠道

建立有利于企业家参与创新决策、凝聚创新人才、整合创新资源的新机制。依法保护企业家财产权和创新收益，营造尊重、关怀、宽容、支持企业家的社会文化氛围。合理提高国有企业经营管理人才市场化选聘比例，畅通各类企业人才流动渠道。研究制定在国有企业建立职业经理人制度的指导意见。完善国有企业经营管理人才中长期激励措施。同时要以“修心正气”为培养理念，以“心智养成和人格塑造”为主要内容，重精神传承之道，帮助“创二代”树立正确人生观、价值观，培养“心诚气正”的企业接班人。

（四）建立产教融合、校企合作的技术技能人才培养模式

大力培养支撑中国制造、中国创造的技术技能人才队伍，加快构建现代职业教育体系，深化技术技能人才培养体制改革，加强统筹协调，形成工作合力。创新技术技能人才教育培训模式，促进企业和职业院校成为技术技能人才培养的“双主体”，开展校企联合培养试点。研究制定技术技能人才激励办法，探索建立企业首席技师制度，试行年薪制和股权制、期权制。弘扬劳动光荣、技能宝贵、创造伟大的时代风尚，不断提高技术技能人才经济待遇和社会地位。

（五）促进青年优秀人才脱颖而出

破除论资排辈、求全责备等陈旧观念，抓紧培养造就青年英才。建立健全对青年人才的普惠性支持措施。加大教育、科技和其他各类人才工程项目对青年人才培养支持力度，在国家重大人才工程项目中设立青年专项培养计划。改革博士后制度，发挥高校、科研院所、企业在博士后研究人员招收培养中的主体作用，有条件的博士后科研工作站可以独立招收博士后研究人员。拓宽国际视野，吸引国外优秀青年人才来华从事博士后研究。

（六）建立全方位全过程的人才培养开发机制

实施企业家素质提升工程，建立企业经营管理人才培训基地，开展企业经营管理人才业务培训。实施专业技术人才知识更新工程，免费培训中高级专业技术人才，选送重点学科带头人和技术骨干去学习深造。实施高技能人才振兴工程，完善职业培训政府补贴政策，不断扩大政府补贴职业培训规模。加大青年人才培养扶持力度，研究制定选调生和大学生村官管理办法、出台实施“三支一扶”计划管理办法、实施高校毕业生储备计划，提高青年人才的日常管理和服务保障水平，推动优秀青年人才不断涌现。

第二章 实施“人才—产业”融合培养战略，构建创新人才高地

第一节 创新驱动下，城市人才培养“质量路径”与“系统思维”

一、产业人才培养路径

（一）传统产业人才

1. 完善人才流动机制。发挥政府主导作用，给予激励及优惠政策，鼓励传统产业中的富余专业技术人员向特色、新兴产业流动。

2. 优化人才市场资源配置作用。加强人才市场建设，有效吸纳社会资源，通过人才中介服务组织，帮助传统产业中富余人才接受再教育，使其顺利地向特色产业、创新产业流动。

（二）特色产业人才

一般区域特色产业发展速度较快，产业结构不断优化调整，对人才的需求量也越来越大。因此，除了需要不断提升特色产业人才的数量，更要不断提高特色产业在职人员的专业素质。

1. 制定激励政策，提高特色产业人才收入水平。大幅度提高特色产业专业技术人才的薪酬待遇，将薪酬、晋升与专业技能挂钩，激发特色产业人才深造的积极性。

2. 加强在职培训，提升特色产业人才技术水平。建立人才联动机制，推进城市构建人才共享机制，共同创造人才培养生态环境。鼓励专业技术

人才定期开展专业技能交流活动，加强人才的专业技术交流与合作。

（三）新兴产业人才

战略性新兴产业要实现跨越式发展，更好地发挥其促进产业战略升级的作用，在完善技术创新体系、加强技术标准体系、知识产权体系健全的同时，要以科技人才队伍建设为重点，不断完善科研机构创新激励机制，结合战略性新兴产业发展的现状，创新科技人才的培养、管理及开发模式，以培养出适合战略性新兴产业发展的复合型、创新型及应用型的人才。这是实现经济发展方式由“量变”到“质变”的必要条件。

1. 创新科技人才的培养机制

科技人才是战略性新兴产业的“智力资源”，是产业能够持续、快速发展的“驱动力”。创新科技人才的培养机制包含创新人才选拔机制、创新人才使用机制、创新人力资源管理部门自身建设。

2. 健全战略性新兴产业科技人才政府政策支持体系

健全、完善战略性新兴产业科技人才政府政策支持体系，从根本上提高科技人才及其组成团队的社会地位、品牌效应，创造更好的科技人才发展环境。政府政策支持体系包含健全人才培养政策体系、完善科技人才引进政策、建立健全战略性新兴产业科技人才培训基地。完善“企业自主培训、政府支持培训以及社会职业培训”的全方位培训体系，扩大科技人才培训的覆盖面、深度，企业自主培训体系的建立，使科技创新型人才的培养更加具有针对性。

3. 完善战略性新兴产业科技人才“凝聚”体系

吸引、留住科技人才，关键是给予他们应有的待遇。要创新科技人才分配政策，建立以“重贡献、重业绩”的待遇分配政策，对科技人才的工作成果进行考核，采取企业领导、普通职工、人力资源管理部门评价相结合的方式，不断完善战略性新兴产业人才凝聚体系。

二、在职培训发展路径

针对不同产业的人才采用不同层次和方式的在职培训、培养模式。强化和完善相关在职培训制度、机制，建设创新专业技术人才、高端技能人才、企业经营管理人才，规模适度、结构合理、素质较高，与产业需求相符的人才队伍结构。

（一）创新专业技术人才

工作核心：提高专业技术人才技术创新能力。

一是建立与区域产业需求相适应的专业技术人才培养机制，构建面向区域产业转型、升级的分层、分类专业技术人才培养模式；二是充分利用国内外资源，培养高层次创新人才，将素质较高且具有科研潜力的产业研发人员送到国外或国内发达地区参加针对性较强的培训；三是加快建设国内外一流大学与研发中心，发挥高校、科研单位高层次科技人才培养基地的作用。

（二）高端技能人才

工作核心：培养高端技能人才的实践能力与科技成果转化水平。

紧跟城市产业转型升级的步伐设置实训项目，重点突出“高（高端职业和技能）、新（新兴职业和技能）、长（长周期技能开发）、前（前瞻性技能开发）”。建立投融资服务平台和完整科技创业金融链条，建立人才项目资本的对接通道，健全科技金融风险分担补偿与补贴机制。适应不同基础和起步特点的领军人才创办企业，完善全过程投融资助力成长，健全覆盖企业初创期、成长期、成熟期和上市各环节的科技金融体系，如扶持资金、天使投资、股权投资、科技贷款、项目担保贷款等。搭建“领军人才＋核心人才＋团队的‘一条龙’”，优化人才政策顶层设计，加强领军人才、核心技术研发人才培养和创新团队建设。发挥领军人才和创新团队的引领作用，形成科研人才和科研辅助人才衔接有序、梯次配备的坚实“金字塔”结构。

一是借助产业资源，构筑职业教育平台，面向区域产业与企业需求，构建以提高高端技能为本的技能人才培养模式；二是利用并发挥好培训基地的作用，借助职业院校的师资力量，对企业高端技能人员进行培训；三是充分发挥企业的主体作用，完善技能人才职业资格考评、认定制度，促进技能人才提高技能水平。

（三）企业经营管理人才

工作核心：提高企业经营管理人才的市场开拓能力和现代化经营管理水平。

一是着力培养本土企业经营管理人才，对接区域产业集群的要求，培养出一批具有组织能力、掌握业内技术的本土企业经营管理人才；二是遵循企业家成长规律，组织企业经营管理人才参加在职培训、在职游学等，不断提高该类人才的管理能力；三是根据经济、产业发展的最新动向，举办各类高层次管理人才经验交流会、沙龙等，邀请熟悉国际、国内市场环境的优秀企业家，为区域企业经营管理人才出谋划策。

第二节　创新校企合作“四合一享”模式，促进区域经济快速发展

构建符合企业实际的“四合一享校企合作模式”，打造“最佳雇主”和“创造可持续价值的值得信赖的合作伙伴”的形象，通过企业的升级，提升产业综合竞争力，进而促进区域经济快速发展。

“四合”：师资合作（客座教授、兼职培训师、专题培训、校外辅导员）；培养合作（联合培养、委托培养、实习基地、人才引进）；项目合作（管理类、科研类、技术类）；产学研合作［研究生工作站、博士（后）工作站］。“一享”：信息共享（图书、资料）。

资讯链接：广东多所高校获批新增备案专业，将结合经济产业培养人才。

日前，教育部公布了“2016年度普通高等学校本科专业备案和审批结果”，包括佛科院、东莞理工学院在内的广东多所高校，获批新增本科备案专业。自2015年开始，广东省就提出要投入超过80亿元来建设三所高水平理工科大学。这些学校新增加的专业均和当地经济产业结合紧密，为当地产业发展培养急需的人才。历经近两年时间，三所大学的建设已取得初步成果，成为支持当地经济转型发展的助推器。除了这几所高校，珠三角各大城市也都有一批理工科大学或向理工科大学转型的高校，通过积极

调整专业设置和人才培养计划，努力布局与所在城市主导产业相吻合的专业教育体系，为城市发展尤其是当地的产业转型升级提供助力。重点发展支柱产业，形成了“工学类专业集成度高、专业体系与产业链关联度高、专业布局与珠三角主导产业吻合度高”的应用型特色明显的专业体系。

第三节　区域人才培养投入与产业经济产出协调适配性

“区域人才培养的投入”与“区域产业经济的产出”互为依托，并在高技术产业约束条件下构成具有投入和产出的耦合系统，区域高技能人才的产出主要来源于高等教育阶段对人才培养的投入，地方政府可以通过政策和资金等手段对人才投入过程加以调配。

人才发展一体化的重要前提是区域内各地经济结构“错位”，而不是通常所说的经济结构“均衡”；出发点是区域内各地人才结构的“错位”配置以实现“互补”，从而使区域内各地所期望的人才结构“完整”，以支撑地方经济社会全面发展；行动方案是各地根据自己的人才发展实际“有所为、有所不为、扬长避短、各安其位”，而不是“开展人才大比拼”。

人才交流融合、共同发展的理想状态，是在区域内各地区功能定位科学、经济结构“错位”、产业布局合理，形成互相支撑、互为补充格局的前提下，政府部门对由此产生的不同人才需求进行引导、调控，优化配置，区域人才培养投入与产业经济产出协调适配性，最大限度地发挥区域人才资源的整体效能。

第四节　实施“点、线、面”联动的城市人才开发策略

所谓“点”是指要采取优惠措施，在经济条件和生活环境较好的地区，吸纳一批以博士、院士等为主体的高级人才，形成人才特区，使这些人才成为城市科技创新的知识精英，单位成为城市科学研究的前沿阵地。

所谓“线”是指高度关注有利于城市经济发展的优势行业和支柱产

业，为这些行业培养和引进所需的各类高素质人才，特别是紧缺的工程技术和管理人才。

所谓“面”是指针对城市产业集群和人才集群的不足之处，采取产学研一体化的培养方法，提升城市的人力资本含量。着力打造“优生优育、学前教育、义务教育、职业教育、道德教育”的全链条育才模式，推动人才全面发展。

第五节　人才培养模式创新暨科技创新人才培养模式借鉴

一、构建创新型人才培养模式

创新型人才培养模式就是在培养人才时，坚持“以人为本”的理念，充分尊重学生的主体地位和个性发展，使学生在知识、能力、素质三个方面有机地融合，构建“教学＋实践”双结合，激发创新精神和培养创新能力。

（一）教学：以学生为中心

创新型人才培养模式，就是要在教学中实现知识、能力、素质的辩证统一。在课堂教学方式上，树立学生的主体地位，提倡以启发式、讨论式的方式进行教学，实现由“灌输式”向“引导式”课堂教学方式的转变；注重因材施教，重“渔”而不只是“鱼”，重“林”而不只是“木”，提高自学能力、独立钻研能力和开拓创新能力。在教学手段上，提倡教学手段多元化，实现“声音、画面、内容”的有机统一，用信息化技术推动教学内容。

（二）实践：搭建多元化实践平台

利用高校科研实践平台优势，增强学生的参与性。协调科技处、学生处、教务处等管理部门的职能，形成一个兼顾人才培养、学科建设、基地建设和科学研究的大组织体系，为培养学生参与科研实践提供良好学术环境和科研条件支撑，增加学生参与科研实践的机会。发挥第二课堂的平台优势，鼓励学生自我实现。在资金上给予适当的倾斜，在管理上给予学生足够的自主发展空间，加大对第二课堂活动的支持力度。挖掘产学结合的平台优势，增加学生的就业机会。利用产学合作的平台，激发学生创新实践的积极性，加速从技术到商业成果的转化，拓展高校课程和研究的空间，增加学生接触企业的实习机会，帮助学生实现从设想向现实的跨越。

二、构建创业型大学借鉴

构建集知识的生产、传播与转化于一体，实现政产学研高度融合的创业型大学，将培养高层次创新型人才作为首要任务（见表8－1）。

表8－1　构建创业型大学借鉴

序号	举措	说明
1	进行入学倾向性测试	对学生进行入学倾向性测试，对学生精挑细选，根据学生的禀赋与兴趣，制订最合适的特定课程的学习计划
2	教—研—训有机融合	创业型大学的教学形式包括讲座、练习、研讨、实验与实习等，部分课程计划的讨论课、实验课与实习的学时占总课时的40%以上，从而使教学、科研与实践有机结合
3	突出交叉学科	在制订教学计划时，要求各专业必须在基础课程配置中，融入跨学科的相关课程，以促进不同学科间的交叉与融合，拓宽学生的知识与视野
4	产学研合作	既根据产业发展的最新需求不断调整教育模式，联合企业整合优势资源培养实用型、创新型人才；又充分发挥自身优势，通过和大型跨国企业开展项目合作，将所培养的人才向该类企业输送，提高学生的就业率与就业质量
5	实施“走出去”战略	和国内外大学签订学历互认协议及合作关系
6	扶持大学生创新创业	建立创新创业中心，通过开宣讲会、提供信息与咨询、资金赞助等，为有志于创新创业的学生提供强有力的支持与帮助

资料来源：阳立高，韩峰，杨华峰．发达国家高层次创新型人才开发经验及启示[J]．科技进步与对策，2014.

第三章　大力培养城市经济社会发展重点领域“急需紧缺”专门人才

第一节　“大使班”：培养“招才引智”团队创新能力的“大使班”

21 世纪是知识经济时代，驾驭这一时代的关键是“人才”。如何重视人才、开发人才、盘活人才，则为“招才引智”团队工作的“主旋律”。为此，必须强化引进意识、培养意识、发现意识、使用意识、激励意识、保护意识。要有战略眼光和理性思维，要有抢抓机遇和迎难而上的决心，要有保持奋发有为的精神状态，要有形成一批有实在效果、深得人才好评、有推广价值的实践经验。

内容：城市优势宣传、人才谈判（含国际商务谈判中跨文化因素解析能力）、人才工作基本内容、人才政策法规、人才项目申报、人才队伍建设、促进创新创业、加快科技成果转化、人才工作机制、优化人才发展环境等方面。

第二节　“总裁班”：培养产业转型高端创新型领军人才（企业家）的“总裁班”

在现代经济社会，企业家是现代企业的高层经营管理者，是市场经济条件下专门从事企业组织管理、经营的专家，是将企业各种资源要素合理有效配置的能手，是现代市场经济高度发达、资本极度人格化的典型代表。企业家以自身特有的人力资本价值及在企业经营中的决策权限，在经营管理中处于中心、主导、支配地位，发挥着举足轻重的作用。他们决定着资本与劳动的结合方式，生产要素的配置形式和利用效率。

内容：企业家队伍建设需要建立与之相适应的培训制度，增加企业家供给，为企业家的聘评机构提供企业家资源保障。建立企业家培训制度，使企业从制度上保证和促进企业家终身学习。通过对企业家或基本具备企业家素质的人员进行试用制度，规定试用期和考核标准。加强企业家协会的建设，使之成为企业家相互交流经验、取长补短、共同提高的重要场所。实行考核奖惩制度，建立对企业家的激励和约束机制。建立“导师制、进修制、联合培养、实习实践”等企业家培养方式。制定统一的企业家资格认证书，公司经营管理者要逐步实行持证上岗制度。资本运作，治理结构培训。增强拥抱大时代“社群经济思维”，构建合理清晰的股权结构及“合伙人”机制，开创积分管理体制创新等相关培训。

第三节　“工匠班”：培养产业链高端创新人才和产业链为导向的集群式高技能人才的“工匠班”

依托产业链，以服务和对接产业集群需求为宗旨，以培养“既具有精深专门岗位技术技能，又具备产业链整体认知、能够解决相关领域和岗位的技术技能问题，具备较高职业道德素养、产业文化认同感、产业文化素养，以及社会适应能力和创新创造能力”的高素质复合型技术技能人才为目标，构建“以产业链为导向的集群式技术技能人才培养模式”，充分发挥行业、企业培养技能人才的主体作用，加强岗位技能培训，促进本行业技能。

内容：以各类职业技能竞赛和高技能人才技术交流活动为培养技能人才的重要载体，鼓励支持各行各业举办各种形式的岗位练兵和各种类型的技能竞赛，为技能人才成长创造平台，激发技能人才岗位成才的热情，促进技能人才的快速成长。

第四节　“CEO 班”：培养政府“一把手”人才经济知识、技能的“CEO 班”（基础班、提升班）

新时期政府“一把手”要做好“四个把握好”。把握好“三个势”，即把握好规律的势，把握好环境的势，把握好自身的势；把握好“两个情”，即把握好实情和民情；把握好“三个度”，即把握好工作的深度，把握好工作的精度，把握好工作的力度；把握好“四条线”，即把握好理想信念的“高线”，把握好担当有为的“主线”，把握好服务发展的“专线”，把握好为官做人的“底线”。

内容：坚持需求导向、分段培训、分类教学，增强培训工作的针对性和实效性。一是通过各种途径广泛了解学员的培训需求，合理设计培训方案。二是分段培训，针对“一把手”工作密集度，合理安排培训课程及时间，妥善解决工学矛盾。三是实施分类教学，按照领导干部的工作岗位和工作性质，分党的建设、行政管理、社会服务和管理三个专题班，实施小班化教学，聘请当地资源匹配的行业、企业知名操盘手来上课，并组织赴中关村创业大街等开展现场教学，切实增强培训实效。

第五节　“双创班”：培养懂业务、懂专业的城市人才管理工作队伍的“双创班”

建设一支高素质的城市人才管理队伍，是搞好城市“创新创业”管理工作的需要。因此，需要培养一支忠诚实践科学发展观，具有科学判断形势、驾驭市场经济、应对复杂局面和总览全局能力的城市人才管理工作队伍。

内容：通过对城市人才管理工作队伍在人员培养、孵化运营、体系建设、环境完善等方面，开展具有针对性、专业化的技能培训，增强从业人员对“双创”工作的全面了解并提升业务能力和服务水平，形成一支高水平、高素质、专业化、职业化的双创服务队伍，为全市科技企业孵化器和众创空间的快速健康发展提供高水平的人才、环境等要素保障。

第六节、"名家班"：培养地方特色"名师""名管""名医""名家""名星""名匠"的"名家班"

一、培养地方产业特色人才的推进方式

1. 分类分层次"阶梯式"培养。根据人才类别及专业，量身定制适合的人才培养资助模式。

2. 校内校外"菜单式"培养。通过开展专题培训、院校合作培训、校企合作培养等，为地方产业发展培养专业人才。

3. 特色人才"品牌式"培养。通过打造区域特色实用人才品牌培育体系，着力培养地方主导产业、特色产业人才与特色乡土人才品牌。

二、开设地方特色各种培训班

1. 教育"名师"培养

以"名师"培养工程引领"四有"（有理想信念、有道德情操、有扎实知识、有仁爱之心）高素质教师队伍建设，造就一支结构合理、师德高尚、理念先进、业务精湛、专注创新的高素质教师队伍，打造"品质教育"品牌，全面提升教育的核心竞争力。

内容：通过建立健全"名优"教师培养、选拔和管理的有效运行机制，使教师队伍整体素质全面提升，队伍结构进一步优化，资源配置趋于合理，促进教育教学质量的全面提高。

2. 企业"名管"培育

围绕具有核心竞争力和产业优势的企业、集团发展需要，以提高企业经营管理人才驾驭市场复杂变化的能力和现代化经营管理水平为核心，以培育企业家、职业经理人、青年创业者等企业"名管"为重点，着力推进领军型企业家和新生代企业人才队伍建设。

内容：在重点产业领域开展以企业管理提升和精细化管理为重点内容的专题培训，开展“名企名管赴名校”行动，组织企业高端管理人才赴国内知名院校进行教育培训。

3. 卫生“名医”培育

推进“名医”培育工程，培养开发一支以主任医师、主任药师、主任护师等为重点的卫生“名医”，优化卫生人才队伍结构，激发人才创新创优活力，带动“名科”“名院”建设，实现“三名”共创。

内容：建立健全名医人才培养体系，深入实施基层卫生人才培训计划、高层次卫生人才引进计划、高层次卫生人才培养计划。按照“提升医疗技能，创建卫生品牌”的工作思路，举办岗位练兵、技能比武、知识竞赛等活动。在医疗卫生领域组织开展“名医”评选活动。

4. 科技“名家”培育

紧贴产业转型升级的发展大局，以提高专业水平和创新能力为核心，重点培养和建设一支由优势学科专家、专业技术带头人、中青年科技骨干等科技“名家”领军组成的专业技术人才队伍。

内容：构建专业技术人才培育体系，遴选一批重点学科和产业的专业技术骨干，开展以理论和技术更新为重点的教育培训，着力提高业务能力和创新能力。以“人才+项目”的培育模式，增强专业技术人才的科研能力和实践能力。加强企业院士专家工作站、博士后工作站以及企业技术（研发）中心、企业研究院等平台建设，促进科研成果向现实生产力转化，推进产学研一体化。

5. 文艺“名星”培育

根据“人才兴文”战略，坚持人才优先发展，加快培养一批造诣高深、成就突出、特色鲜明、影响广泛的文艺名家，以点带面地推动文化人才队伍壮大规模、提升素质、优化结构、持续发展。

内容：创新完善多元化、立体式培育体系，建设一支门类齐全、结构合理、富有活力的高层次文化人才队伍，激发人才创新创优活力。办好各类文化人才培训班，通过与高等院校联合办学、定向培养、在职进修培训以及选派人才到相关高等院校、知名文艺院团等单位进行阶段性实习或工作等途径来培养高层次文化人才。为人才承担重大创作（演出）活动，参与国内外重要学术交流、演出、评奖、展览等活动提供有利条件。

6. 产业“名匠”培育

根据产业转型升级和市场需求，按照“政府主导、企业主体、校企合作、市场配置”的思路，围绕产业发展方向，尤其是支柱产业、特色产业和重大项目建设发展需要，培养一批以高级技工、技师为重点的产业“名匠”。

内容：整合职业教育和技能培训资源，支持和鼓励本地学生、企业技工等接受职业教育，培养一大批技艺精湛、适应主导产业发展方向的高技能人才。建立技能大师工作室和高技能人才公共实训基地，推动梯队建设，打造“名匠”。

第四章 “互联网+”时代，培育融合思维的创新创业型人才的策略

一、树立理性批判和怀疑精神

创新型人才普遍具备理性批判和怀疑精神，需要在学术界和产业界打破我国的学术垄断和权威人士“一言堂”的局面，鼓励更多的年轻人追求真理和树立怀疑精神，鼓励年轻人通过实践去检验真理。

二、鼓励创新和容忍失败的文化氛围

创新有风险，许多伟大的发明和产品创新都是建立在不断的失败和反复测试中的，这就需要整个社会克服这种过度的“以失败论英雄”的功利性文化。而更多的是给暂时的失败者一定的容忍、鼓励和帮助，而不是冷嘲热讽。

三、加强跨界型人才培育力度

政府应推动各类科研院所实行融合型的研究机制和跨学科的专业设置，促使其培养出具有复合型知识和创造性思维的人才。学校应该在课程的设计上打破过去的限制，注重多种学科的交叉融合，培育复合型的学生。企业应建立起再教育培训机制，改变员工对传统科技知识的惯性，培养员工掌握更多更新的复合性知识和技能。复合型人才的培养，是一项系统工程。从中学阶段开始，就要逐步树立正确的观念，培养学生们的复合型人才发展意识。大学是我国培养人才的最重要场所，新经济时代，众多的新业态新模式，都与互联网息息相关。大学生应加强学习互联网知识，

再将互联网知识与本专业知识有机地结合到一起思考。

四、合理统筹知识产权和知识传播的关系

创新有风险，如何保障创新者获得必要的社会认同和应有的回报，建立必要的知识产权保护制度就显得极其重要。而同时要必须避免过度的知识产权保护，而减少了知识的“流量传播”，这本身就需要知识产权的制定者和市场经营者、知识创造者进行统筹的思考和利益协作。

五、构建一个“政产学研金介用媒”的社会网络平台

社会应该协同建立一个“创新雨林系统”，让个体和组织进行社会“摩擦”，形成新的创意灵感和孕育新的商业模式，实现自下而上的社会创新。推动“众扶、众创、众包、众筹”的创新理念，促进政府、企业、科研机构、金融机构、中介和媒体的共同发力。

六、开辟新的交流和合作的空间平台

一个城市应加强基础设施保障，深化各种人才的相互交流和协作空间平台。例如，开辟新空间，汇聚新要素，建设新设施。建设社交化、分布式的研发生产空间，打造高技术、高情感、高接触的新型产业空间，如创客空间、创业社区、邻里中心等。汇聚信息资产、知识资产等新经济产业发展资源要素，包括天使资金、风险资本、知识型的劳动者、大数据、知识产权等。建设“云＋管＋端”的信息经济设施，建设“政务云、企业云、行业云”等云设施，完善互联网、平台终端以及服务生态。

培养创新创业人才是一项系统工程，不可能一蹴而就，必须树立系统观念。实践表明，创新创业人才最好的成长通道是以大项目、大事业来铺就的。对于创新创业人才的培养要给舞台、压担子，创新人才的培养开发、评价发现、选拔任用、流动配置、激励保障机制，建立充满活力、富有效率、更加开放的人才开发体系，推动人才快速成长。

第五章 “三驾马车”构建以绩效结果为导向的人才培养体系

第一节 统一规划，顶层设计，重要资源“投放”关键领域紧急需要的核心人才

统一规划，顶层设计，重要资源“投放”在关键领域紧急需要的核心人才。通过对用人单位内职位的筛选，了解决策层对“关键”人才的能力、素质、资历等各方面的要求，再依据“价值观、绩效、个人发展意愿、目标岗位胜任潜力”评估标准，最终确定关键岗位。针对每一个关键岗位，甄选出1~3名候选人进行储备。研究多样化的培养体系，重点投入资源，通过上级主管与导师联合培养的模式，制订个人发展计划，分配学习任务，及时反馈和指导成长效果。通过课程培训、在线学习和在岗学习的混合学习方式，采取“以业务任务为载体的标杆实践参观学习+培训分享+经验总结+优化计划落地”的方式，促进关键人才不断地学习获取知识，取得业务绩效的提升。

第二节 学习模式、学习地图、学习引擎“三驾马车”人才培养体系

“三驾马车”包含学习模式、学习地图、学习引擎。

在学习模式方面，主要是对评选（商战名家排行榜评选活动）、主题论坛、大型公开课、小班系统课、商务考察、学习沙龙、企业内训、商战

名家网络服务等学习形式的整合运用。

在学习地图方面，分为核心能力、管理能力、专业能力三位一体的培养。核心能力是指适用于公司全体员工的工作胜任能力，它是公司企业文化的表现，是公司对员工行为的要求，体现公司公认的行为方式。管理能力是指在企业内多个角色都需要的技巧和能力，但重要程度和精通程度有所不同。专业能力是指某个特定角色和工作所需要的特殊技能，各专业岗位匹配不同的专业技能。

在学习引擎方面，分为价值观驱动、学习营销化、学习考核与管理。价值观驱动是将企业学习与成长的价值观，通过宣传片、宣传手册、学习活动以及各种媒介进行传播。学习营销化是通过将学习项目品牌化来整合企业内外部各路营销资源，在企业内部进行推广，在项目的事前、事中、事后三个阶段，利用各种传播手段进行大力传播。学习考核与管理是将学习行为纳入考核与管理范畴，一般采取上岗资质、证书、学分制、荣誉表彰、员工发展等多种形式（见表8－2）。

表8－2　某企业大学管理学院领导力培养与学习地图

——主管级和高潜质的核心骨干

1. 学员姓名：								2. 辅导老师：								3. 学习时间：								
4. 培养方式：测评、面授、上级辅导反馈、在线学习、材料学习、行为学习等混合学习方式																								
一、基本能力（40分）	时段权重	行为标准	自我评估	测评结果				提前2周	1～4周	5～8周				9～12周	13～16周				17～20周	21～24周	1～24周			
				短期职业兴趣	长期职业目标	优点	不足之处	前期准备	选择评估	集中授课				实践活动	集中授课				实践活动	综合评估	在线			
										名称	内容	课时	方式		名称	内容	课时	方式			E－book		E－viedo	
1. 熟悉业务能力																					主题	内容	主题	内容

续表

1. 学员姓名：									2. 辅导老师：							3. 学习时间：								
4. 培养方式：测评、面授、上级辅导反馈、在线学习、材料学习、行为学习等混合学习方式																								
一、基本能力（40分）	时段权重	行为标准	自我评估	测评结果				提前2周	1～4周	5～8周				9～12周	13～16周				17～20周	21～24周	1～24周			
				短期职业兴趣	长期职业目标	优点	不足之处	前期准备	选择评估	集中授课				实践活动	集中授课				实践活动	综合评估	在线			
										名称	内容	课时	方式		名称	内容	课时	方式			E－book		E－viedo	
2. 人际关系能力																								
3. 领导影响力能力																								
4. 人员管理能力																								
5. 项目管理能力																								
6. 客户服务能力																								
7. 时间管理能力																								
8. 常用工具使用能力																								
二、高级能力（60分）																								
1. 战略规划与统筹能力																								
2. 经商能力																								
3. 驭人能力																								
4. 全局思维能力																								

续表

1. 学员姓名：	2. 辅导老师：	3. 学习时间：
4. 培养方式：测评、面授、上级辅导反馈、在线学习、材料学习、行为学习等混合学习方式		

一、基本能力（40分）	时段权重	行为标准	自我评估	测评结果				提前2周	1~4周	5~8周				9~12周	13~16周				17~20周	21~24周	1~24周	
				短期职业兴趣	长期职业目标	优点	不足之处	前期准备	选择评估	集中授课				实践活动	集中授课				实践活动	综合评估	在线	
										名称	内容	课时	方式		名称	内容	课时	方式			E-book	E-viedo
5. 企业家创业精神能力																						
6. 变革管理能力																						

合计：　　课时：　　书本：　　参考案例：　　自学课时：
岗位：　　学习责任人：　　辅导老师：

第三节　构建学习型城市，打造城市人才培养竞争力

所谓学习型城市，是将学习型组织的理念和内容运用于城市管理的一种实践。学习型城市突出以人为本，它是以提高人的综合素质、促进人的全面发展为中心，以实现城市现代化为目标，以全民学习、终身学习为观念，以学习意识的普遍化、学习行为的终身化、学习体系的社会化、学习方式的科学化为特征，以创新为灵魂的充满生机与活力的城市。

一、增强人才培养的适应性

要教育引导青年学生既要刻苦钻研理论又要积极掌握技能，不断提高与时代发展和事业要求相适应的素质和能力。我们要把适应社会需要作为衡量教育质量的根本标准，着力增强人才培养的适应性。

（一）制定支柱产业、战略性新兴产业等重点领域急需人才培养的专项规划，加快培养经济社会发展重点领域急需人才，重点扩大应用型、复合型、技能型人才培养规模。

（二）完善与生产力布局和社会发展相适应的高校布局结构、层次类型结构和学科专业结构。实行学科专业设置的“负面清单”制度和联合审核机制、规划引领机制、专业预警机制、专项评估机制，建立与现代产业体系相适应的学科专业体系。

（三）推进普通本科自主选择专业、自主选择课程、自主选择教师等自主学习模式。高等职业教育深入推进工学结合、顶岗实习、订单培养、现代学徒制等人才培养模式的改革。加快发展专业学位研究生教育。

二、扩大人才培养的开放度

要实行更加开放的人才政策，不唯地域引进人才、不求所有开发人才、不拘一格用好人才。我们要解放思想，更新观念，从全局的高度和国际视野来培养现代人才，构筑人才成长的“立交桥”。

（一）打破校际壁垒

实施校际共享的课程互选、教师互聘、学分互认。每年支持省属高校选派优秀本科生跨校到结对部属高校选修课程、攻读双学士学位，促进结对高校联合培养人才。

（二）打通教育通道

积极探索中、高职教育和应用型本科教育的沟通和衔接，采取“3＋2”中职与高职分段培养模式、五年一贯制高职培养模式，引导和推动部分地方本科高校向应用技术类型高校转型发展。

（三）打开培养格局

探索“高校＋地方政府”“高校＋企事业单位”“高校＋咨询决策项目”“高校＋生产实践”等研究生教育培养模式，在“政产学研用”联动中形成开放的研究生培养格局。

三、提高人才培养的竞争力

要坚定不移地走中国特色自主创新道路，发挥人才在创新驱动发展战略中的引领作用。高等企业是培养创新创业人才的重要基地，要在人才培养规格上，着力提升创新创业创优的核心竞争力。

（一）推进实践教育基地建设。推进高校实习实训基地建设、研究生教育创新基地、大学科技园等平台建设，使之成为提高城市自主创新能力、促进高新技术产业化、推动区域经济发展和行业技术进步的原动力。

（二）加强学生创新创业教育。实施“大学生创业引领计划”，做实“大学生创新创业俱乐部”，建设一批高校“大学生创业实践基地”，设立“大学生创业基金”，大力推进大学生创业教育和自主创业。

（三）促进科技创新活动成果的转化。精心组织高校学生参与国家和省系列科技创新和技能竞赛活动，形成成果转化的有效机制，提高实践能力和创新能力，培养团队协作精神。

四、强化人才培养的匹配度

建设学习型城市必须从实际出发，根据城市的特点和发展目标，有领导、有计划地进行。具体措施：

（一）制定建立学习型城市行动纲领，明确目标和思路。

（二）确立“工作学习化、学习工作化、全民学习、终身学习”的学习理念。

（三）加强学习型组织理论宣传教育，用先进的学习理念武装全体市民，使各类组织和全体市民树立知识改变命运、学习成就未来的新思维，明确学习型组织建设的真谛。

（四）建立各类学习型组织，构建学习型城市的支柱框架。包括学习型机关、学习型企业、学习型社区、学习型学校、学习型医院、学习型街道、学习型家庭等。主要是建立学习型政府、学习型企业、学习型社区等组织。

（五）建立学习型人才培训机构，培养学习型人才。

（六）构建终身教育体系，形成全社会学习教育网络。包括学校教育、家庭教育、社会教育等一系列正规教育和非正规教育。

（七）建立学习运行机制，落实提高学习效率的责任制。

（八）推进城市文化建设，建设全社会学习的平台。

（九）营造“人人是学习之人、时时是学习之机、处处是学习之所”的良好氛围。

第四节　构建在线教育系统（LMS）管理系统

LMS（Learning Management System）学习管理系统是一套用来建立、储存、维护、追踪、管理学习者、教师、教学内容及教学过程的软件系统，目前大部分学习管理系统都是基于 Web 实现的。主要由用户管理模块、学习内容管理模块、学习管理模块、系统管理模块、标准适应模块、其他模块等组成。主要有如下特点：

（一）以建构学习环境设计理论为依据，强调情景、问题、相关实例、信息资源、认知工具、会话与协作等要素的结合。

（二）教与学的协作化，强调教师在课程设计过程中实现协作化课程创作，学习者在学习过程中实现协作化学习。

（三）教学组织方式的多样化，如以周为时间单位的教学、以学生为主体的分组协作教学、基于主题的教学和社区形式的教学等。

（四）学习活动的形式多样化，如论坛、测验、调查、作业、聊天等。

（五）学习支持的个性化，如课程自主的选择，学习过程的档案记录等。

第六章　成立"企业大学"，助推行业龙头企业达成"使命"

企业大学是一种战略工具，职责是通过实施培养个体或组织的学习、知识和智慧的活动来辅助组织达成自身使命。企业大学在企业整体发展战略中扮演着"培养人才、促进企业品牌营销、整合产业链、提高组织智能、推动企业变革、传承文化一致理念"等多重角色。既有对内服务能力，拥有为母体企业提供全方位服务的能力，同时母体企业也可以成为企业大学研发成果的试验田；又有对外服务能力，拥有为产业链上的企业以及全社会提供专业咨询和全面解决方案的能力。企业大学的价值主要表现在以下几个方面。

一、战略推动（战略力）

驱动战略推动的主要因素有培训力、学习力、创造力和变革力四个方面。

培训力为基础，变革力为核心，学习力和创造力为助推器。培训力即通过培训创造价值的能力，主要体现在用有限的培训资源创造最大的价值；学习力即推动员工通过高效学习加速成长和提升绩效的能力，主要体现在缩短员工成才周期、打造规模领导力、提升企业战斗力（重在技能层面）；创造力即推动创新创造价值的能力，主要体现在通过引进先进的管理工具，有效地提升企业绩效和竞争力；变革力即通过变革推动战略实施的能力，主要体现在通过管理咨询推动企业的持续变革和快速成长。

二、文化塑造（文化力）

文化塑造的价值主要体现在凝聚力、战斗力和威慑力三个方面。

凝聚力，即凝聚内外获得支持的能力，主要体现在客户的关注、购买和追随，员工的认同、自我驱动和创造，社会大众和合作伙伴的支持上；战斗力，即作战能力，主要体现在完成既定目标的能力，本处特指精神层面和思维层面；威慑力，即通过施压竞争对手使其恐惧的能力，主要体现在竞争对手未战而怯的心态上。

三、形象提升（形象力）

形象提升的价值主要体现在吸引力、整合力和市值力三个方面。

吸引力，即企业大学对人才的吸引力，主要体现在内部人才忠诚和外部人才主动加盟上；整合力，即利用企业大学整合外部资源的能力，主要体现在政府及其他利益相关者的支持上；市值力，即通过企业大学提升上市企业市值表现的能力，主要体现在上市估值和市值表现上。

四、利润创造

利润提升主要通过服务好内部和外部客户创造直接利润。

五、创新管理思想

企业大学作为第三空间，充分研讨与激发创新企业管理思想与管理方法。

六、培养关键人才

设置系统的领导力与专业力提升课程和培养活动，培育与发展企业关键人才。

第七章　案例：中高级人才"新人成长模式"训练营

营销中心"冠军之师人才成长模式" 训练营

——驻外办事处新进员工"入模子"暨"1 +3"培训考核模式

一、目的

为了迅速使新员工转变观念、统一意志，认同公司的经营理念和价值观，以及掌握公司的基本知识、方法和技能等内容，提升自己的角色转变意识和实际岗位工作能力。使他们初步了解公司及部门对其的期望态度、规范、价值观和行为模式等，从而帮助其顺利地适应公司环境和新的工作岗位，帮助新员工消除进入公司所产生的焦虑，提高工作绩效。

为支持公司的发展，规范对驻外办事处新进员工的培训，通过系统化、正规化的培训和考核，为公司驻外办事处"冠军团队"补充合格的后备力量，特制定新员工"入模子"培训工作实施方案。

二、培训实施规划

（一）方案适用范围

营销中心驻外办事处新入职员工。

（二）职责分工

对营销中心驻外办事处新入职员工的培训分工：

1. 人力资源部负责的对企业基础认知及军训等方面的培训；

2. 营销中心办公室及总部各职能部门负责对公司产品、营销领域相关专业知识、制度流程规范等方面的培训；中心与职能部门负责人皆担负着培养员工的责任，是内部培训师的主要承担者；

3. 营销中心销售部负责对 ERP 系统及销售助理在岗实习的培训和初步评估考核；

4. 营销中心河南办事处负责对一线市场业务主管在岗实习的培训和二次评估及考核；

5. 营销中心派遣区域办事处经理，负责对业务主管试用期间的辅导和转正期初步的考核；

6. 营销中心办公室负责对区域的分配、各阶段的考核和评估、转正的审批；

7. 公司常务副总经理负责资源的提供和新入职员工转正签批。

（三）培训时间和周期

培训实习总周期：2~3 个月。

1. 企业认知模块：培训时间为期 1 周；

2. 营销专业模块：培训时间为期 1 周；

3. ERP 系统及销售助理模块：培训实习为期 2 周；

4. 河南市场学习：培训实习为期 1 个月；

5. 派遣市场实习：试用为期 1 个月。

（四）培训方式

脱岗和在岗培训两种模式。

1. 脱岗培训：包括室内讲授、视频教学、案例教学、小组研讨、座谈、营销现场体验、主要采用集中辅导培训模式（军事化训练、户外拓展等在条件成熟时导入）。

2. 在岗培训：结合岗位需要，主要采用“一对一”辅导或“传帮带”的模式。

（五）培训内容及师资

鉴于培训的长期性和频繁性，考虑成本因素、内部师资等情况，结合驻外办事处员工素质模型要求，主要采用公司内部能提供的培训内容为主，详见培训课程大纲。合适时机可引入在线培训、外部专业讲师培训。

（六）培训地点

公司总部相应的场所、驻外办事处。

三、培训框架（见图8－1）

驻外办事处新员工入职培训主要从企业认知及理念培训、专业知识制度流程学习、ERP和销售助理岗位实习、一线标杆市场学习和区域在岗学习等方面开展。各模块设置目的如下：

（一）模块一：选择大于努力（融入篇）：主要让新员工能够更好地认识行业和企业的前景及吸引力、了解企业的基本状况、能认同企业并坚定自己的选择。

（二）模块二：专业标准塑造（专业知识与技能篇）：通过本模块的学习，清楚自己的定位、系统掌握行业、企业、营销、岗位各方面的专业知识和技能，为在未来的岗位上很好地发挥打下坚实的基础。

（三）模块三：基层锋芒初现（销售助理实习）：为更好地熟悉内外部的协同，通过ERP系统和销售助理的在岗学习，进一步掌握相关政策、制度、流程的同时，熟悉如何对内外部进行更好的协同，支持驻外办事处及各渠道体系的管理和目标的达成，侧面考察新员工的学习能力、沟通协调能力等方面的情况。

（四）模块四：标杆市场学习（河南市场实习）：通过到一线标杆市场的学习，了解市场及竞争状况、客户、各渠道体系的拓展和管理、河南办事处对区域市场的运营管理模式等相关内容，同时进一步观察新员工对市场的敏感度和市场运营管理的能力。

（五）模块五：驰骋纵横疆场（业务主管实战）：通过分配区域担任业务主管的实际操作，培养新员工独立能力的同时，考察该员工真正独立运作管理市场的实际操作能力。

（六）模块六：梦想变成现实（转正）：结合新员工从入职到实际操作的能力系统的评估，对达到条件的员工进行转正手续的办理，真正成为“冠军团队”中一员。

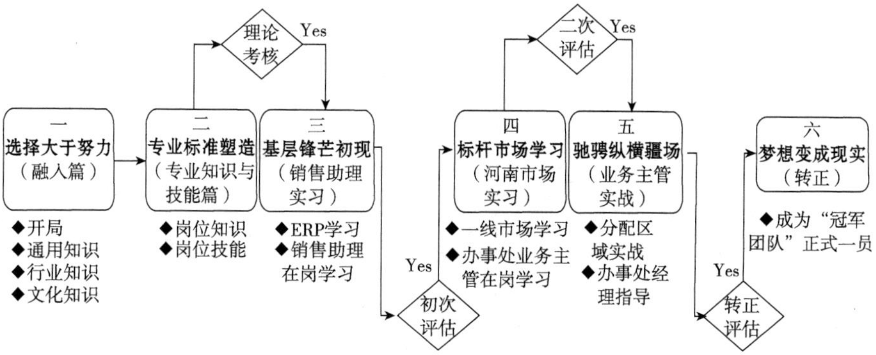

图8－1　驻外办事处新进员工“入模子”暨“1＋3”培训考核模式

四、培训内容

（一）模块一：选择大于努力（融入篇）（见表8－3）

（二）模块二：专业标准塑造（专业知识和技能篇）（见表8－3）

表 8-3　专业知识和技能篇

序号	培训模块	课程主题	课程大纲	课时	培训方式	执行部门	讲师	教材版本号	授课对象	备注
一	开局	领导开训	欢迎、平台介绍、要求和期望	0.5～1 小时	集体授课	常务副总办公室		PX－CW－2015 领导开训－001	全员	
		选择大于努力	人对行(行业介绍)； 选对企(企业介绍)； 跟对人(老板与团队文化)	1.5 小时	集体授课	常务副总办公室		PX－CW－2015 选择培训－001	全员	
二	通用知识	公司人文环境和人事行政管理制度	公司人文环境，考勤管理制度、休假管理制度、厂规厂纪等	1 小时	集中解答疑问	人力行政中心		PX－H&A－2015 人力通用知识－001	全员	
		IT 办公软件系统	日常办公系统应用	1 小时	集体授课	IT 部		PX－IT－2015IT 通用知识－001	全员	
三	文化知识	品牌的力量	品牌战略构架诠释、品牌历程、品牌活动、品牌 VI 知识、品牌传播	1 小时	集体授课	常务副总办公室		PX－CW－2015 品牌的力量－001	全员	做品牌传播者
		向标准看起	员工基本行为规则(结合企业文化)、办公礼仪(邮件、电梯、会议)、工作环境(7S、环保)	1 小时	集体授课	人力行政中心		PX－H&A－2015 向标准看起－001	全员	做品牌形象大使
		我的家园	成立背景、发展历程、愿景、使命、价值观、企业精神、组织架构及分工、文化。 标杆学习：华为、阿里巴巴	2 小时	集体授课	人力行政中心		PX－H&A－2015 我的家园－001	全员	做文化传播者
			企业宣传片、企业感恩十周年	0.5 小时	集体授课	常务副总办公室		PX－CW－2015 我的家园－001	全员	
			工厂参观	1 小时	现场参观	人力资源部		无教材	全员	

续表

序号	培训模块	课程主题	课程大纲	课时	培训方式	执行部门	讲师	教材版本号	授课对象	备注
三	文化知识	梦想之旅	创世界级伟大公司的梦想	1 小时	集体授课	常务副总办公室		PX－CW－2015梦想之旅－001	全员	
			职业生涯规划	1 小时	集体授课	常务副总办公室		PX－CW－2015职业生涯规划－001	全员	
四	行业知识	Led 行业知识	Led 行业发展趋势	1 小时	集体授课	常务副总办公室		PX－CW－2015行业发展－001	全员	
		公司产品知识	LED 初阶知识、产品命名规范、产品元器件识别	4 小时	集体授课	营销中心办公室		PX－DOO－2015产品知识－001	全员	
			产品介绍、芯片及灯管使用对照表、不同产品转接板使用情况统计	1.5 小时	集体授课	技术中心		PX－TC－2015产品知识－001	全员	
			产品生产工艺流程（流程、工艺、设备、产能）	4 小时	集体授课	营销中心办公室		PX－DOO－2015产品知识－002	全员	
			产品专业知识（各产品特点介绍和解析）	8 小时	集体授课	营销中心办公室		PX－DOO－2015产品知识－003	全员	

续表

序号	培训模块	课程主题	课程大纲	课时	培训方式	执行部门	讲师	教材版本号	授课对象	备注
五	岗位知识	工作方向	营销中心年度规划、渠道等运作模式	2小时	集体授课	营销中心办公室		PX－DOO－2015工作方向－001	办事处新进员工	
		团队文化	营销中心价值观、文化、发展历史、工作方式	1小时	集体授课	营销中心办公室		PX－DOO－2015团队文化－001	办事处新进员工	
		角色定位	组织架构、岗位职责、工作分工及目标、工作权限、资源配置	1小时	集体授课	常务副总办公室		PX－CW－2015角色定位－001	办事处新进员工	
		商务接待制度	接待管理制度、票务预订制度	1.5小时	集体授课	商务部		PX－CD－2015商务接待制度－001	办事处新进员工	
		客服制度流程	客服部功能架构介绍，投诉处理流程简介（赠、换、退、补、修），经销商售后制度介绍	1.5小时	集体授课	营销中心办公室		PX－DOO－2015客服制度－001	办事处新进员工	
		物流制度	销售订单发货物流管理办法，非销售订单发货物流管理办法，客户物流收货管理办法，快递收发作业管理办法	1小时	集体授课	物流部		PX－LD－2015物流制度－001	办事处新进员工	

续表

序号	培训模块	课程主题	课程大纲	课时	培训方式	执行部门	讲师	教材版本号	授课对象	备注
五	岗位知识	销售管理制度	赠送/借用/退货/更换操作流程，公司省级经销商（品牌运营商）库存管理办法、2015 年公司经销商调价补差管理办法、2015 年经销商囤货全彩订单尾数补贴暂行管理办法、2015 年营销市场管理制度、费用报销流程和系统操作（含调价补差操作）、经销商二级库存操作和 ERP 系统操作细节、授权办理和资质借用流程、项目控标和招标书制作报价方案、价格制定原则（各级价格）	4 小时	集体授课	销售部		PX－SD－2015 销售管理制度－001	办事处新进员工	
		市场政策	市场部职能功能及工作对接流程、公司商标使用规范、公司授权管理办法、区域经销商展会支持政策、公司区域省级形象体验中心装修支持政策、公司“千店计划”奖励政策、公司区域广告投放政策、公司区域物料支持政策、关于电子商务平台管理规范、“千店计划”宣讲	2 小时	集体授课	市场部		PX－MD－2015 市场政策－001	办事处新进员工	

续表

序号	培训模块	课程主题	课程大纲	课时	培训方式	执行部门	讲师	教材版本号	授课对象	备注
五	岗位知识	货品管理	屯货计划、收料管理、发货管理、货品储存管理、退货管理、盘点管理、办公物品及固定资产的管理	1小时	集体授课	销售部		PX－SD－2015 货品管理－001	办事处新进员工	
		财务管理	银行承兑汇票知识介绍，对外开票条件、内容，增值税进项、销项如何匹配，费用报销规范，办事处费用列支及预算，发票阐述及真伪辨别，销售费用预算口径	2小时	集体授课	财务中心		PX－FD－2015 财务管理－001	办事处新进员工	
		日常管理	业务开拓、客户档案管理、订单管理、发货、退货、借料管理、应收款管理、工作报告、工作述职、例会、人员管理等	2小时	集体授课	营销中心办公室		PX－DOO－2015 日常管理－001	办事处新进员工	
		工作激励	薪酬绩效考核方案	1小时	集体授课	常务副总办公室		PX－CW－2015 工作激励－001	办事处新进员工	

续表

序号	培训模块	课程主题	课程大纲	课时	培训方式	执行部门	讲师	教材版本号	授课对象	备注
六	岗位技能	骨干是折腾出来的	榜样的力量、归零	1小时	集体授课	营销中心办公室		PX－DOO－2015岗位技能1－001	办事处新进员工	
		“合格的XX人”应该具备的能力	岗位素质模型和认知	1小时	集体授课	常务副总办公室		PX－CW－2015岗位技能1－001	办事处新进员工	
		办事处日常业务处理技巧	结合核心工作及相关案例来讲授实战技能	2小时	集体授课	营销中心办公室		PX－DOO－2015岗位技能2－001	办事处新进员工	
		优秀成交手	如何说服客户、引导客户	6小时	集体视频学习	常务副总办公室		PX－CW－2015岗位技能2－001	办事处新进员工	

（三）模块三：基层锋芒初现（销售助理实习）（见表8－4）

表8－4

模块	课程单元	教学目标与说明	负责人	时长
	合格XX人应具备的素养			30分钟
基层锋芒初现（销售助理实习）	ERP学习 销售助理在岗学习 包括客户档案、资质、授权、合同、订单、出货、赠/换/退、经销商库存管理等相关流程制度及实际操作	为更好地熟悉内外部的协同，通过ERP系统和销售助理的在岗学习，进一步掌握相关政策、制度、流程的同时，熟悉如何对内外部进行更好的协同，支持驻外办事处及各渠道体系的管理和目标的达成。侧面考察新员工的学习能力、沟通协调能力等方面的情况	销售部对应销售助理（一对一师带徒）	2周

（四）模块四：标杆市场学习（河南市场实习）（见表8－5）

表8－5

模块	课程单元	教学目标与说明	负责人	时长
	办事处日常业务处理技巧分享		值班长	1.5小时
标杆市场学习（河南市场实习）	一线市场学习 办事处业务主管在岗学习 了解市场及竞争情况； 了解经销商：经销体系、合作情况、市场开拓情况、经销商公司方向及定位、团队建设、想法等 了解工程商：竞争格局、合作模式、发展空间、接单情况、品牌运作等； 了解办事处：市场运作情况、办事处管理模式等	通过到一线标杆市场的学习，了解市场及竞争状况、客户、各渠道体系的拓展和管理、河南办事处对区域市场的运营管理模式等相关内容。同时进一步观察新员工对市场的敏感度和市场运营的管理能力	河南办事处经理	1个月

（五）模块五：驰骋纵横疆场（业务主管实战）（见表8－6）

表8－6

模块	课程单元	教学目标与说明	负责人	时长
驰骋纵横疆场（业务主管实战）	分配区域实战，办事处经理指导	通过分配区域担任业务主管的实际操作，培养新员工的独立能力的同时，考察该员工真正独立运作管理市场的实际操作能力	派遣区域办事处经理	1个月

（六）模块六：梦想变成现实（转正）（见表8－7）

表8－7

模块	课程单元	教学目标与说明	负责人	时长
梦想变成现实（转正）	成为冠军团队中一员	结合新员工从入职到实际操作的能力系统的评估，对达到条件的员工进行转正手续的办理，真正成为冠军团队中一员	派遣区域办事处经理、营销中心办公室、常务副总经理	提交申请2周内

五、新员工各阶段考核评估

新员工各阶段考核评估主要包括初次评估、二次评估和转正评估三个阶段的内容。在各评估阶段，新员工需要填写个人评估总结一份，评估人也需要填写相应的评估表（见附件表格）。

（一）理论考核：初次考核评估主要包括对通用知识、文化知识、行业知识、专业知识和技能进行书面考试。每一门考试需要达到90分以上（允许最多1次补考机会），销售部负责人和人力资源负责人对新员工进行初步评估，同时结合考试成绩，通过考核评估并经营销中心办公室批准进入下一阶段的培训，特殊情况特批。

（二）初次考核评估：初次考核评估主要包括对销售助理实习环节考

试，由销售部负责人对新员工进行初步评估，通过考核评估并经营销中心办公室批准进入下一阶段的培训，特殊情况特批。

（三）二次考核评估：主要通过对该员工在标杆区域市场的学习日记和总结报告、结合学习标杆区域办事处经理的评价，由营销中心办公室进行综合评估，是否允许进入下一环节的试用阶段。

（四）转正评估：主要通过对该员工在试用区域市场的学习日记和总结报告、结合试用区域办事处经理的评价，同时综合理论考试、初次考核评估结果、二次考核评估结果，由营销中心办公室进行系统的评价考核，综合判断是否给予转正或淘汰，并提交常务副总批准。

具体参见营销中心转正程序。

六、激励制度

为更好地激励大家能够大力支持和投入营销中心驻外办事处新员工的培训工作，特制定以下激励政策：

（一）集中培训奖励：兼职内部讲师，对于专项开发的课程，如果利用加班时间（晚上或节假日）进行培训，按总监级 80 元/小时，经理级 50 元/小时，主管级 30 元/时培训费进行奖励，并进入个人档案作为个人晋升参考之用，公司专职内部培训师按该岗位奖励规定。对于有关公司介绍、政策、制度、流程规范、产品等方面的培训，不参与奖励，表现非常突出的，报请营销中心办公室申请奖励。

（二）对在岗学习老师辅导的奖励：

总奖励费用总额：该员工转正后 3 个月个人提成的 20%，该费用由公司承担。其中：

1. 销售助理：按总额的 10% 进行奖励（每人次在岗学习周期为 2 周时间）。

2. 河南办事处经理：按总额的 45% 进行奖励（每人次在岗学习周期为 1 个月时间）。如果过程中有安排其他办事处人员进行辅导培训的，由办事处经理分配。

3. 派遣办事处经理：按总额的45%进行奖励（每人次试用学习周期为1个月时间）。

（三）以上培训奖励必须等该员工转正3个月后，经相关程序申报奖励并发放给各指导老师。

七、附件（略）

第九部分

人才经济开发的保障

——以新理念、新机制、新载体推进产业集聚、产业创新和产业升级

第一章 “换脑芯”：提升“城市 CEO”的核心理念、创新思维与治理能力

第一节 “新思维”：坚持科学人才发展观，推动“人才强市”发展战略

一、构建“一体化”人才思维

构建“人才供应链与人力发展链的思维、人才共享与人才使用权思维、人才合伙与共创共享思维、人才大数据与人才平台化思维、经营人才与人才自主经营思维、人才全面认可激励与人才客户体验价值思维、人才跨界与维度管理思维”为“一体化”人才思维，从单一人才结构到跨界人才、多层次人才、多维度人才的组合结构。

二、“创新、协调、绿色、开放、共享”引领下的人才理念、思维转换

一是以“创新”理念激发人才活力。摒弃传统人才考评简单“套公式”的“本本思维”，树立“创新思维”，坚持在转型升级的“组合拳”中识别人才。变传统的选人用人只注重岗位知识、文凭学历的“平面思维”为更加注重实干经验、实践能力的“立体思维”。创新“深度培养本土高端人才＋精准引进外部人才”培养引进政策，创新“多元投入＋多层投入”立体投入机制，推动人才工作跨越式发展。

二是以“协调”理念优化人才结构。一手抓培育高端人才、产业领军

人才、创业投资人才以及青年创新创业人才；一手抓后备人才队伍建设，有计划、分层次、多渠道地开发一批后备人才队伍，指引人才工作综合发展。

三是以“绿色”理念创造人才环境。构建人才生态体系，依托大学、科技产业园等载体，努力实现智力、智慧、技术的交流互动，畅通人才服务的“绿色通道”，指引人才工作融合发展。

四是以“开放”理念加大人才引进。由“本土思维”向“全球思维”转换，以开放发展的理念选拔善于开放发展的人才，坚持招商引资和招才引智互促互动，聚天下英才而用之，指引人才工作优化发展。

五是以“共享”理念成就人才梦想。在人才选拔中变“定向思维”为“流动思维”，强化人才的横向和纵向流动。要以用为本，淡化人才所有权；要按需取才，提高人才利用率；要以才聚力，提升人才附加值，指引人才工作包容发展。

三、开启“互联网＋人才”新思维

互联网时代，信息和数据成为核心竞争力，人才资源的数字化建设，是未来人才价值表达与实现的基础。通过打造“网络协同”和“数据智能”双螺旋驱动，真正发挥放大“互联网＋人才”的商业价值。

一是数据采集要“全覆盖”。针对不同人才群体设定相应的采集标准，形成“图文并茂、声像俱全、客观鲜活”的人才数据库，建好“人才金融中心”的“数据金库”。二是数据连通要“无阻碍”，及时有效地集合体制内外的人才，形成新的数据“岛链”。三是数据价值要“大解放”。按照人才信息数据开放标准，开通公众账号、办好门户网站，推动技术成果、人才信息等数字化的传递和交易。通过“按需取量、按量收费”的方式，降低人才开发成本，提高人才使用效率。四是数据运用要“智能化”，通过实现人才业务数据化、算法化和产品化三位一体，最终实现人才数据智能化。

四、强化“第一力度”抓好“第一要务”的责任使命感

把创新作为引领城市发展的第一动力，把人才作为支撑城市发展的第

一资源。将“人才工作”作为一项前瞻性、战略性、全局性的重要任务来抓，以“第一力度”抓好“第一要务”，坚持以发展“论英雄”。加强对人才工作的领导以及在规划落实中把握方向、谋划全局、统筹推进人才工作的责任。坚决做到矛盾面前不绕道、问题面前不回避、困难面前不退缩，敢作敢为、敢抓敢管、敢挑重担；争做破解难题的“主攻手”，绝不当“二传手”。

第二节 “新角色”：做一位“懂经济、识人才、敢担当、有作为”的“城市 CEO”

一、“城市 CEO”的“核心任务”

新常态下，城市“一把手”要带头抓好“第一资源”，以经营理念为导向、经营城市为龙头、经营资本为重点、经营资源为基础、经营人才为支撑，通过这“五个经营”，使城市实现跨越式的发展（见表 9－1）。

表 9－1 “城市 CEO”的“核心任务”

序号	核心任务	说明
1	经营理念	政府的职能在于管理、服务，带动地方经济发展，而不是过于津津乐道于上项目、搞企业，对企业过多地干预反而不利于企业的发展。市长首先应集中精力把城市本身的事情做好，把市民安顿好，把软硬环境搞好，城市才能走上良性发展之路
2	经营城市	城市是国家长期巨额资金投人的结果，是资本的实物形态。一是把城市空间当成资产来运作。二是把基础设施和公共设施引入市场体制，实施城市建设资产运营，盘活城市无形资产。三是遵循市场原则，充分发挥市场配置资源的优势
3	经营资本	城市建设的难点最主要且集中在资金不足上，各种政策的制定也就主要围绕解决资金问题而开展。对一个地方来说，金融活则经济活，金融兴则经济兴，不懂金融，就难以把握新常态下经济运行的规律，更难以驾驭一个地方的经济发展
4	经营资源	要清醒地认识到资源优势必须转变成产品优势、市场优势，须积极实施超常规的发展战略，为广大企业提供交易平台，为企业提供各项服务

续表

序号	核心任务	说明
5	经营人才	要全面优化人才生态环境，改革各项用人制度，以优惠的政策吸引人才，以广阔的事业舞台留住人才，实现高端人才集聚效应，促进城市由“人力资源”向“人力资本”的跨越

资料来源：赵斌．经营城市：市长就是 CEO［J］．领导决策信息，2001（31）：24－24.

二、“城市 CEO”的气节：心存“三寸气”，不做“太平官”

“当官不为民做主，不如回家卖红薯”。“乌纱帽”不仅代表着权力，更代表着责任。能干事、敢担当、有作为，这是“城市 CEO”的立身之本、为官之要，也是评判一个“城市 CEO”境界高低的标尺。不做“太平官”，把紧“思想观”；不做“太平官”，把好“政绩观”；不做“太平官”，做好“太平事”。“城市 CEO”要胸中长存“锐气、勇气、才气”这“三气”，做心中有百姓、奋斗为民生的“有为官”。

“城市 CEO”必须要杜绝“事不关己、高高挂起”“不积极、不主动”的态度，要有干事创业的锐气，有锐气才能不甘落后、敢为人先；有锐气才能与时俱进、开拓创新。“城市 CEO”必须要杜绝使用“等等看”“躲着走”的处理方法，要有敢于担当的勇气，积极争当“扫雷手”。“城市 CEO”必须要杜绝“本领恐慌”、临时“拍脑袋”，要有才气，紧跟时代步伐，不断地深度学习，做出科学决策。

三、“城市 CEO”的“推动力”：营造“敬才、用才、聚才、育才、留才”好环境

要坚持以人才为本，遵循人才成长规律，优化人才管理服务，努力创造人才辈出、人尽其才的生动局面。

一是创造重才“敬才”的社会环境。树立尊重人才的价值取向，引导社会认可人才，鼓励群众学习人才，让各类人才在实现抱负中体验快乐、在贡献社会中得到尊重。

二是创造识才“用才”的工作环境。“橘生淮南则为橘，生于淮北则

为枳"，人才只有放到合适的工作环境中才能充分发挥作用，要有识人之智、容人之量、成人之德，使人才创业有机会、干事有舞台、发展有空间。

三是创造引才"聚才"的政策环境。要积极落实政策、主动兑现待遇，使现有人才的创造热情得到充分发挥，同时加大引智引技力度，出台优惠政策，积极招揽高端人才。

四是创造爱才"育才"的发展环境。秉持"十年磨一剑"的良好心态，整合资源，精心培"育"人才。

五是创造优才"留才"的生活环境。要满腔热情地关心人才，真心实意地爱护人才，使优秀人才引得来、留得下、用得好。促进一流人才和一流业绩获得一流报酬，让人才生活得更加体面、更加舒心。

第三节　"新治理"：促进城市人才集聚与产业集聚互动融合发展的核心能力

一、促进城市人才集聚与产业集聚互动融合

产业集聚已成为推动城市经济发展的主动力，产业集聚的产生和发展需要物质资源和人才资源的共同支撑。产业集聚是人才集聚形成的基础，产业集聚为人才集聚提供强大的吸引力，同时人才集聚有利于增强产业集聚的竞争能力，促进产业集聚可持续发展。针对促进城市人才集聚与产业集聚互动融合发展，"城市 CEO"在不同阶段的工作重点有所不同。

二、推动城市人才结构与城市产业结构发展相协调

产业结构与人才结构都是经济结构的核心内容。产业结构升级是经济发展过程中的重要特征以及解决经济增长速度和模式的本质因素，而人才结构调整是就业的重要决定特征和经济持续竞争力的根本源泉，两者在经济的运行中相互影响、相互制约，两者的协调发展是宏观经济目标实现的根本条件之一。（见图 9－1）

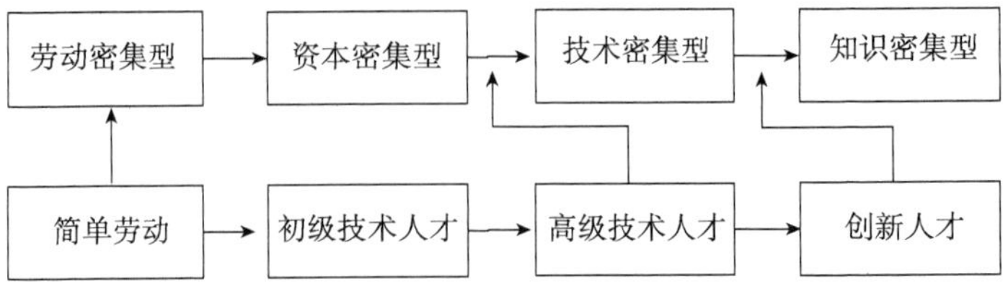

图9－1　人才结构与产业结构协调发展

一方面，产业结构决定人才需求结构，进而影响人力资源发展的方向与水平。经济增长的速度、产业结构优化升级的速度、人才结构优化的速度三者呈现相互影响、相互促进的作用。根据工业化进程的阶段特征，可以把工业化进程分为劳动密集型、资本密集型和技术密集型三个阶段。

另一方面，人才结构和发展水平又是影响产业结构优化与升级的重要因素，产业结构的调整要求必须以技能培训为基础，使人才结构与产业发展状况相适应。如果人才的数量结构和质量水平不能匹配产业结构的调整与优化，那么产业的升级也就很难进行，各地因缺乏高技能人才而使产业升级受挫的现象屡见不鲜。同时，高素质人才是催生高技术及高技术产业的关键。高素质人才不仅有助于提高经济系统的产出，而且有助于催生高技术及高技术产业，引导一般性资源流向高技术产业，促进高技术产业的成长。

第四节　"新内涵"：塑造城市精神，增强城市"软实力"

一、"文化情商"塑造鲜明"城市品格"

城市精神是一个城市的无形资产，他不仅对培育城市个性、塑造城市形象具有重要作用，而且对打造城市文化品牌、提高城市竞争力、全方位提升城市的国际知名度和美誉度具有重大意义。每一座城市的精神也是与众不同的，他彰显了城市的个性，展示了城市独特的魅力。

通过"文化情商"塑造鲜明"城市品格"。一是要重理念传播，建立基层化传播阵地、搭建立体化宣传平台、创设群众化宣教载体，按照"有形、有声、有色”的要求，因地制宜地开辟传播阵地、因人而异地开展宣传教育，推动城市文化与精神入耳、入脑、入心。二是重典型弘扬，全方位挖掘、全景式宣传、机制化激励，注重发挥道德典型、身边好人的示范引领作用。建立“道德银行”，以可亲、可敬、可学的身边典型，进一步增强道德教育的感染力，引导群众向善、向上。三是重实践养成，培育和践行城市文化与精神，既要内化于心也要外化于行；注重实践养成，积极搭建教育实践平台，激发群众内在动力，吸引群众广泛参与，推动城市文化与精神落实。

二、创建“学习型城市”，“借势、借智、借力”谋发展

“不拒众流，方为江海”。要寻求城市的跨越发展就必须“借势、借智、借力”，要把“借势发展、借脑融智、借力融资”作为加快经济发展的重要理念和指导思想。在“借势”上，紧紧抓住人才经济引领产业升级转型这一趋势，把握发展思路、战略和成果。在“借智”上，引进院士工作站，借助研究中心、研发基地，通过与高校“联姻”、引进国内外专家、挖掘培养城市“土专家”等方式，遴选一批院士、专家，为各产业配备发展智囊团。在“借力”上，基于政府推动和市场运作的原则，运用市场化机制，以专业化运营提供市场化服务。

创建学习型城市，要加强学习力的建设。在学习内容上突出科学的新思想、新知识、新经验；在学习路径上坚持向书本学习、向实践学习、向群众学习；在学习方式上强化研究式学习、互动式学习、共享式学习；在学习目标上实现学以立德、学以增智、学以创业。推行基础教育、高等教育、职业教育和继续教育的无边界教育制度，建立完善长期培养与短期培训相结合、国内培养与国（境）外培训相结合、政府组织与用人单位自办相结合的多层次、开放型综合培养体系。

第二章　加强"顶层设计"和整体谋划，构建城市特色的人才发展"路径图"

龙有龙头、龙身、龙爪、龙尾，战略也是一个完整的系统。不能有龙无云（缺少战略背景）、不能有龙无爪（缺少战略抓手）、不能有龙无尾（缺少检查手段）、不能有龙无头（缺少对人才战略思想的概括）。要提前进行合理规划，把人才结构预测好、设计好。要加强人才规划，未雨绸缪，把握人才工作的规律性、提高人才工作的预见性、增强人才工作的科学性。

第一节　落实人才发展规划，绘就城市人才优先发展的"战略画布"

一、定规划：完善城市人才优先发展的规划体系建设

根据上级规划，人才优先发展的战略部署要求，结合城市实际情况，编制城市、产业的人才发展规划，努力使城市、产业人才规划与国家、省中长期人才发展规划相衔接；与科技规划、教育规划相衔接；与经济社会发展规划相衔接，逐步形成上下贯通、互相协调的人才规划体系，将人才发展的要求具体化、政策化、项目化。

二、摆位置：坚持将人才优先投入摆在关键位置上

人才投入是效益最大的投入，要增加人才发展投入，以人才优先投入保障人才资源优先开发。按照人才发展规划的要求，改善经济社会发展的要素投入结构，不断提高人力资本投资占 GDP 的比重。要设立人才发展专

项资金，纳入年度财政预算，用于人才引进、培养、使用、奖励。要通过财政投入引导、激励政策扶持等措施，建立健全政府、用人单位、个人和社会多元化的人才投入机制，不断扩大全社会的人才发展投入规模。要加大对人才投入的考核督察力度，加强对人才投入产出效益评估，确保人才优先投入的各项要求落实到位。

三、建责任：强化城市人才优先发展目标责任制的考核

实行人才工作目标责任制，是促进人才优先发展的重要举措。要扩大人才工作量化考核范围，建立健全市、县、乡三级人才发展统计体系，逐级建立人才发展统计公报制度。科学设置考核指标体系，不断完善方式方法，提高人才工作考核的科学化、制度化、规范化水平。要强化人才发展考核结果的应用，在一定范围内公布考核结果排序，力争把考核结果作为衡量党政主要领导工作实绩的重要内容，推动领导干部特别是党政“一把手”更加自觉地落实人才发展各项要求，以人才优先发展引领经济社会又好又快地发展。

第二节　适应经济发展方式转变，缔造创新创业“人才高地”

一、重培养：加快培养高层次创新型科技人才队伍

培养一大批创新型科技人才，是建设创新型城市的战略之举、长远之策。以“高层次创新型科技人才”等重点人才工程为“龙头”，以城市、行业人才培养工程为支撑，建立健全特色鲜明、衔接配套、更加完善的人才培养体系。加快培养一批在国内外具有较大影响的科学家、科技领军人才和高水平创新团队，建设一支规模宏大、素质优良、结构合理的创新型科技人才队伍。坚持以学校培养和实践锻炼相结合、国内培养和国际交流合作相衔接，实行“人才+项目”的培养模式，依托重大科技成果转化、优势学科建设等科研、工程、产业项目，在创新创业实践中培养高层次创新型科技人才。

二、精引进：大力引进国内外高层次创新创业创投人才

引进国内外高端人才，是提升城市人才竞争力、赢得发展主动权的有效途径。要着眼抢占发展先机，紧紧围绕城市新兴产业倍增、服务业提速、传统产业升级“三大计划”，加快建设高端人才创新创业基地，加大力度引进国内外高层次创新创业人才。要坚持按需引进，正确处理好人才引进数量和质量的关系，注重引才工作的针对性、实效性，提高引才工作的精细化程度。要坚持“请进来”与“走出去”相结合，积极打造国际性招才引智品牌活动和加强国外引才联络站建设。

三、强机制：突出打造科技型企业家队伍机制创新建设

科技企业家是增强企业自主创新能力、发展创新型经济的重要力量。要深入实施“科技企业家培育工程”，加快培养造就一支具有全球视野、战略思维和持续创新能力的科技企业家队伍。积极推广“创新在高校，创业在园区”的模式，选聘一批优秀科技企业家到高校担任产业教授，鼓励那些具有创业愿望、具备创业能力的专家教授走出“书斋大院”，创办科技型企业，成为科技型企业家。积极实施“产学研人才工程”，启动教授、博士进企业活动，支持企业和高校院所共建产业技术创新战略联盟，推进校企联盟建设，联合承担重大科技创新项目。建立科学合理的知识产权权益分配机制，促进更多创新要素向经济一线集聚、更多创新成果向现实生产力转化。

第三节　统筹抓好各类人才战略开发，提升人才科学发展“新势力”

一、统筹推进高校、企业人才资源开发

高校是自主创新的源泉，担负着为经济社会发展培养输送更多优秀人才的重任，更加需要拥有大批高素质人才，尤其是具有国际先进水平的学术大师和学科带头人。企业是技术创新的主体，迫切需要建设一支高水平

的研发队伍，不断提升技术层次和核心竞争力。要统筹制定配套措施，鼓励高校、企业加大人才投入，充分激发高校、企业人才开发的内生动力。高校、企业要围绕科学发展要求和自身发展需要，更加自觉、更大力度地引才、育才、聚才、用才，使高校逐步成为高端人才集聚地，企业真正成为人才资源开发的主体。

二、统筹推进城市人才协调发展

统筹协调城市人才开发，是推进城市协调发展的重要内容。要加强人才发展统筹规划和分类指导，优化重大人才项目布局，加大重大人才政策支持力度。坚持以政府引导和市场调节相结合，制定更有吸引力的优惠政策，组织开展各类人才定向选派和培养，引导各类人才向重点地区流动、向基层流动、向农村流动。

三、统筹推进各类人才队伍建设

在切实抓好高校、企业人才资源开发和城市人才协调发展的同时，围绕推动科学发展，以提高科学发展能力和执政能力为核心，着力建设一支高素质党政人才队伍；围绕创新型经济发展，大力实施企业家素质提升计划、专业技术人员知识更新工程和高技能人才工程，着力加强企业经营管理人才、专业技术人才和高技能人才队伍建设；围绕提升社会主义新农村建设水平，组织实施现代农业人才工程，大力加强农村实用人才队伍建设；围绕构建社会主义和谐社会，研究制定加强社会工作人才队伍建设的政策措施，培养造就一支职业化、专业化社会工作人才队伍；围绕建设文化强市，实施高层次文化人才工程，重点造就一批文化艺术名家和文化产业领军人才。

第四节　优化城市人才发展环境，充分激发人才的“创造活力”

一、推政策：以政策突破推动体制机制创新

要及时研究制定更加有力、更具突破性的人才发展政策措施，逐步构建涵盖人才引进、培养、使用、评价、激励等各个方面的政策体系。特别是要适应经济国际化要求，制定和完善人才国际化政策，出台国外高端人才居住证制度，让国外高端人才享受本地高端人才同等待遇。开展“人才特区”试点，选择一些难度大、一时拿不准的政策性问题，依托“人才特区”先行试点，取得经验后再逐步推开。鼓励基层特别是用人单位大胆探索、勇于创新，把那些具有普遍意义、经过实践检验比较成熟的措施，提炼上升为政策。

二、搭平台：加强人才发展平台建设和服务

围绕人才创新创业需求，着力打造技术公共服务、技术成果交易、创新创业融资服务、社会化人才服务“四大平台”，努力为各类人才提供全方位服务和集成化支持。鼓励发展各类创业投资机构，不断壮大创业风险投资基金规模，为人才创新创业提供融资支持。依托各类园区，加快建设一批机制灵活、功能齐全、配套完善的创新创业孵化器，重点打造“科技城”。加快建设企业院士工作站、博士后科研工作站、研究生工作站、工程技术中心等，为人才到企业发展提供创新平台。建设国际人才创新创业服务中心，突出“展示、服务、交流、创新、创业”五大功能，建设人才工作成果展馆、创客空间、创业咖啡厅、多功能会议室、学术报告厅和“一站式”服务专区的国际人才创新创业服务中心，打造高端人才的温馨家园和人才之家。推动政府部门所属的人才服务机构改革，加快建立人才公共服务体系。开展向外资开放人才服务市场的试点，引进扶持一批具有国际竞争力的人才服务机构。鼓励支持各地大规模建设人才公寓，不断改

善人才的居住环境和生活条件。完善高端人才联系制度，增强服务意识，千方百计帮他们排忧解难，使他们切身感受到组织的关心和温暖，全身心地投入到创新创业实践中。

三、兴氛围：营造创新创业的浓厚氛围

坚持尊重劳动、尊重知识、尊重人才、尊重创造的方针，积极倡导追求真理、勇攀高峰、宽容失败、团结协作的创新精神。围绕实施创新驱动战略，提高全民创新意识、增强全民创新能力，探索设立“全民创新奖”，激发全民创新活力。组织开展“创新创业人才奖”评选活动，注意发现和树立不同领域、行业、层次的优秀人才典型，大力宣传创新创业的先进事迹，在全社会营造鼓励创新、支持创业的良好氛围。

第三章　围绕产业转型，实施“人才引领＋科技驱动＋资本撬动”三大融合发展战略

第一节　“人才引领”：发挥高端人才支撑引领效应，促进产业转型升级

把引进、用好高端人才特别是科技领军人才作为人才队伍建设的战略重点，充分发挥其示范带动、关键支撑和团队核心作用，形成“引进一个高端人才、带来一个创新团队、催生一个新兴产业、培育一个经济增长点”的倍增效应。

一、“乘数效应”：以高端人才示范带动高层次团队集聚

高端人才有着独特的人格魅力，即领军魅力。其来源于高端人才的思想品格、创新能力和领军才能，他们的感召力、影响力，在团队中能形成心悦诚服的认同感，进而形成团队的亲和力、凝聚力、作战能力。高端人才也是团队的“晶核”“灵魂”和“舵手”，决定着团队的结构，从而决定着团队的功效、发展与兴衰。

二、“引航灯塔”：以高端人才集聚引领城市产业结构转型升级

在庞大的人才群体中，高端人才是高层次的组成部分，是经济社会发展中最活跃、最先进的生产力要素。历史证明，高端人才不仅能引领人才队伍建设，而且还能直接促进经济社会的发展。

一是高端人才是经济结构战略性调整的“引航人”。要把高端人才的

有效开发和使用，作为加快转变发展方式的关键，促进经济增长由依靠增加物质资源消耗向依靠科技进步、劳动者素质提高、管理创新等方向转变。

二是高端人才是科技进步和创新的“中流砥柱”。要集聚一大批站在世界科技发展前沿、适应现代科研组织形式要求、具有出色组织领导才能和敏锐合作创新意识的高端人才，引领当代科技潮流，赢得发展先机。

三是高端人才是催生战略性新兴产业的“领军者”。要掌握核心技术，具有创新创业能力的高端领军人才，依托“人才—技术—企业—产业”的链动效应，来促进新兴技术与新兴产业深度融合。

三、“首席模式”：突出人才工作重点，推动高端人才队伍建设

一是推行重大项目和重点领域“首席专家”制度，建立“首席技师”岗位及科学遴选机制。对在国内外有重大影响的人才，实施因人设岗、专项资助、团队支持、特殊保障、跟踪服务等新的工作模式。打破地域和行政区划界限，加强国内外，特别是重点开发、开放地区的人才交流，扩大和深化人才合作。建立直接联系优秀人才的制度。拓展和改进高级专家基金计划。

二是加强重要人才安全工作，建立人才安全预警机制。对承担国家重点工程、涉及国家秘密的“首席人才”，依法实行重点保护。对涉及产业安全、企业安全、掌握企业核心技术和商业秘密的重要人才及独创技术拥有人，要采取特殊保护手段。

第二节　“科技驱动”：推进科研技术创新驱动效率，谋求产业转型“质的飞跃”

一、创新主体：实施企业做强做优工程，强化企业自主创新能力

通过实施“2+3+1”工程，充分发挥企业在创新驱动中的主体作用，

激发企业创新活力，提升产业发展水平。

“2”是指重点加大对“大型骨干企业+科技型中小微企业”创新能力培育和支持力度。

一是提高大型企业创新资源整合的能力，发挥大型企业创新的“龙头”作用。通过委托研发和购买知识产权，建设企业技术中心、实验室，参与国家各类重大工程和科技计划，加速创新资源向企业集聚，提升企业自主创新能力。

二是加大科技型中小微企业培育力度，增强中小微企业创新活力。建立一批开放性公共科技服务平台，为中小微企业的研发、设计、试验等提供服务。

“3”是指采取全力引进实力雄厚的创新型企业、加快推进技术转移中心建设和促进专利技术成果转化三项具体措施，满足城市技术创新需求，提升城市企业科研实力和技术水平。

一是通过打造金融论坛等项目引进平台，采取“走出去、请进来”和做好创新型项目落地的各种要素配置并提供优质服务等措施，吸引与城市产业发展高度关联的国内外行业骨干企业、高科技制造和研发项目落户。

二是依托大学科技园、产业园等创新成果转化载体，开展多种形式的院企、校企对接交流活动，搭建成果转移转化平台。

三是健全知识产权公共服务机构及平台，开展知识产权创造、运用、保护和管理的系统化服务。在成果所有权不变更的前提下，成果完成后人或者团队也可自主实施成果转化。

“1”是指开展产学研协同创新，针对重点产业组建起相应的产业技术创新战略联盟，以市场手段集聚创新资源。

依托优势企业，联合国内外高等院校、科研院所，开展产学研协同创新，组建产业技术创新战略联盟，建立以产业技术创新战略联盟为主体，承担重大创新项目的机制。

二、创新平台：实施创新平台建设工程，促进科技成果加速产业化

强化“吃着碗里的、看着盘里的、想着锅里的、算着篮里的”超前意识，加快高水平科技研发创新平台建设发展，做大做强支撑全社会创新活动载体，培植城市创新发展的核心力量。

（一）加快实施“孵化器 + 战略联盟 + 高新技术产业基地（园区）”三位一体建设。努力使孵化器在服务领域、服务功能和服务质量等方面实现新的跨越。围绕主导产业、特色优势产业和战略性新兴产业等组建产业技术创新战略联盟。

（二）加快谋划建设技术交易市场。建设集展示、交易、共享、服务、交流“五位一体”的大型综合技术交易市场。推动高校、科研院所的科技成果，通过技术市场向企业推介交易，使更多的科技攻关成果走向中试、让更多的中试成果走向产业化。

（三）加大新技术新产品（服务）政府采购力度。推行优先使用创新产品与服务的政府采购政策，完善“首购首用”风险补偿和激励机制。在同等条件下，鼓励优先采购科技型中小微企业的产品和服务。

（四）大力引进培育科技中介机构。完善科技服务链，发展科技服务业，推进科技中介机构和服务向专业化、规模化和规范化方向发展。鼓励引进国内著名的中介机构，为企业提供工业设计、中试生产、检验检测、知识产权、技术经纪、技术咨询、人才经纪、风险投资、上市辅导等中介服务。鼓励有条件的地方设立检验检测等科技服务业集聚区。

（五）提升科技展会成效。创新办会形式，推动科技合作对接、科技成果交易、科技与资本对接、企业与人才对接和产品展示展销活动，共同打造科技展会品牌。

三、创新生态：构建创新生态，形成全社会创新大潮

创造“唯改革者进，唯创新者强，唯改革创新者胜”的政策环境，构建支持创新创业的业内小生态和社会大生态，形成全社会创新大潮。

一是开展城市协同创新改革试验，推动高新技术产业联动发展。建成技术转移核心区、产业转型升级示范区、创新创业生态引领区，成为具有较强产业竞争力和影响力的科技创新中心。

二是强化激励创新政策供给，充分释放改革政策红利。深化科技人员职称评价改革、科技成果处置权和收益权改革、企业股权与分红激励、企业研发费用加计扣除、高新技术企业所得税优惠和技术交易市场免税等激励创新政策。

三是加快形成多元化、多层次、多渠道的科技投入体系。发挥财政资金引导和倍增效益，将年度预算编制和预算执行中的超收分配向科技创新倾斜。

第三节 “资本撬动”：整合优质金融资本，撬动城市“产融互动”发展

一、“产业融合”是城市一体化发展的“重要抓手”

加快城市经济协调发展，必须全力推进产业的特色发展、城市一体化发展，以产业融合互动为基础。

一是要全面展开生产力布局，着力打造城市发展新亮点。根据城市特点、资源禀赋和发展阶段，进一步明确产业功能定位和发展方向，加强分类指导，实施重点突破。

二是在城市间建立合理的分工协作体系。要通过协同管理，从规划、制度、政策和措施等方面实现共同化、一体化建设。实施差别化的经济政策，引导城市产业结构调整和优化，带动产业融合互动，形成多层次的梯度能量差，从而使产业的转移顺利进行。

二、“产融互动战略＋基于人才的管理”是企业成长“不二选择”

现在的任何企业想成为优秀的、甚至伟大的企业，必须要会利用、使用和运用好产业与资本这两个市场，做到“产融互动，良性循环”，才能

在激烈的大环境中脱颖而出。

“产融互动 + 基于人才的管理”，是企业战略落地实施的重要保障。产融互动包括两层意思，一是产业产品经营对应的是产业产品市场，解决的是企业利润增长的问题；二是资本经营对应的是资本市场，解决的是企业市值提升的问题。而连接这两者之间最重要的桥梁是“基于人才的管理”，企业的增长在于与并购赛跑，竞争取决于产融互动，管理发力于人才。

第四章　设立“招才局”+“人才金融中心”，统筹“招才引智”与“资智对接”工作

第一节　设立“招才局”，统筹规划招才引智工作

设立“招才局”，统筹规划招才引智工作，以集聚更多高精尖人才，为实现赶超发展提供有力保障。

一是强化责任主体，进一步强化抓人才总揽协调的职能。二是整合行政资源。将组织、科技、人力社保、教育等部门相关资源统一划分到招才局，减少部门职能交叉，实现一致对外；将各部门涉及引才的项目、技术、平台等各方面的政策进行整合打包，由招才局负责审核，降低成本，提高效率；从组织、教育、科技、人力社保、招商等部门抽调精干力量，集中从事招才引智工作，不增加编制，但把工作开展起来。

在机构设置上，实行“不增编制、不升规格、不单设机构、实体运作”的“三不一实”运作模式，从相关部门抽调人员集中办公，安排必要的工作经费和场地。在招才方式上，聘任具有丰富人才资源的招才专员或国内外知名机构的引才“大使”。在引才目标上，结合城市实际发展需求瞄准相关人才。在政策保障方面，如何吸引人才、留住人才是必须要考虑的，这不仅包括宏观方面的政策保障，还包括微观方面的具体服务。

第二节　创立“人才金融中心”，破解资智对接难题

创立“人才金融中心”，创新“人才＋资本”融资服务模式，融合商业银行与风险投资优势，拓宽融资渠道，变“事后支持”为“事前支持”。“人才金融中心”，是集“政策指导、财政扶持、社会融资”为一体、专业服务高端人才的综合性金融服务机构。“人才金融中心”通过市场募集资金、担保机构提供担保、“人才金融中心”发放贷款、政府保障转贷、风险投资跟进投资、资产管理公司坏账处理的完整系统，为人才创新创业量身打造专属化的融资服务。

“人才金融中心”旨在打通“融资渠道”与“抵押方式”的闭塞环节，实现“资智”完美对接，一是由政府组建的投融资机构牵头，分别与政策性银行、大型财团开展资金合作与融通，将募集资金交由“人才金融中心”管理和运作，用于支持列入各级计划的高端人才创建的中小微企业。二是将自主知识产权、核心技术、个人及团队信誉等无形资产纳入“人才金融中心”可质押、担保的范畴，使人才在创新创业初期即可获得创业贷款，填补人才融资服务“阶段性”的空白。

第五章　构建“齐抓共管”格局，推动人才工作有序、共享、协同、高效发展

第一节　加快政府人才工作职能创新，使“行政之手”与“市场之手”相得益彰

政府好比“火种”，市场好比“炉膛”，政府与市场的完美结合体现在“火种点着”“炉膛烧红”后，政府得马上退出，让市场主体去运作。

在引才工作中，政府要逐步转化角色，从“重微观”向“重宏观”转变；从“重操作”向“重服务”转变；从“重政策”向“重法制”转变。同时，更加专注整体布局、规划引导、统筹协调、监管服务，着力改善支撑人才发展的大环境，解决和弥补市场失灵问题。在引才、育才、用才和留才方面充分发挥市场主体的基础作用，将人才选拔、评价、培训、融资、流动配置等具体环节交给社会化组织。

第二节　搭建“政产学研用金介”协同体系，推动人才开发一体化发展

搭建“政产学研用金介”七位一体发展模式，建立以政府为主导、市场为导向、金融和中介机构为载体、产学研用相结合的“开放式、网络化、集聚型、高效率”技术改造和科技创新体系。进一步突出企业的主体地位，充分发挥大中型企业特别是国有企业作为科技创新“主力军”的作

用，发挥中小企业特别是量大面广的民营科技企业作为科技创新“生力军”的作用，围绕产业链、布置创新链、提升价值链、配套资金链、集聚人才链，整合各方面的力量资源，坚持配套联动、一体化推进，形成上下贯通的人才工作体系，推动人才开发一体化发展，实现城市跨越式发展。

第三节　构建“高端人才战略联盟”，协同创新共享人才集聚和产业转型

高端人才联盟的合作共享，不应该把注意力集中在人才的流量和流向上，而应该看人才的价值创造和作用发挥上，转变“赢家通吃”的观念，将“零和博弈”转变为“合作博弈”，探索和构建地区高端人才合作共享的“多赢”机制。

一、对话交流：强化城市群党政人事部门之间的对话、学习、考察与交流

在现行的行政体制下，加强各城市之间的对话、学习、考察与交流机制，不仅是政府人才观念的相互学习、互动、借鉴的过程，也是营造城市内高端人才合作氛围的过程，更是很多高端人才直接达成合作协议并产生正效应的过程。城市群各地区之间的交流对话，可以定期或不定期举行，也可以“请进来”或“走出去”，也可以是综合性或单项性的，但是一定要立足现实并取得成效。城市群各地政府应以城市群人才一体化为目标，以城市群的整体利益为指引，获得效率提升、地区稳定、体制融合和贸易转移等利益。

二、跨界联动：推进城市群人才制度、管理方式和操作手段的统筹协调和跨界联动

一是建立城市群人才联席会议，制定统一的磋商机制、协调规章以及人才共享的实施制度和操作手段，形成政府之间的协调和联动机制。

二是建立以专家学者、社会知名人士、用人单位等组成的非政府合作

组织，为人才共享机制运作中一些实际问题的解决提供理论支持和政策建议。

三是建立由各地共同参与的跨界性的人才服务中介组织，制定形成统一的章程和标准，加强行业自律，推动城市人才中介服务的制度化、规范化、诚信化和透明度。

三、信息共享：完善高端人才信息资源库共建、网络互联、信息共享的信息化平台

按统一规范、统一标准、统一口径来进行人才信息的搜集、存储、整理和发布，共建城市化和专业化的人才信息网络。在城市群各地区之间进行相互链接、相互开放，为城市群高端人才战略联盟的构建奠定信息化基础。

四、调控机制：构建城市群人才的使用、流动和合作的市场配置和调控机制

随着城市群一体化的推进，人才资源尤其是高端人才等生产要素在城市的市场化配置中将占主导地位。构建城市群高端人才战略联盟的最终目标是，要在城市群形成一个人才制度统一、人才流动自由、用人单位选择自由的大人才市场。一要立法先行，消除市场运作的壁垒。二要保证城市群市场与国内外人才市场的“局部与整体”的协调发展。

第四节　出台专业的协调机制与管理制度，促进人才工作“凝聚力”

一、设置“三级联动”架构，打造人才共建“组织链”

发挥好市级引领、区级承载、镇级延伸作用，改变人才工作“上面热、中间温、下面冷”的局面。组织设置要从封闭、各自为政向开放、有机联系转变；管理方式要从垂直管理向城市整合转变，条块分割向条块结

合、以“块”为主转变；载体平台要从单一、单向向多元、多维转变。以便“块上”承载落实，形成推动力。

二、加强“人才+项目”资源对接，打造人才共享“运行链”

加快人才与项目的融合效应，突破以往纵向的行政沟通形式，使城市内人才、项目信息横向畅通，为项目吸引人才、人才融入项目提供载体。加快产学研用合作的“化学反应”，通过资源整合，使人才链、创新链和产业链的有效衔接，加快推进创新成果的有效转化，形成彼此受益、合作共赢的生动局面。

三、推动城市合作常态化，打造人才共管“机制链”

以人才发展需求为导向，构建互助式、带动式、互促式人才对接模式，拓展城市人才交流互动渠道。建立城市人才沟通协商机制、双向服务机制、人才工作例会制度等，定期通报和交流城市人才工作发展情况，商讨和推进相关人才项目的实施，抓好城市人才工作的长期发展规划、阶段目标、重点任务的落实。

第六章　推动人才服务市场专业机构服务创新，引领城市经济转型升级"生态发展"

第一节　创新人力资源服务模式，助力"人才强市"战略"加速度"发展

一、专业机构为人才和用人单位提供"多样化、品牌化、个性化、专业化"的优质服务

人力资源服务从最初的职业介绍、人才中介、流动人员人事档案管理的业务起步，逐渐发展成为包括人力资源培训、测评、网络招聘与网络信息服务、高级人才寻访、人力资源服务外包、人力资源派遣、人力资管理咨询等内容的服务体系，服务功能不断丰富，多层次、多元化的发展趋势日益明显。

人力资源服务机构，要创新人力资源服务模式，助力"人才强市"战略"加速度"发展。要按现代企业制度、企业法人治理结构，建立现代企业制度，完善人力资源服务机构的企业组织形式，提升经营水平、管理绩效，为人才和用人单位提供多样、品牌化、个性化、专业化的优质服务，确立自己的市场地位。要加快培养人力资源服务从业人员的素质能力，实现从业人员思维方式、服务方式的国际化，形成具有全球视野、战略思维的领军人才和执行团队，提高业务的核心竞争力。要按照产业融合与服务创新的要求，加快服务创新，积极开发具有自主知识产权、符合企业差异

化需求、具有国际竞争力的项目，提高人力资源服务技术含量，夯实基础市场，积极赢取高端客户，在竞争中形成明显优势。

二、专业人力资源服务产业运营商是城市人才发展系统化、一体化的“推动者”

人力资源服务业在城市发展中扮演日益重要的角色。人力资源服务的主要功能是通过实现人才资源的优化配置，满足用人单位在发展中对知识智力的需要，通过促进人力资源价值的充分展现，推动各项经济社会事业的全面发展。人力资源服务业既是现代服务业的一种重要表现形式，又是先进制造业和其他类型的现代服务业的润滑剂和催化剂，对提升企业的核心竞争力，具有重要的价值。在建设国际化人才基地，提升人才国际竞争力上，需要在全球范围内更大程度、更宽领域、更快效率地配置、使用、开发和管理各类人才，也必须有强大的、具有国际竞争力的人力资源服务业作支撑。

第二节、专业推手推动城市“二次创业”创新招商，顺势而为

一、全新招商引智手段，实现“领军人才 + 创新团队 + 创新项目”精准引才

坚持人才引领创新发展，加快培育和引进重点行业、重要领域、战略性新兴产业人才和急需紧缺人才，实施“领军人才 + 创新团队 + 创新项目”的精准引才模式，开展项目研发、人才供求、成果转化“三对接”。创新人才激励模式，探索建立“研发团队分享技术股权、管理团队合法持有股权”的激励机制，建立招才引智与招商选资联动的柔性引才活动，不断释放重才、爱才、聚才、留才的城市底蕴。

二、发挥人才配置服务、创业服务中介机构的“辐射力”

认定一批规模较大、业绩较好，与城市产业发展的匹配度、社会诚信

度较高的专业化人才中介机构，作为城市“高层次创新创业人才引进工程”的合作单位，共同致力于高层次创新创业人才的引进工作。鼓励行业领军企业、创业投资机构、社会组织等社会力量和民营资本，积极参与或自主建设创新创业服务平台。发展一批适应大众创新创业需求和特点的，低成本、便利化、全要素、开放式的众创空间等新型创业服务平台。引导科技企业孵化器、大学科技园、中小企业服务中心、大学生创业基地、众创空间、科技服务中介机构等各类创新创业服务平台，完善服务功能、提升服务能力、增强服务绩效、开展服务合作。

第三节　营造创新创业的良性生态体系，注入城市经济增长“新活力因子”

一、优越的生态环境是城市人才集聚与创新创业发展的必备条件

生态化创新，是指要重视人才的生态建设，努力构建支持创新创业的生态环境。

（一）要创造良好的人文生态环境

一方面要增强人性化管理，营造尊重知识、尊重劳动、尊重创造的良好氛围。另一方面要搭建干事创业的平台，重视人才生态链的形成与发展，为人才资源作用的充分发挥提供广阔的空间。在合适岗位的基础上，形成以各类专业人才价值（如技能、经验等）为纽带的具有工作衔接关系的人才梯队，构建区域人才生态链。

（二）要完善人才发展的软环境生态

首先，要形成宽松活跃的政治氛围。其次，要完善法制环境，保护知识、保护劳动、保护创造、保护人才。最后，要充分利用相关部门的方针政策，加大对高层次、有突出贡献的人才在职务晋升、生活待遇等方面的支持力度。

（三）要健全人才发展的信息生态

一方面，要优化信息化时代的硬件设施，为引进的人才提供信息化的

办公、科研、创业的场所和环境。另一方面，要构建引进人才之间工作经验的信息交流平台。通过定期的培训、学习、交流、座谈、考察等形式，实现相关信息的全球互通、资源共享和相互借鉴。

（四）要完善“留人与留心”的需求生态

用事业留人、用感情留人、用待遇留人，事业留人是根本、是核心，感情留人是纽带，待遇留人是条件。秉持“约束原则、激励原则、适才原则和环境原则”，系统考虑“契约与退出成本、薪酬与晋升制度、定岗与培训机会、团队与人文关怀”等关键因素，提高人才对城市的认同感和归属感，促使人才融入城市的风土民情让其“心有所愿”“才有所值”。

二、推动城市“人才链、产业链和双创链”三链生态化发展

构建生态化的人才创新创业系统，需要多种要素的共同作用。创业文化、专利保护、金融服务、中介组织，以及政府支持这五个重要要素彼此依赖支撑，缺一不可。只有努力将人才链、产业链和创新创业链“三链”紧密结合，打造各类产业要素有机聚合、优化配置、相互关联、有效支撑的有机生态体系。实现城市创新创业生态系统的异质多元、互补，营造国际化、多元化的环境，增强城市对高端人才的培养能力，让高端人才“引得来、留得住、用得好”，才能“择天下英才而用之”。

第七章 “人才投行里手”，政府/企业招才引智工程的“好帮手”

第一节 “人才投行”，颠覆传统猎头“人才交易思维”，重构“人才经营思维”

一、“人才投行”产生的背景

（一）从人才角度来看

1. 身处“动荡无常、反复模糊”的 VUCA 时代，人性的“复杂性”与需求的个性化、多元化、动态化和业务场景的“多样性”，促使精英人才更渴求个性化服务（最好的服务是没有套路的服务、非标准化的服务，即定制化的服务）。

2. 走进“人才 +”时代，精英人才对自身成长需求、成长方向等需求产生重大的迭代变化。

3. 面对合伙人时代，“人”是股权分配的最大变量，在股权分配上，既要对钱进行定价，也要对人才定价。如何给自己建立职业品牌、个人定价，需要专业的人才经营公司来帮助规划设计。

4. 社群经济的不断发展促进了“物以类聚，人以群分”，匹配才能“在一块儿”、适合才能“一块儿玩”。精英人才不能仅停留在简单的人才交易层面，而是应该上升到专业人士协助谋划与服务人才职业或事业的人才经营层面。只有精英中的精英，才能被“瞧得起”，才能匹配为精英服务，“猎头”必须是这样一类人。

5. “人才+”时代，人才的价值贡献不再停留在自身个体的能力努力上，而是更多地体现在如何利用市场机制，聚集、整合、匹配各种创新资源、核心匹配要素和优质资源配置（投行思维）上，特别是资本要素，用专业能力将“产业、政策、平台、社群、服务”要素串联成“美丽珍珠”的价值上。

6. 人才创新、创业、创意需要选择合适自己的“众创空间+孵化器+加速器”的科技创业孵化链条。通过构建空间、打造体系、整合资源、产业融合、聚焦项目、加速孵化等方式，加快科技成果的转化和落地，降低双创风险。

（二）从企业角度来看

1. “人才+”时代，企业需要的不仅是猎头公司帮助其猎聘到合适的合伙人，更需要提供从企业高管人才引进到企业高端培训、战略咨询、PE基金投资（企业托管）、营销策划、财务咨询顾问等品牌化专业集成“一站式”的服务，即为企业提供独具特色的猎头品牌集成服务，从而降低企业的各种沟通成本。

2. “挖”人就是要“挖”最好的，“挖”人者要对各个企业的风格比较熟悉，只有对行业深度熟悉并对企业了解的精英猎头，才能精准地“挖”到合适的人才，而目前市场上这样精英猎头公司太少。

3. 作为企业，希望猎头公司推荐的人才不仅效果最佳化，猎头费用最低化，更需要风险可控化。现在企业委托猎头公司猎取人才，费用只是企业单方面承担，而人才入职后究竟是否能够帮助企业解决问题，实现企业人才投入与产出成正比，其实是个问号。从风控角度上更希望将猎头公司的服务费与外聘经理人的薪资和经理人的贡献相互挂钩。

4. 人才引进的质量和速度对企业运营有着举足轻重的影响。企业要想在竞争中取胜，需要转变观念，用策略性的运营思维与规划进行人才引进工作。

5. 在共享经济时代，人才与企业不再是零和博弈的关系，不再是简单的利益共同体，而是价值创造共享体，是共创共享的关系。

6. 进入人才生态圈时代，一个企业的日常经营活动是围绕客户来聚合人才，先有人才聚合，才有产业生态系统。一个企业不再是简单地整合人才，而是要构建出一个人才的生态圈，不再是整合，而是要聚合，靠共同的愿景、共同的目标聚合在一起，把不同产业、不同类型的人才聚合在一起，共同从事一项事业，形成一种新的人才生态圈。所以对一个产业来讲，所聚合的产业生态圈，就是围绕产业生态形成人才“部落”、人才社区。

（三）从猎头角度来看

1. 传统猎头要升级服务，从收取服务费等有形价值，向资本投资人才等潜在价值的市场趋势需求转变；从雇主的驻外代表（通过内容活动的用户营销，对雇主企业文化价值观的传达与情感连接）到人才进驻后的人才管理专家的角色升级。

2. 传统猎头不懂业务、不懂经营人才，缺乏风控意识，只是纯粹地交易人才，未能提供有效的人才适应企业问题及人才融合期风险问题的相应对策和专业性技术指导。“人才 +”时代，精英更渴求能提供极具个性化的贵族式、独家服务的“一站式”服务专业人才服务机构。未来定制化、差异化的人才吸引策略将成为猎聘官的破局手段。

3. 猎头的作业是高度个性化的，完全依据个人的能力和水准来完成，很难通过“团队合作”来完成。面对“人才 +”时代，猎头要提升智慧水准和改变思维方式，践行“人才供应链与人力发展链的思维、经营人才与人才自主经营思维、人才全面认可激励与人才客户体验价值的思维”等。

4. 看一个猎头能量多大，关键是其能配置多少资源。未来高端精英猎头人士的发展方向就是做资源配置者（投行本质）。

5. 未来高端猎头不需要像现在这么辛苦，只需要做好两件事，研究专注一个行业，找对这个行业的精英人才，然后投资他，形成价值共同体和利益共同体。通过发挥人才投行价值，促进“产业、人才、资本”三要素之间的两两交互融合与整体循环效益的“联动链”，走进资本市场，最终溢价空间将远远大于单纯的猎头中介收益。

（四）从人才管理者的角度

人才管理面临新思维、新常态：

1. 组织——扁平化、平台化、无边界、各自组织；
2. 关系——从“雇佣”到“合伙”；
3. 管理——从“管控”到“赋能”；
4. 招聘——从“招人”到“抢人”；
5. 用人——从“所有”到“所用”；
6. 培养——从“线性培训”到“非线性学习”；
7. 考核——从 KPI 到 OKR；
8. 体验——“好玩”+服务+文化=高敬业度；
9. 分析——从“差不多”到“大数据”。

（五）从社会发展角度

价值投资是社会进步的必然要求。

1. 财富管理时代（或者人才经济时代），要求价值投资；
2. 资本不仅是钱，还是资源的支配权；
3. 资本经济是在市场经济基础上加了一个杠杆。

二、“人才投行”的概念说明

所谓“人才投行”，即颠覆传统猎头人才交易思维，重新构建“多维度思维”的人才经营管理，其思维内涵包括但不限于：人才供应链思维+创客思维+人才客户化与产品服务化思维+链式思维+大数据化思维+流量思维+投行思维+逆向思维+价值投资思维。

“人才投行”，本质是一种多维度思维上的创新活动；核心是“把人才当产品，用投行思维做人才经营管理”；基础是“以价值创造者为本，以‘合伙人+’为根”；过程是实现“共创共赢”，以及价值极度最大化的一系列科学活动的过程；目标是“合理配置各种优质的匹配资源，以四两拨千斤之力，使企业、人才、资本、人才中介活动的各环节获得最大效益”。

三、“人才投行”的关键作用

“人才投行”的关键在于，打通“人才、产业、资本”三要素之间的两两交互融合与整体循环效益的“联动链”，实现“产业聚集人才，人才引领产业”“产业吸引资本，资本推动产业”“资本投资人才，人才增值资本”协同、高效发展的城市经济综合效益。通过促进人才链、创新链、资本链、产业链四个关键环节的深度融合、同频共振；通过“加钢淬火强内功”，有效提振企业继续投资和加快发展的信心，促进产业“强筋壮骨”和经济提质增效升级；通过“人才引进—创新驱动—资本支撑—产业升级”实现城市的发展。

（一）产业—人才（“产才融合”）：产业聚集人才，人才引领产业

城市发展的核心在产业，产业发展的核心在企业，企业发展的核心在人才。企业是人才发挥效能的平台和载体，只有将人才的科技优势转化为企业的产品优势，才能凸显人才的价值，这也是促使人才落户的最大吸引力。因此，要围绕“产业链”打造“人才链”，做到“以产业招人才、为产业聚人才”，以项目需求为导向，突出人才竞争的比较优势，以主导产业集群汇聚高端人才，突出“引以致用”，在产业链上招才引智，重点对接与主导产业关联度高的紧缺型产业人才、创新人才和创业人才。实施人才和项目双向选择，提高引才的实用性和对接的成功率，实现“产才融合”。

（二）产业—金融资本（“产融结合”）：产业吸引资本，资本推动产业

产融结合不是简单的“1+1=2或1+1>2”，而是“发动机+轮子=汽车”，是模式的创造，而不是数量的累加。产融结合的最终目的是创造新商业模式，是以产业为基础、以金融为渠道、以“为客户提供最大价值”为目标，通过“资本链”促进“创新链”、通过“创新链”拉动“产业链”发展，实现企业系统成本降低或收益最高、或客户忠诚度提高的目标。以产业带动金融，扶持新兴金融板块；充分发挥金融杠杆的作用，以金融带动产业，加大传统产业业务发展的动力。通过自然资源及客户资源等的共享及相关产业链衔接挖掘协同效应，从内涵式发展逐步过渡到内涵

外延同步发展的产融协同模式。产业链每个对应的环节可延伸出相应的金融属性，沿各环节对应的金融属性衍生出不同金融介入端口。做好加法，培育战略性新兴产业；做好减法，促进盲目产业转型升级；做好乘法，以科技创新拉动发展，促进重大科技成果产业化；做好除法，进一步推进简政放权，保障产业转型升级。

（三）金融资本—人才（“人资共生”）：资本投资人才，人才增值资本

创新主体、创新资源、创新环境、创新绩效都与人才创业活动密切相连，而资本则发挥着人才和创业创新之间的黏结与耦合功能。

不断提高人才和资本的集聚度，进一步激活社会创业创新活动；以人才创业为核心，让人才吸引和驾驭更多的资本，让资本通过创业创新不断增值，以此加快转变经济发展方式，推进城市科学发展；以“人才资本化”与“资本人才化”的双轮驱动，来促进产业创新发展，催生更多新的商业模式，培育更多创新型企业。

第二节　重用“人才投行里手”，为高端双创人才插上“腾飞的翅膀”

一、“精英人才+”时代，“人才投行里手”的崛起

IP、社群、消费升级、粉丝经济、阿米巴、共享经济、联盟……这些词不约而同地描绘着个体崛起的现象，站在“人才+”时代，个体的能力、价值和需求都变得越来越重要。现在，中国社会发生的最具革命性的转折就是“个体崛起”，个体崛起也就意味着各种“组织”的“下沉”，一切组织都必须下沉，把舞台留给“个人”。

但个体崛起的时代，并不是“每一个”个体崛起的时代，而是少数个体崛起的时代，是少数精英人才崛起的时代；个人崛起的时代，是一部分“超级个体”崛起和一大群普通个体追随的时代。

“超级个体”的画像：

科技人性：能抓住趋势，善于利用科技，也拥有高感性能力；

T型人才：良好的基础素质，在某一个领域有极致的专长；

联盟思维：善于和组织、平台密切合作，共同成长；

个人品牌：有自己的个人影响力；

自我实现：有品位、有追求。

在这“精英人才+”时代，急需“人才投行”里手扮演“第三方”的角色，以自身的专业技能为基础，借鉴人才猎头思维，当好人才引进、包装、培养、增值的经纪人角色，串联“人才—企业—产业—资本”之间的“联姻”关系，助推“超级个体”的精进，实现自身的价值。

二、“人才投行里手”的概念说明

“人才投行里手”要具备至少三重身份：人才职场管家、企业人才管理专家、人才投行行家。

“人才投行里手”是指以合伙人（城市、企业）人才事业收益为中心，以合伙人人才事业成功为导向，为合伙人人才事业发展提供一站式、专业优质的“保姆式”贴身特色的高端服务，帮助合伙人人才成就事业价值和梦想的，专门从事合伙事业“人才投行”的专业人士。

一个真正的“人才投行里手”需要具有PE投资背景，需要对如何成为优秀人才有系统地思考、对企业管理有深刻的认知、对产业变迁有敏锐的洞察、对人才投资有前瞻判断，从而能够帮助人才在企业中更好地生存和发展。在产业变迁中为人才的职业规划提供真知灼见，开展高端人才创投与人才并购活动等投行服务，为人才“创造新价值”。因此，“人才投行里手”也被誉为“高端人才资本玩家”。

三、“人才投行里手”的核心能力

“人才投行里手”要懂产业、懂股权、懂职场、懂经济、懂人性、懂人才IPO、懂驱动、懂面试、懂匹配、懂风控等，深谙投行思维，推动“人才、资本、产业”融合互动。系统的人才资本经营意识、娴熟的并购技术、扎实的知识、能力、素养是“人才投行里手”投行思维的必备基础。

（一）核心能力

“人才投行里手”的核心能力界定为三个方面：掌握客户动态变化需求的能力、掌握候选人动态变化需求的能力、匹配候选人与客户动态变化需求的能力。

考虑到单个顾问时间精力的极限，只有专注，“人才投行里手”才能真正熟悉目标客户及目标候选人两个群体；考虑到客户与候选人需求的动态变化，只有主动，“人才投行里手”才能抓住市场上瞬息万变的机会，精准地匹配客户与候选人的需求，把对客户及候选人的知识变成现实的收益。

（二）专业能力

1. 洞悉行业发展、企业管理，因为熟悉，所以精准，为人才职业发展提供切实的帮助。

2. 职位解读，为人才解读职位隐藏的招聘门槛，识得“庐山真面目”。

3. 职业定位，对人才提出的职位需求，“人才投行里手”会对人才进行全面综合地评估，主动挖掘用户潜在的价值，明确职业定位。

4. 职业咨询，悉心解答人才提出的职业咨询，帮助人才处理职业发展中碰到的难题。

5. 面试指导，提供面试、劳动合同签订、提供薪酬待遇等面试常见问题的指导。

6. 一人一岗：“人才投行里手”集中精力关注某一行业、某一职位，提升专注度和专业性。

7. 私人顾问：免费为优质候选人提供职业生涯全周期的专属岗位和领域的私人顾问咨询服务。

8. 投资能力：既能为人才提供投行服务，又具有发现价值并投资的专业能力。

（三）通用能力（按照猎聘前、中、后细分）

1. 丰富的任职经历

由于“人才投行里手”既要面对用人单位的人力资源负责人，又要面对很多行业的中高层人才，有丰富任职经历的人是比较有优势的。所谓丰富是指要有一定工作阅历和管理背景，要有能与中高层人员平等对话和沟通的资历和水平。同时，也是把握、判断人才的基础。

2. 丰富的行业背景

“人才投行里手”需要掌握行业知识、产品知识、行业背景和前景、行业运作模式、业内品牌企业及其企业文化、企业通常的组织结构、主要部门和职能、关键岗位和职责、业务流程等。

3. 广博的人脉关系

没有人脉关系，就没有“人才投行里手”。“人才投行里手”必须有非常丰富的人脉关系和资源，特别是专注行业相关的人脉，才能应对客户的人才要求。

4. 人脉拓展和寻访能力

针对客户的猎聘职位，能在最短的时间内、找到最短的路径、去寻访相关的候选人才。同时，要经常参加相关活动，包括会议、论坛、俱乐部等。

5. 敏锐的感知力和准确的判断力

既包括要感知用人企业的企业文化、对猎聘职位人才的重点要求和软性要求、老板本人的风格和用人风格等，也包括对候选人的洞察力和判断力及对是否与用人企业匹配的把握。通过短时间的面谈，能有一个比较准确的判断。

6. 抗压能力

凡是“人才投行”猎聘职位都是客户不好找的人才，是有相当难度的。同时，还要经常面对来自用人单位和人才的很多变数，如用人单位对猎聘职位要求的变化、职位的变化、上岗时间的变化甚至待遇的变化等；还有候选人才的变数。

7. 沟通和协调能力

面对不确定的变数，协调沟通客户和人才。

8. 职业操守和职业感

要有职业操守，如保密原则、诚信原则、不包装候选人、不恶意“挖角”等。

9. 人力资源知识

具备一些人力资源知识，如面试技巧、职业生涯规划知识以及 HR 各个模块的操作等，既有利于与用人单位人力资源部门的沟通，也有利于客户和人才的认可，有助于对人才的判断和把握。

10. 良好的外语水平

如果是面对外企客户，“人才投行里手”还需要有良好的外语能力，不光能看懂外语简历，还能写外文的猎聘报告、用外语与客户和人才进行口语交流等。

11. 商业管理能力

在经济飞速发展的今天，“人才投行里手”能够掌握成功运作一个公司的方法是至关重要的。

12. “期望值管理”能力

要做好人才与企业合作过程的期望值管理，提高与降低期望值的管理，封住不达期望值时的“逆流”，控制越过期望值时的“汹潮”。

四、“人才投行里手”的必备素质

第一，广博的知识（包括行业知识、业务知识、管理知识等）。“人才投行里手”不仅要拥有专业背景，还应具有信息学、社会学、心理学、市场学、法学、经济学、金融学与商业管理教育背景等相关人文知识及实际操作能力。

第二，过硬的职业素养和丰富的市场运作经验、商业管理能力。

第三，敏锐的洞察力和判断力。

第四，广泛的社会网络和丰富的人脉资源。

第五，良好的职业道德。

第六，良好的外语交际能力。

第七，精心敬业，具有工匠精神。

此外，“人才投行里手”还需具备娴熟的人际沟通能力、持久的忍耐力等。真正高明的"人才投行里手"是很好的鼓动者。做"人才投行里手"并非易事，找"猎物"可谓是费尽心机。"人才投行里手"是活在风口浪尖之上的，时刻面临危机，没有持久的韧性和亲和力，到嘴的"猎物"也吃不上。

第三节　培育"人才投行里手"，政府政策先行，专项资金保障

一、"人才投行里手"的发展前景和来源

目前"人才投行里手"从业人员为数不多，而且以兼职为主，市场缺口极大，从发展趋势看在向专职过渡，预计未来将需求5千~1万名专职"人才投行里手"。"人才投行里手"将是城市招才引智工程专业代理人和精英人才双创事业合伙人的私人顾问。

一般来说，"人才投行里手"需要经过这样几个阶段：助理顾问、咨询顾问、高级顾问、"人才投行里手"。

成为"人才投行里手"的一般有三类人才：一是曾从事过销售和市场营销、人力资源战略管理、企业管理、顾问咨询、公关客服、高端人才招聘等行业"老兵"工作，转型做职业顾问的人才；二是在人才服务行业从事高端人才服务5年以上，为职业经理人提供职业辅导、转换的高级顾问；三是经过专业培训和工作实战训练，达到具备为高级人才提供服务能力的行业精英。

二、设立专项资金培育"人才投行里手"队伍

政府要大力创造良好环境、出台相关政策、设立专项资金，用于"人才投行里手"队伍的引进、培养、使用、激励以及管理和培训、服务等，提高人才—产业发展的匹配度，提升城市高端双创人才"造血功能"，为增强自主创新能力提供人才保障，为城市"人才强市"战略注入正能量，加快推进城市经济结构调整和增长方式的转变。

三、“人才投行里手”的主要服务对象

前期阶段：主要分为两大部分，一是城市合伙人（城市招才引智双创高端人才），二是企业合伙人（猎头引进的高端人才）。

长期阶段：主要为具备物联网思维的综合性复合型人才。

随着物联网的不断普及，企业需要的不仅是某一领域的专业人才，更需要具备物联网思维的综合性复合型人才。

所谓复合型人才，是具有宽阔的专业知识和广泛的文化教养、具有多种能力和发展潜能以及和谐发展的个性和创造性的人才，即一专多能，不仅在专业技能方面有突出的经验，还具备较高的相关技能。

四、“人才投行里手”的服务收益模式

（一）针对城市合伙人的收益模式

1. 参照目前一些城市合伙人猎聘引进的相关奖励（见表9-2）

表9-2　中介引荐人才奖励额度一览（部分城市）

序号	城市	人才类别	奖励金额（万元）
1	宁波江东区 台州镇海区	创业类国外高层次人才（入选国家“千人计划”）	60
		创业类国外高层次人才（入选省“千人计划”）	30
		创业类国外高层次人才（入选市“3315计划”）	10
2	大连理工大学	国家高层次人才特殊支持计划	50
		两院院士	30
		国家“特支计划”科技创新领军人才	25
		国家杰出青年科学基金获得者	20
		国外高层次人才引进计划	5
3	广州开发区	推荐的各类人才（团队）在区内创办企业注册成立后3年内、以区内创办项目申报获批中央（国家）、省、市各类高层次人才（团队）称号的	最高可获50
		推荐的该高层次人才成功在区内注册企业或者与区内用人单位签订劳动合同的	3~10

续表

序号	城市	人才类别	奖励金额（万元）
4	江苏启东市	所引荐人才在启申报入选国家"千人计划"	30
		所引荐团队在启申报入选江苏省"双创团队"计划	20
		所引荐人才在启申报入选江苏省"双创人才"	6～10
		所引荐人才入选该市"东疆英才计划"	1～2
5	上海市嘉定区	诺贝尔奖获得者，院士等	30
		国家"千人计划"创新人才等	15
		上海"千人计划"人选等	5
		嘉定区"人才领先计划"等	1
	武汉东湖新技术开发区	推荐的人才入选"3551光谷人才计划"后，通过东湖高新区口径又成功申报入选国家"千人计划"	最高奖励24
6	天津市	引进诺贝尔奖获得者，院士等（刚性）	20
		引进诺贝尔奖获得者，院士等（柔性）	10
		引进国家"千人计划"人选等（刚性）	15
		引进国家"千人计划"人选等（柔性）	5
		引进省级"千人计划"人选等（刚性）	10
		引进省级"千人计划"人选等（柔性）	3
7	山东省	院士，国家最高科学技术奖获得者等	20
		国家"千人计划""万人计划"等	10
		急需紧缺的高层次人才等	5
8	福建省	高层次人才（入选国家"千人计划"）	10
		高层次人才（入选省引才"百人计划"）	5

资料来源：网络新闻报道。

2. 城市合伙人创新创业的增值收益

与城市合伙人签订创新创业的增值收益服务，提供针对人才企业成长所需的相关咨询与辅导，按企业税收收取一定比例的服务费，实施分步骤、终身制收取（具体沟通拟定）。

（二）针对企业合伙人的收益模式

1. 按目前猎头市场规则和标准收取猎聘的费用。

2. 按前期收取少量的启动费＋人才上市的方案制定溢价服务（具体沟通拟定）。

第十部分

意犹未尽：明明白白“吐槽”，真真切切“走心”

走心 1：

城市与人才需要建立“平等互惠、开放包容”的“伙伴关系”，结成共同愿景下的“奋斗共同体、利益共同体、命运共同体”，共同创业、共历艰辛、共享成果、共创未来，共同实现合伙人的“事业梦”和城市的“振兴梦”。

走心 2：

城市需要以“新理念、新机制、新载体”，推进“产业集聚、产业创新和产业升级”，冲破传统体制和发展方式的禁锢，用倒逼机制进行“机遇再造、优势再创”。

走心 3：

城市需要敢于设立高端人才专项事业编制，来专门解决引进高端人才的编制短缺问题，并鼓励高端人才向企业流动。事业编制人员经考察优秀，可以通过调任的方式进入公务员队伍，享受公务员相关的福利待遇和荣誉。

走心 4：

城市需要科学制定人才规划，要充分体现“改革创新”精神，要注意突出“地方特色”，要做好与上级规划中全局性、制度性政策、措施的衔接，把握好创新“度”、特色“度”的问题。要把握好全局与局部的关系，既体现上级规划的共性要求，又体现地方规划的创新性、独特性，做到有机结合、相得益彰。同时，也要考虑具体政策、措施的有效落实问题。

走心 5：

城市需要从“城、产、人”融合发展的高度，推动“人才别墅”建设，为人才量身打造，对于“人才别墅”的房型设置、室内配备高要求、高标准，并且“人才别墅”周边环境优雅舒适、配套完善，努力做到以优质环境吸引人才、以独特文化留住人才、以高效政务环境服务人才，使“人才别墅”成为“乐业之巢”，将“人才别墅”融入“家的感觉”。

走心 6：

城市需要高度重视人才，营造尊重人才的良好氛围，对真正推动城市发展或对城市做出杰出贡献者，出台相应的政策和奖项，如"终身成就福利奖"，激励拼搏奋进，保障无后顾之忧。同时政府要营造"感恩之心"的文化氛围，对曾经的城市做杰出贡献者，要关注其是否老有所托，避免人老茶凉！

走心 7：

城市需要制定人才法规，让人才队伍建设有章可循、有法可依，用战略思维谋划人才工作、用科学制度保障人才工作，使人才工作由情理上的"应该"变成法理上的"必须"。

走心 8：

城市需要打造特色引才品牌，吸引大学城人才、机构、科创资源集聚，着力建设成"产业主题鲜明、高端人才会集"的大学城、"卫星城"，打造面向"高校 + 企业 + 科技 + 城市"的全生态链创业环境。

走心 9：

城市需要整合"内部 + 外部"的"线上 + 线下"平台和资源，构建资源通融、内容兼融、宣传互融、利益共融的融媒体平台，围绕全局性人才工作，创新工作思路、扩宽宣传渠道、加大宣传力度。通过开辟专栏、专题报道、人物专访等形式；并通过联盟网站、官微、官博、展会、会议与宣传员等途径，全方位、多层次、立体式地宣传推广人才工作中的成功经验和先进典型。

走心 10：

城市实施人才回归家乡工作，从高考志愿填报开始，组织职业中专应届高考生，召开高考志愿对接会，就志愿填报进行培训和辅导。介绍家乡的经济社会发展现状与趋势，宣传家乡的人才政策和当前紧缺专业、岗位及定向培养计划，引导考生有针对性地填报志愿，为人才回归打好基础。

走心 11：

城市招商引资工作要转变思路，要依靠战略布局、战略投资、战略收益的"战略招商模式"。既要研究新的经济发展形势和产业发展变化，又要改变过去唯资、唯商的模式，要借助外部智力、智库、智囊之智，借助多种机构、各种平台、多样活动之力，实现招商引资新突破。

走心 12：

城市要牢固树立“你有多大才，就为你搭多大台”的理念，精心呵护人才干事创业。保障资金跟着项目走、项目跟着人才走，因为对真正的英才来讲，舞台才是最重要的因素。

走心 13：

城市需要建立人才诚信档案“管理＋共享”机制，依托市人才交流中心，从战略性新兴产业做起，建立人才诚信档案数据库。利用计算机网络技术，实行网络化管理，实现诚信数据库电子查阅、检索的功能，为战略性新兴产业企业人才招聘、录用提供信息参考。

走心 14：

城市要坚持“政府引导、市场主导”，充分发挥企业在人才发展中的主体作用；要从政策、资金、平台等方面支持企业引进、培养、用好人才；要不断提高原始创新、集成创新和引进消化吸收再创新能力。

走心 15：

城市要进一步拓宽引才渠道，敢于重奖推介高端人才的“伯乐”，按人才薪酬总额（工资所得）或单个项目报酬的一定比例、分阶段给予重奖，激发“伯乐”引才动力，形成“千金市骨，万马毕至”的蔚然之风。

走心 16：

城市要建立人才循环机制，促进创新人才、创业人才与天使投资人之间身份的转换，使战略性新兴产业领域的创新创业活动持续活跃，共同促进创新创业的循环往复，实现创新创业人才自身积累的知识、技术、资本、人脉等资源要素的再利用，促进技术创新和商业模式创新，实现经济增长。

走心 17：

城市要探索建立“知识市场”、发展知识市场；促进知识产品交易，缩短科技成果产业化的时间与周期；促进知识产品升级，如研发、设计、创意等，进行交易、购买、交换与制造。采取实体市场和虚拟平台并举发展，将分散的各种高新技术中介、设计、创意企业进行集聚，交流信息，组织交易活动。

走心 18：

城市要发现并鼓励大学创新人才到园区创业、园区创业人才到大学科研教学、企业创新人才到大学科研教学和企业创新人才自己创业的“两栖型”人才，实现人才在产、学、研的自由流动和柔性配置。

走心 19：

城市要构建“归雁经济”的法律体系，确保不因政府换届、“一把手”迭代等问题，导致高端人才、高端项目在城市难以继续运作或相关优惠政策“过期无效”等不良现象的出现。

走心 20：

创新创业型高端人才不是招来的，是“吸引”过来的，更是“挖”“抢”来的。

参考文献

[1]桂昭明．人才经济学[M]．北京:中国人事出版社,2016－02 －01.

[2]鄢圣文．主导产业人才集聚力研究[M]．北京:中国经济出版社,2016－07－01.

[3]俞兴民,艾欢．简论“人才经济”的超越性优势及特点[J]．中国公务员,2003(11).

[4]谢群慧,刘思弘．“千人计划”引领创新创造“浦东人才报告”之二[J]．浦东开发,2012(6).

[5]张圣华,边洪霄,徐玉民．从“筑巢引凤”到“引凤筑巢”——关于“人才优先”的讨论[J]．中国人才,2010(5):6－10.

[6]苏琴．城市人才内在竞争力评价指标体系要素实证分析[J]．城市建设理论研究(电子版),2013.

[7]李光全．中国城市人才竞争力变化影响因素分析[J]．科技进步与对策,2014.

[8]江岩．科学认识高端人才引领作用[J]．中国人才,2012(9).

[9]赵永乐．充分发挥高端人才在转变发展方式中的作用[J]．群众,2012.

[10]叶忠海．高端引领是人才队伍建设的战略重点[N]．中国组织人事报(要闻版),2012－06－18(1).

[11]柯玲．以产业链为导向的集群式技术技能人才培养模式探析[J]．中国职业技术教育,2016.

[12]俞华琴．让高端人才引领和支撑企业转型升级[J]．经营管理

者,2013.

[13]刘建贤．高端人才队伍建设要抓好四个重点[J]．中国人才,2009(1).

[14]德州市委组织部．关于印发《德州市建设协同发展示范区人才支撑计划》的通知[R]．德发〔2015〕21号,2015－12－01.

[15]孙晓军,孙立翔,卢建．江苏靖江市人才集聚与产业转型同频共振[N]．中国组织人事报,2015－12－18.

[16]黄湘闽．产业聚集与人才聚集的演化规律[J]．中国人才,2013(7):63－64.

[17]周振华,韩汉君．流量经济及其理论体系[J]．上海经济研究,2002.

[18]曾湘泉,袁罡,胡奇．北京建设世界高端人才集聚之都政策体系研究[M]．北京:社会科学文献出版社,2013:213－227.

[19]连玉明．世界城市如何集聚高端人才[J]．北京规划建设,2010(4):64－67.

[20]赵光辉．人才结构与产业结构互动的一般规律研究[J]．商业研究,2008.

[21]张霞,蔡根女．人才集群与产业集群的互动发展[J]．重庆大学学报(社会科学版),2007.

[22]吴欣．以先进产业集群吸引高端人才集聚[N]．南方日报,2011－04－03.

[23]李煜华,胡运权,孙凯．产业集群规模与集群效应的关联性分析[J]．科学学与科学技术管理,2006.

[24]朱奎林．中小企业“六位一体”协同创新模式研究[J]．企业科技与发展,2016.

[25]李民昌．论河南实施人才强省战略的意义和路径[R]．学习论坛,2004.

[26]阳立高,韩峰,杨华峰．发达国家高层次创新型人才开发经验及启

示[J]. 科技进步与对策,2014.

[27]谢乾安,康东波,刘云霞. 加强湖南人才资源开发打造优势产业人才队伍[J]. 价值工程,2015.

[28]鄢圣文. 高端人才集聚的内外要素分析[J]. 前线,2013.

[29]浙组轩. 浙江:“五位一体”打造人才生态最优省份[N]. 中国组织人事报,2016-01-13.

[30]王顺. 中国城市人才环境综合评价研究[J]. 中国农业大学,2005.

[31]王萍,章守明. 区域人才集聚策略研究[J]. 经济问题,2006.

[32]肖艳. 区域战略性新兴产业选择的评价指标体系及模型构建[J]. 社会科学战线,2012.

[33]苏涛. 产业转型升级十大原理[N]. 长城战略咨询.

[34]徐磊. 我国产业集聚区建设中需要解决的几个问题[J]. 中国集体经济,2010(28):51-52.

[35]熊勇清,曾丹. 区域传统产业转型的决策方法探讨[J]. 统计与决策,2011.

[36]魏明. 国内典型区域传统产业转型升级的经验与启示[J]. 北方经济,2012.

[37]赵波. 新型工业化时期区域主导产业的选择研究——以湖北省制造业主导产业的选择为例[D]. 武汉:华中师范大学,2005.

[38]陈刚. 区域主导产业选择的含义、原则与基准[J]. 理论探索,2004.

[39]姜红,赵树宽,魏丽. 吉林省支柱产业自主创新模式研究[J]. 工业技术经济,2009.

[40]刘运,余东华. 科学发展观下的区域主导产业选择:原则、基准与约束条件[J]. 山东社会科学,2009.

[41]余焕新,刘爱军. 江西特色产业集群发展态势分析[J]. 江西社会科学,2011.

[42]安万明. 民族地区特色产业发展中的地方政府职能研究[J]. 内蒙

古民族大学学报(社会科学版),2014.
[43]胥留德. 论特色产业的选择[J]. 经济问题探索,2002.
[44]孙国民. 战略性新兴产业概念界定:一个文献综述[J]. 管理研究,2014.
[45]蔡竞. 战略性新兴产业培育发展的目标体系设计和方向选择刍议[J]. 理论与改革,2011.
[46]时杰. 如何化解七大风险——国有企业培育和发展战略性新兴产业的战术选择[J]. 现代国企研究,2012.
[47]王新新. 战略性新兴产业的培育与发展策略研究[J]. 生产力研究,2011.
[48]. 刘建贤,庹云艳. 人才队伍建设的战略抓手—对四川省高端人才队伍建设的思考[J]. 现代人才,2008(3):83-86.
[49]于健慧. 欠发达地区人才集聚困境与突破路径[J]. 国家行政学院学报,2008(3):26-28.
[50]岳文厚. 转型升级需要人才支撑[J]. 成才之路,2016(14).
[51]李晓菁. 省属高校高端人才引进与创新团队建设研究[J]. 兰州教育学院学报,2012,28(7):88-90.
[52]张希胜,白庆华. 产学研联盟的高端人才培养机制研究——以上海市为例[J]. 邯郸学院学报,2007,17(1):95-97.
[53]马宇文. 中国企业面临的五大人力资源问题[N]. 哈佛商业评论网,2010-03-03.
[54]任琴."人才强企"战略下的人力资源开发[J]. 科学之友,2011(5):79-80.
[55]齐誉,成迪夫. 企业高端人才队伍建设研究[J]. 合作经济与科技,2007(12):32-33.
[56]谭德波. 都说重庆市长黄奇帆"懂经济",到底懂在哪儿?[N]. 南风窗,2015-10-16.
[57]赵志栋. 以五大发展理念引领人才工作助力"四个中卫"建设

[N]. 中卫日报,2016－04－19.

[58]魏干. 人才选任的五大思维转换[N]. 金华日报,2016－10－17.

[59]赵斌. 经营城市:市长就是 CEO[J]. 领导决策信息,2001(31):24－24.

[60]赵乐际. 着力营造敬才用才聚才留才良好环境[N]. 中国人事报,2010－08－30.

[61]康俊. 产业融合发展视角下商业模式创新研究[J]. 改革与战略,2016(3):122－126.

[62]王飞鹏. 产业集群的人才集聚效应与人才管理制度创新研究[J]. 中国人力资源开发研究会会员代表大会暨学术研讨会,2008.

[63]邓晓东,李军. 培育践行核心价值观的宁波探索[N]. 宁波日报. 2014－08－05.

[64]付艳波. 加快转型升级构建现代产业体系[N]. 汴梁晚报,2016－01－07.

[65]孙本莉. 我国政府部门人才安全预警管理研究[D]. 北京科技大学,2007.

[66]本溪市政务公开办. 本溪市创新驱动实施方案(2015—2020 年)[R]. 2016－8－17.

[67]甘根华,江智萍. 关于江西创新型人才发展环境的调查与思考[J]. 地方治理研究,2014.

[68]孙琪. 优化河北省人才环境的对策建议[J]. 产业与科技论坛,2014,13(14):196－197.

[69]余通海. 建立集聚高端人才长效机制[J]. 唯实,2015(4):69－71.

[70]尹中卿. 把推动政市金介产学研用体系建设纳入"十二五"规划[N]. 中国人大网,2010－10－28.

[71]于斌斌. 长三角高端人才集聚:理论、问题与机制[J]. 未来与发展,2011(12):102－106.

[72]董依雯．构建人才工作共建共享共管机制[N]．中国组织人事报，2016-01-20.

[73]黄春辉．政府工作报告(在石狮市第七届人民代表大会第一次会议上)[R]. 2016-12-16.

[74]孔祥民．匹配:人力资源管理案例、技巧、制度与实践[M]．北京：清华大学出版社,2015.

[75]王燚．我需要什么样的高管？[N]．和君咨询人才评价与发展中心,2015-06-15.

[76]刘栋．晋城市“海归”人才工作的思考[N]．晋城工作,2017-02-20.

[77]陈建华．浅议企业的人才规划管理[J]．管理学家,2012(6).

[78]李秀文．以市场化方式推进人才工作充分发挥企业引才主体作用[N]．红色盐阜,2014-01-07.

[79]田丹．发挥企业主体作用激发和释放人才活力[EB/OL]．咸丰新闻网,2016-03-29.

[80]潘平．企业招聘高端核心人才五大招[EB/OL]．中国人力资源网,2015-04-15.

[81]上海杨浦知识创新基地．探索构建“四位一体”人才基地建设新模式[J]．海外高端人才创新创业基地发展论坛,2012.

[82]范兴东．知岗、知人、匹配——“人岗匹配”三部曲[N]．北大纵横，2009-12-18.

[83]黄渊明．三重“适应性”招聘法筛选最合适的人才[J]．中国人力资源开发,2006(1):39-42.

[84]郑海平．区域产业配套研究[J]．生产力研究,2004(10):126-128.

[85]李秀香．促进江西产业集群配套发展的对策建议[J]．社会科学，2008(12):173-176.

[86]何文．完善产业配套体系提高承接东部加工贸易产业转移能

力——以梧州为例[J]. 商场现代化,2008(35):290－291.

[87]杨卫泽. 举全市之力加快建设“人才特区”和人才强市[R]. 在无锡市人才工作会议上的讲话,2010.

[88]杨斌. 平塘县念好“五字诀”盘活用好现有人才[N]. 黔南热线,2016－05－17.

[89]嵊泗县人力资源和社会保障局. 盘活用好现有人才实现人才配置合理化[J]. 人力资源社会保障(浙江),2014:22－23.

[90]李庆凯. 四川古蔺:创新举措构建人才金字塔[J]. 中国共产党新闻,2011.

[91]王立军,郭维涛,袁涌波. 从经济强区到发达城区转型路径研究——以杭州市萧山区为例[M]. 北京:企业管理出版社,2016.

[92]孟卫东,司林波. 高校经济圈与城市经济的互动发展[J]. 中国石油大学学报(社会科学版),2012,28(1):98－102.

[93]王丽红,王善伟. 浅议欠发达地区人才的培养引进和使用[J]. 内蒙古科技与经济,2011(23):20－20.

[94]韦祎. 四合一享校企合作模式[N]. 博锐管理在线,2016－11－30.

[95]帅惟,李桂蓉. 构建创新型人才培养模式研究[J]. 成才之路,2014,23(33):377－379.

[96]阳立高,韩峰,杨华峰. 发达国家高层次创新型人才开发经验及启示[J]. 科技进步与对策,2014(8):140－144.

[97]陶全胜,陶必胜. 构建企业家约束机制的现实途径[J]. 企业文明,1997(3):15－16.

[98]周德求. 构建国有企业经营者激励约束机制的几个问题[J]. 贵州社会科学,1999(4):14－17.

[99]尤小波. 培育“创二代”企业家人才[N]. 中国组织人事报,2016－07－06.

[100]柯玲. 以产业链为导向的集群式技术技能人才培养模式探析

[J]. 中国职业技术教育,2016(17):5－11.

[101]庞波. 认真贯彻全国人才工作会议精神加快推进高技能人才队伍建设[N]. 甘肃日报,2010－06－26.

[102]徐丽娜.“人才政策”升级加码我县出台“六名人才培育工程”[EB/OL]. 平阳新闻网,2015－11－06.

[103]冯治. 华西村是怎样发展“人才经济”的[J]. 中国社会工作,2010(23):16－18.

[104]肖艳. 区域战略性新兴产业选择的评价指标体系及模型构建[J]. 社会科学战线,2012(10):51－54.

[105]王顺. 我国城市人才环境综合评价指标体系研究[J]. 中国软科学,2004(3):148－151.

[106]关艳蓉,凌斌和. 我国经济转型期人才配置机制问题研究[J]. 理论导刊,2007(5):49－51.

[107]何海强. 地方政府推动人才配置市场化的路径选择[N]. 人民网·中国共产党新闻,2015－01－20.

[108]梁振亚. 论我国政府人力资源的市场化配置[J]. 经济视野,2013(17).

[109]张成彬. 着力构建紧缺产业人才引进新格局[N]. 人民网·中国共产党新闻网,2016－05－24.

[110]荆门市委人才办. 探索“四聚四动”引才新模式打造服务“双创”工作新品牌[N]. 荆门党建,2015－12－14.

[111]李光红,杨晨. 高端人才评价指标体系研究[J]. 科技进步与对策,2007,24(4):186－189.

[112]李宝平. 拓展人才使用思路完善发挥作用机制——对人才使用和作用发挥的探讨[N]. 河北工人报,2013－08－07.

[113]李光明. 人才使用机制创新的基本思路及构成探析[J]. 中共郑州市委党校学报,2015(5):74－78.

[114]马美英. 高端人才及其培育机制创新[J]. 企业家天地下半月刊

(理论版),2007(8):108－109.

[115]陈光春,杨颖,刘朝军. 武汉市人才资源现状及建立人才培养机制思考[J]. 学习与实践,2005(4):42－46.

[116]黄涛,邵文武. 经济区域间人才流动机制研究[J]. 企业经济,2007(9):108－110.

[117]苏如娟. 完善人才流动机制促进人才合理流动[J]. 重庆科技学院学报(社会科学版),2003,18(1):117－119.

[118]何凤秋,常虹. 构建多层次、多元化事业单位高端人才激励机制[J]. 劳动保障世界(理论版),2011(6):6－11.

[119]司江伟,孟晓娟. 海外高端人才与本土高端人才的协调共生机制构建探索[J]. 当代经济管理,2012,34(8):76－80.

[120]谢牧人. 长三角地区高端人才战略联盟的功能、作用与发展[J]. 科协论坛,2012(2):44－46.

[121]葛现斌. 山东半岛城市人才市场现状及建设路径研究[J]. 山东省农业管理干部学院学报,2009,25(5):96－97.

[122]魏斌. 基于价值链的人才联盟的协同因素分析[J]. 特区经济,2008(3):298－299.

[123]谢牧人,张乐才. 科协服务于长三角高端人才战略联盟路径探析[J]. 现代商贸工业,2013(2):94－95.

[124]构筑蓝色人才"硅谷"——青岛市创新机制完善党委联系专家制度[J]. 中国人才,2012(9):14－15.

[125]徐葆良. 完善"客座"机制实现人才资源共享[J]. 中国高教研究,2003(11):86－87.

[126]朱美光. 我国高新区资源整合模式[J]. 创新科技,2007(9):48－49.

[127]张威. 增强地方高校与城市互动发展的对策——以辽宁省大连市为例[J]. 科技和产业,2015(6):50－53.

[128]李华,陈张浩. 论高校与城市联动发展的方式与策略——以云大

旅院为例[J]. 经营管理者,2016(20).

[129]陈荣,陈其国. 为政之要:重在选人用人[J]. 通化师范学院学报,2007,28(6):12-15.

[130]李萍. 识人·超越·变革——浅论成功领导者的三种视野[J]. 辽宁行政学院学报,2008,10(11):75-76.

[131]黄梅. 建立与经济社会发展需求相适应的人才需求预测机制[J]. 中国劳动保障报,2015-11-18.

[132]南连伟,赵旭. 编制人才发展规划应树立新思维[J]. 中国组织人事报,2015-05-04.

[133]陆志远. 以城市品牌提升城市"软实力"[N]. 学习时报,2005-07.

[134]上海市人民政府. 张江国家自主创新示范区企业股权和分红激励试行办法[R]. 沪府发〔2011〕36号,2011.

[135]邓淑华. 创新模式完善服务孵化器全力培育创新主体[N]. 中国高新技术产业导报,2010-12-14.

[136]张成彬. 着力构建紧缺产业人才引进新格局[EB/OL]. 人民网·中国共产党新闻网,2016-05-24.

[137]柏明顿. 利用6+3能力量化技术快速识别和选任人才[EB/OL]. 全球品牌网,2009-03-16.

[138]张惠娜. 科技人才向企业集聚模式与政策需求分析[J]. 时代经贸,2012(5):210-212.

[139]高忠诚. 市南区探索"四法联动"模式,破解引才引智难题[N]. 青岛市南区科协,2015-3-16.

[140]姚先国. 浙江人才强县的创新实践[M]. 杭州:浙江大学出版社,2015.

[141]刘景爱. 人才引进风险及对策研究[J]. 湖北科技学院学报,2015(7):46-48.

[142]黄欢. 浙江余姚有机衔接创新链、产业链、服务链以"人才+"挺

立创新潮头[N]. 中国组织人事报,2015－06－03.

[143]李汉琪. 论招才引智新理念[N]. 通州市人市局,2016－04－12.

[144]张圣华,边洪霄,徐玉民. 从“筑巢引凤”到“引凤筑巢”——关于“人才优先”[J]. 中国人才,2010(5):6－10.

[145]江苏扬州强化招才引智促进产业集聚[N]. 扬州人力资源和社会保障网,2011－03－22.

[146]翟伟锋. 巧用人才效应招才引才[J]. 领导科学,2014(21):47－48.

[147]刘银换. 康巴什新区“2＋1”构建人才梯队[N]. 康巴什新区党工委组织部,2015－2－19.

[148]唐乐民. 时代呼唤合伙人制[N]. 和君咨询,2015－10－29.

[149]孙陶然. 作为一个创业者,如果你不能洞悉创业的真相,就无法做正确的事[N]. 品途商业评论,2017－06－20.

[150]王小毅. 创业一定要讲商业逻辑[N]. 震声科技互联网定制专家,2016－08－20.

[151]杜国楹. 科学创业:创业需要激情,更需要科学[R]. 赛迪,2015－12－24.

[152]景素奇. 经理人的权杖[M]. 北京:中国发展出版社,2011－10－1.

[153]吕江洪,陈双双,崔颖等. 人才学简明教程[M]. 北京:中国电力出版社,2016. 8.

[154]包啟宏,沈柏锋. 中国式股权:股权合伙、股权众筹、股权激励一本通[M]. 北京:中国铁道出版社,2016.

[155]何学彦. 深圳龙岗区创新、创业、创投、创客联动发展[R]. 方略智库,2016.

[156]杜国栋. 尽职调查的9大要点:天使投资人详细的尽调清单[N]. legalrisk,2017－05－22.

[157]朱国成. 初创企业如何快速进入正轨[N]. 价值中国,2010－05－11.

[158]李政．中小型猎头企业品牌本土化营销策略浅析[N]．价值工程,2015(6):180－181.

[159]虎嗅编译．早期创业公司“退出交易”的五大杀手[EB/OL]．Venturebeat.com,2013－02－11.

[160]吴帅,田永坡．我国人力资源服务产业园区建设:现状、挑战与对策[J]．中国人力资源开发,2015(23):69－74.

[161]尹文涛．政府角色错位现象浅析[J]．理论导刊,2000(1):23－24.

[162]中共贵州省委党校第28期处长班第五课题组．借地兴业——“飞地经济”开创区域合作新模式[R]．贵州决策咨询,2015(6).

[163]黄爱民,刘楼．人才资本聚散机制研究[J]．人才瞭望,2004(1):11－12.

[164]江门市人力资源和社会保障局．关于印发江门市人才发展专项资金管理暂行办法的通知[R]．江人社发〔2016〕501号,2016－11－28.

[165]扬州市人才工作领导小组办公室,扬州市财政局．关于印发扬州市天使(人才)专项资金管理暂行办法的通知[R]．扬财行〔2016〕13号,2016－3－28.

[166]中共台州市委人才工作领导小组办公室,台州市“500精英计划”专项工作办公室．关于印发《台州市“500精英计划”人才项目绩效评估暂行办法》的通知[R]．台人才办〔2016〕6号,2016－7－12.

[167]方阳春．建立“四位一体”的企业人才经济开发模式——以浙江省绍兴市为例[J]．人力资源管理,2013(2):105－107.

[168]郝聚民．重磅:第五代孵化器,让创业更简单[N]．灵众投资,2015－08－08.

[169][美]戴维·罗斯．创业清单[M]．桂曙光,魏亦萌等,北京:中国人民大学出版社,2017－06－01.

[170]APP运营人编译．牛逼创业公司营销推广计划中的6个核心要素[N]．rocketwatcher,2012－10－26.

[171]赵亮亮．人才经济时代:江苏人才国际化的战略选择[J]．南京社会科学,2015(2):151－156.

[172]胡嫔,靳环宇．两型社会建设:从人才资源到“人才经济”[J]．湖南商学院学报,2009,16(2):23－27.

[173]张瑾．我国吸引和有效发挥高端人才作用的对策研究[M]．北京:经济管理出版社,2014－10－01.

[174]殷凤春．高端人才区域聚集效应分析[J]．江苏商论,2014(4):48－52.

[175]冯霞．推进我国产业集聚向产业集群演变[J]．天津市经理学院学报,2004(1):17－19.

[176]李晓园,吉宏,舒晓村．中国人才竞争力指标体系构建[J]．中国人力资源开发,2004(7):83－85.

[177]刘凌波．产业园区的盈利环节与模式[N]．赛迪经略管理,2012－07－09.

[178]邵武市发展和改革局．邵武市重点产业梳理报告[N]．邵武市人民政府,2012－12－13.

[179]李建民,王基昱．长春市“十一五”期间城市发展定位问题的战略思考[J]．吉林省教育学院学报,2007(8):56－58.

[180]张义丰,穆松林．基于地域识别的城市定位及发展模式——广东省徐闻县的实证分析[J]．资源科学,2011,33(12):2394－2400.

[181]卢长宝,于然海．体育元素与城市营销——印第安纳波利斯与郴州的比较研究[J]．中国城市经济,2009(S1):8－10.

[182]李光红,杨晨．高端人才评价指标体系研究[J]．科技进步与对策,2007,24(4):186－189.

[183]王文华,王卫星,沈秀．创新创业人才素质能力框架及培养路径[J]．煤炭高等教育,2016(5):74－77.

[184]陈艳,常思炜．空降不“阵亡”[J]．AMT前沿论丛,2008(1).

[185]陈义佳．寻找顶级合伙人[N]．瀚之声,2017－05－04.

[186]漫谈创业融资的黄金60秒[N]. 世界创业实验室,2012-11-27.

[187]Anitazhang 创业邦编译. 创业公司应该掌握的6个公关技巧[N]. Entrepreneur,2014-7-17.

[188]中共杭州市委人才工作领导小组. 关于创建杭州市人才生态示范区的意见[R]. 杭委人〔2015〕8号,2015-8-13.

[189]吕波."互联网+"下创业虚拟孵化的叠圈效应[J]. 人民论坛,2015(30):62-63.

[190][美]布莱恩·贝克尔,马克·休斯理德,理查德·贝蒂. 重新定义人才[M]. 曾佳,康至军译. 杭州:浙江人民出版社,2016.

[191]刘毅. 海淀区:五种模式培养高层次人才[J]. 北京支部生活,2008:43-43.

[192]李超平,江峰. 新经济时代领军人才的成长要求及开发路径研究[J]. 中国人力资源开发,2015(11):6-12.

[193]段玉厂,傅首清. 中关村高层次创新创业人才循环机制建设路径研究——基于与硅谷的比较[J]. 管理评论,2015,27(7):87-93.

[194]经典教科书式好文:招商高人手把手教你如何做好招商引资项目包装[N]. 产业宝,2015-04-10.

[195]史上最全招商引资项目评估手册[N]. 招商引资内参,2016-01-19.

[196]企业投资选址33条:招商引资惨烈比拼的就是这33条[N]. 招商引资内参,2015-12-25.

[197]童明荣,廖绍云."八大路径"引进海外高层次人才[J]. 宁波通讯,2016(9):29-31.

[198]岳文厚,白津夫. 增长的革命[M]. 北京:机械工业出版社,2017-02-01.

[199]2017年中关村高端领军人才认定工作方案[R]. 中关村管委会,2017.

[200]乐俊刚. 从金华到温州:招才局撬动了什么[J]. 决策,2016(1).

[201]邬川．黄奇帆卸任：CEO市长是如何炼成的[EB/OL]．腾讯财经，2016－12－30.

[202]李斌，周亚波，朱晋博．股权激励十定法[J]．企业管理，2016(2)：65－69.

[203]浙江省宁波市北仑区委组织部．"人才银行"破解资智对接难题—宁波市北仑区探索创立"人才金融中心"[J]．中国人才，2013(1)：49－49.

[204]毛国涛．关于创新创业人才培养模式的研究[J]．党史文苑，2010（12）：75－77.

[205]王文华，王卫星，沈秀．创新创业人才素质能力框架及培养路径[J]．煤炭高等教育，2016(5)：74－77.

[206]虞耀君，李华．构建高校创新创业人才评价体系[J]．企业导报，2011(1)：221－222.

[207]肖为群，樊立宏．创新创业人才成长：一个整合框架分析[J]．科技管理研究，2014（10）：7－10.

[208]王雅荣，王丽阳．包头市创新创业人才集聚核心影响因素确定[J]．经营与管理，2016（12）：140－143.

[209]王乐鹏，潘华．基于"三环旋进"的行业特色创新创业人才培养模式研究与实践[J]．市场论坛，2017（4）.

[210]段玉厂，傅首清．中关村高层次创新创业人才循环机制建设路径研究——基于与硅谷的比较[J]．管理评论，2015，27（7）：87－93.

[211]构建"4246"人才培养模式为学生创新创业保驾护航[J]．中青在线，2016－11－29.

[212]李浩．如何培养创新创业人才[EB/OL]．商业评论网，2012－09－10.

[213]孙锐．我国创新创业人才开发的主要经验[N]．中国组织人事报，2013－09－11.

[214]产业结构调整与人才结构优化调研报告[R]．公文易网.

[215]企业招聘高端核心人才五大招[N]．三茅人力资源，2015－04－17.

[216]侯正宇．一个成功人士对中年危机的深刻思考[N]．新浪财经意见领袖,2015－09－08 .

[217]中年危机,30＋职场人士该怎么转型成功[N].IT界的运营咖,2017－07－28 .

[218]中年人创业四大资源和四大软肋[EB/OL]．慧聪网,2011－03－30.

[219]中年人如何创业[N]．经验,2017－02－22.

[220]小蔡看家电．你不在乎的三四线城市,大数据却看到了万亿商机[EB/OL]．紫数网,2017－05－11.

[221]吴江．政府应该为创业者扶上马？送一程[EB/OL]．人民网,2015－04－01.

[222]如何建立创业者与投资人的新型合伙人股权关系？[N]．七八点股权实验室,2016－09－02.

[223]杜国栋．联合创始人如何分配股权？五五分是最糟糕的做法[N].创业邦,2014－11－26.

[224]利益面前怎样鉴别合伙人？[N]．一点商道,2016－05－16.

[225]“校友基金”已备好,武汉校友百亿元资本或将回汉！[EB/OL].长江网,2017－05－26.

[226]互联网时代人才管理的5种新思维[N]．青创汇,2016－09－19.

[227]杨序国．移动互联时代人才管理新思维[EB/OL]．深圳58同城,2017－06－24.

[228]孟凡超．谈猎头业务模式的发展趋势[EB/OL]．猎聘网,2013－05－17.

[229]一名合格猎头需具备的条件[EB/OL]．企才e通招聘配置,2012－03－12.

[230]程贤文,周冰．谁有资格做人才经纪人[J]．职业,2016(5).

[231]社会更需要具备物联网思维的综合性复合型人才[N]．中国信息界e制造 ,2014－08－25.